조선과 명의 문명 교류사

성균중국연구소 한국-아시아 문명교류사 13

조선과 명의 문명 교류사

1판1쇄 | 2015년 1월 20일

지은이 | 신태영, 인쇄정

펴낸이 | 박상훈
주간 | 정민용
편집장 | 안중철
편집 | 윤상훈, 이진실, 최미정, 장윤미(영업)

펴낸 곳 | 폴리테이아
등록 | 2002년 2월 19일 제300-2004-63호
주소 | 서울 마포구 독막로 23(합정동) 1층
전화 | 편집_02.739.9929 영업_02.722.9960 팩스_0505.333.9960

인쇄 | 천일_031.955.8083 제본 | 일진_031.908.1407

값 15,000원

ⓒ 신태영, 인쇄정, 2015
ISBN 978-89-92792-37-0 94300
        978-89-92792-35-6 세트

* 이 도서는 2010년도 정부재원(교육과학기술부 학술연구지원사업비)으로 한국학중앙연구원의 지원에 의하여 연구되었습니다.
  (AKS-2010-ACB-2101)

성균중국연구소 한국-아시아 문명교류사

13

조선과 명의 문명 교류사

신태영 · 인쉐정 지음

포리테이아

| 차례 |

| 일러두기 |

이 책의 1~3장과 4장의 1, 2. 3)은 신태영, 4장 2. 1)~2), 4)~7), 4장 3은 인쇄정이 집필했으며, 5장 결론은 공동으로 집필했다.

제1장

문명 교류사를 시작하며

한국과 중국이 나라를 연 것은 비교적 최근의 일이지만 사실상 두 나라는 반만년 동안 이웃하며 공존해 왔다. 그동안 사이가 좋은 적도 있었고 나쁜 적도 있었지만 앞으로도 계속해서 이웃하며 공존할 것이다. 두 세계의 역사가 유구한 만큼 그 교류에 대한 연구도 활발하여 지금까지 상당한 연구 성과들이 축적되었으며,[1] 이제 분업화되어 연구되었던 많은 성과들을 하나로 묶는 종합적인 연구가 필요한 시기가 되었다.

하지만 종합적인 연구는 그리 활발하게 이루어지고 있는 것 같지 않다. 4천3백 년, 최소 2천 년이 넘는 양국 관계를 한눈에 파악할 수 있

1_한중 교류 관련 연구 목록에 대해서는 고구려연구재단, 『한중관계사 연구논저 목록(중세)』(고구려연구재단, 2004) 참조.

는 총합적이고 체계적인 연구는 그 시도 자체가 쉽지 않은 것이 현실이다. 비록 어려운 일이기는 하지만 그렇다고 종합적인 연구를 마냥 회피할 수는 없다. 미시적인 관점만으로 전체를 파악할 수는 없다. 거시적인 관점이 확보되어야 두 세계의 과거에 대한 연구는 물론, 현재와 미래를 설계하는 데에도 도움이 될 것이다.

본서는 두 세계의 문명 교류, 그중에서도 조선과 명의 문명 교류에 대해 살필 것이다. 하지만 본서의 제한된 양으로 그간의 모든 성과를 종합하여 새로운 관점을 제시한다는 것은 여간 어려운 일이 아니다. 이에 양국 관계의 중요 부분을 선별하여 종합하고, 두 세계가 어떠한 방법으로 교류했고 어떠한 성과를 이루었는지 살피어 그 대체적인 현황과 방향을 제시하고자 한다. 이런 과정에서 조선과 명의 차이점과 특성도 더 명확하게 드러나, 한·중 두 세계의 문명을 이해하는 데에도 도움이 될 것이다. 아울러 현대의 한·중 관계에 산적한 난제들도 슬기롭게 헤쳐 나갈 수 있는 지혜에 보탬이 되었으면 한다.

본격적으로 논하기 전에, '교류'라는 용어에 대해 생각해 볼 필요가 있다. '교류'(交流)는 '근원이 서로 다른 물줄기가 서로 섞여 흐르는 것, 또는 그런 물줄기'를 말한다. 여기서 발전하여 '서로 다른 문화나 사상 등이 서로 통하다'라는 의미까지 지니게 되었다.

주목해야 할 점은 '서로'(交)라는 단어다. 만약 다른 한쪽에서 다른 쪽으로 일방적으로 전달되거나 통보된다면, 이것은 교류가 아니라 주입(注入)이요 이식(移植)이라 해야 할 것이다. 다시 말해 교류는 일방통행이 아니라 쌍방 통행인 것이다.

우리는 타자와 교류하여 타자의 문화를 수용하거나 우리의 문화를 수용시킨다. 여기서 수용이란 '받아들이다'는 뜻인데, 있는 그대로를 100% 그대로 받아들이는 경우도 있겠지만 대부분 '굴절'시켜 받아들인다. 전파자와 수용자의 문화가 서로 다르기 때문이다. 만약 굴절 과정을 훌륭하게 거쳐서 성공적으로 자기화가 된다면 원형과 다른 독창적인 산물이 나올 수도 있고, 이렇게 만들어진 새로운 산물은 다시 원래의 나라로 전파되어 그곳의 문화를 더 발전시킬 수도 있을 것이다.

만약 문화가 서로 다르다는 사실을 망각하고 일방적으로 자신만의 관점으로 상대를 보며 자신만의 느낌과 생각과 행동을 강요한다면, 즉 서로 다른 문화를 일방적으로 강제한다면 그 결과는 어떻게 될까? 한쪽이 광신도가 되지 않는 한 그 결과는 참혹할 것이다. 달걀을 먹을 때 넓고 둥근 부분을 깰 것인가, 아니면 좁고 뾰족한 부분을 깰 것인가를 놓고 전쟁을 벌여 수십 년간 수십만 명이 죽었다는 『걸리버 여행기』의 소인국 이야기가 과연 소설 속 이야기만은 아닐 것이다.

만일 그렇지 않고 서로의 특성을 인정하고 심지어는 이해할 수 없는 문화라 할지라도 이를 비난하지 않고 서로 이해하려고 노력한다면, 그리고 상대방의 문화에서 장점을 받아들여 이를 자신의 자양분으로 삼는다면 어떻게 될까? 그 결과를 확언할 수는 없지만 우리는 이것이 바로 진정한 '교류'이며 교류의 '의의'이자 '가치'라고 할 수 있을 것이다.

전술했듯이 교류는 쌍방 통행이며 서로 이해하려는 노력이 반드시 수반되어야 한다. 어떤 문화이든 독자적으로 존재할 수는 없다. 수많은 상호 교류를 통해 개인이 형성되고 변화하는 것처럼, 문화도 이런 과정을 통해 형성되고 변화한다. 또한 문화는 교류를 전제로 하기 때문에 자국의 전통이 타국의 전통일 수도 있다.

한국에서는 순수한 자국의 문화를 찾는 의식이 강하다. 하지만 이런 점을 생각해 보아야 한다. 순수라는 것은 참으로 아름답긴 하지만, 그 순수라는 것을 정의하기는 매우 어렵다. 순수를 정의할 때 '어느 시기'를 기준으로 잡아야 하느냐의 문제가 발생한다. 문화는 계속 변화한다. 고조선의 문화와 삼국시대의 문화가 차이가 있으며, 고려와 조선의 문화도 분명 차이가 존재한다. 의복도 그렇고 음식도 그러하며 집도 그러하다.

한국을 대표하는 음식이자 세계적인 음식으로 조명 받고 있는 '김치'의 경우도, 현재처럼 고추를 사용해서 빨갛게 만든 것은 비교적 최근의 일이다. 한옥의 대표적 특징인 온돌 문화도 그렇다. 온돌이 대중화된 것은 조선 중기에 이르러서나 가능했다. 중국도 그렇다. 한족은 원래 바지를 입지 않았다. 한족의 바지는 북방 기마 민족의 풍습을 받아들인 것이다. 청나라의 대표적 머리 모습인 변발은 만주족의 풍습으로 한족의 풍습이 아니다.

한국의 한민족(韓民族)과 중국의 한족(漢族)은 서로 비슷한 문화를 가진 것 같지만 사실 그렇지도 않다. 어쩌면 전혀 다른 문화를 가졌지만 오랜 세월 동안 교류하면서 비슷한 측면을 많이 갖게 되었다고 보는 것이 더 타당할 것이다.

일례로 언어의 차이를 들 수 있다. 비록 한국과 중국 두 나라가 비슷한 단어를 사용하기도 하지만, 한국과 중국의 언어는 그 계통부터 다르고 어순도 다르다. 한민족의 언어는 교착어이고 한족은 고립어이다. 즉 한민족의 언어는 형용사와 동사가 활용을 하지만 한족의 언어는 그렇지 않다. 이에 비해 한족의 언어는 성조어이지만 한민족의 언어는 비성조어이다.

한민족의 복식은 활동성이 강조된 저고리와 바지 중심이지만, 한족은 넓고 긴 포(袍) 중심이다. 또한 한민족의 바지는 겉옷 개념이지만 한족은 속옷 개념이다. 한민족은 '바지저고리'이지만 한족은 '저고리바지'이다. 한민족은 바지를 입고 그 위에 저고리를 입기 때문에 저고리의 옷자락이 바지를 덮지만 한족은 저고리를 입고 바지를 입기 때문에 저고리의 옷자락이 바지 속으로 들어간다. 여성의 복식에 있어서 이런 특징은 더욱 두드러진다.

한국과 중국의 대표적 음식의 하나인 국수도 사실, 실크로드를 통해 중앙아시아에서 만들어진 것이 전래된 것이다. 차도 그렇다. 차는 정신을 맑게 해 주는 효능 때문에 불교계에서 널리 애용된다. 불교의 전래와 더불어 중국은 남북조 시대(420~589)에 승려들이 차를 즐기게 되었고 당 태종(627~649) 이후 일반화되었으며, 한국에서는 신라 선덕여왕(632~647) 때 일반화되었다. 모두 교류의 산물인 것이다.

그뿐만 아니다. 지금은 한국뿐 아니라 중국도 서양식 집을 짓고 서양식 연호를 쓰며, 서양의 음식과 옷, 서양의 자동차·컴퓨터·핸드폰을 사용하고 있다. 서양의 문화는 세계의 문화가 되었고 많은 사람들이 큰 문제의식 없이 이를 받아들였다. 즉 오늘날의 서양 문화는 세계 문화로 자리 잡고 있는 것이다.

현대인의 삶을 구성하는 많은 문화들은 이제는 그 출처를 찾아보기 어려울 정도로 서로 영향을 주고받는다. 아파트·빌딩, 핸드폰·컴퓨터, 자동차·비행기 등등은 물론, 가요·영화·스포츠 등등을 보라. 이들은 모두 교류를 통해서 이루어졌다. 문화는 서로 뒤섞여서 만들어진다. 특히 현대인의 생활 문화에서 자국만의 문화라는 것은, 현대 문명권에서 동떨어진 오지가 아니라면 찾기 어렵게 되었다.

사정이 이러하므로 자기 나라에 고층 빌딩이 있고 컴퓨터가 있고 텔레비전이 있다고 자국의 문화만이 독창적이고 최고라고 인식하는 것은 참으로 어이없는 일일 것이다. 물론 자국 문화에 대한 자부심을 가지는 것은 참으로 좋은 일이고 권장할 일이다. 하지만 객관적 사실을 망각하고 자기 문화만이 최고이고 나머지는 모두 아류이자 모방이라고 생각한다면, 타인뿐 아니라 본인에게도 심각한 해를 끼칠 수 있다. 문화적 국수주의의 아집을 경계해야 하는 것이다.

이런 점에서 다른 나라와의 교류를 올바로 이해하는 것은 매우 중요하다. 막연히 자국의 고유문화라고 알고 있었던 많은 문화들이 실은 외부에서 유입되었거나, 자국의 문화와 융합되어 새로운 형태로 나타났다는 것을 알게 될 것이다. 문화는 서로 뒤섞여 발전하는 것이다.

이런 점을 자각한다면 자국 문화에 대한 착각과 편견과 아집을 넘어 자국의 문화와 역사에 대해서도 보다 새롭고 냉철하게 인식할 수 있을 것이고, 다른 나라의 문화를 바라보는 관점도 일정 부분 시정해 줄 것이다. 나아가 문화는 인류 공동의 자산임을 깨닫고 인류 문화 발전과 세계 평화를 위해 노력하게 될 것이다. 이것은 모두 '교류의 중요성'을 인식하는 데에서부터 시작한다.

동아시아를 거시적 안목에서 보면 그 문화가 서로 비슷해 하나처럼 보이지만, 미시적으로 개별적으로 본다면 각자 다른 문화를 지니고 있음을 알 수 있다. 반대로 개별적으로 보면 서로 다른 문화를 지닌 것처럼 보이지만 전체적인 측면에서 본다면 유사한 측면도 많다. 즉 자국 문화를 온전히 이해하기 위해서도 문화 교류에 대한 연구는 필요하다. 동아시아 모두가 하나이면서 둘이고, 둘이면서 하나라는 점을 이해해야 한다. 조선과 명의 문명 교류에 대한 연구는 바로 그 출발점이 될 수 있다.

서로 영향을 주고받는 것은 현대나 과거나 똑같다. 하지만 과거는 연대가 오래될수록 그 교류의 실체를 확인하기 어렵다. 문헌과 유물의 부족으로 여러 방계 자료를 통해 재정리하고 추측해야 한다. 또한 그 특성상 모든 것이 일일이 문헌으로 기록될 수도 없다. 양국의 교류를 다루는 것은 그 범위가 실로 방대하기 때문에 모두를 포함할 수 없으므로 결국 어느 정도의 취사선택을 할 수밖에 없다.

또한 한중 문명 교류, 곧 조선과 명의 교류에 대해서는 양국에서 많은 연구가 행해졌지만, 그렇다고 연구 성과가 충분히 축적된 것은 아니다. 그간의 연구는 문명 교류보다는 주로 정치 관계에 집중되어 있었다. 다시 말해 종합적인 문명 교류사를 기술하기에는 아직 연구 성과가 충분하지 않다는 뜻이다.

조선과 명은 국가의 크기와 그로 인한 경제 규모가 다르므로 문명 교류의 양과 질이 대등하게 이루어지기 어려웠다. 흔히 문화를 물에 비유하기도 한다. 물이 높은 곳에서 낮은 곳으로 흐르는 것처럼 문화는 중심에서 주변으로 흐르기 마련이다. 하지만 문화는 물과 똑같지는 않다. 주변에서 중심으로 수용되는 문화도 상당수 있기 때문이다. 단지 문화를 물에 비유하는 것은, 중심에서 주변으로 흐르는 것이 일반적이라는 점을 강조하기 위해서일 뿐이다. 이처럼 상대적으로 명에서 조선으로 흘러 들어간 문화가 더 많으며, 역으로 조선에서 명으로 흘러 들어간 문화는 그 수가 적고 그 영향력도 비교적 적었던 것으로 보인다.

그 당시 명은 세계의 중심지나 다름없었다. 사방에서 문화가 흘러 들어 가고 흘러나오는 대륙의 중심이라는 지정학적 위치에 있었다. 명은 주변의 다양한 문화들이 드나드는 교차로에 있었다. 상품이 모여드는 시장인 셈이다. 그러므로 자연스럽게 교역이 발달하여 경제 규모가 커지고 문화 수준도 발전했다. 그러나 조선은 지정학적으로 변방에 있었다. 교역할 수 있는 나라가 한정되어 있고 교류와 경제의 규모도 작을 수밖에 없었다. 게다가 명은 조선과의 사무역을 법으로 금했고 조선이 다른 나라와 교류하는 것도 엄격하게 금했다. 그러므로 신라나 고려 때처럼 무역이 활발하게 이루어질 수도 없었다.

이런 이유로 교류사 기술의 분량과 내용에 있어서도 조선에서 명으로 전래되어 영향을 미친 것보다는 명에서 조선으로 전래되어 영향을 미친 것이 더 많은 부분을 차지하게 된다. 즉 교류사 기술에 있어서도 불균형을 초래한 것이다.

중국은 다른 나라에서 수용된 문화도 일단 자신들의 전통 안으로 들어오면 자기 나라의 문화로 보았다.[2] 이에 비해 한국은 순수에 집착하여 자신과 남의 문화를 구별하는 습성이 있다. 그러므로 한국이 다른 나라에서 수용한 것은 비교적 쉽게 구별되지만, 중국은 그렇지 못하다는 특성도 있다.

이런 난점에도 불구하고 양국의 문명 교류에 대한 종합적인 연구는 지금까지의 연구를 종합하고 한 차원 높이기 위해서도 필요하다. 그리고 이런 시도는 양국의 상호 이해와 문명 발전, 그리고 더 나아가 양국의 평화와 세계 평화에도 도움이 될 것이다. 물론 더 나은 문명 교류사를 위한 초석이 될 수도 있을 것이다.

조선과 명 두 세계의 문명 교류를 보다 효율적으로 이해하기 위해서는 우선 정치적 관계부터 살펴야 할 것이다. 예나 지금이나 정치적

2_이혜순,『전통과 수용』, 돌베개, 2010, 23쪽.

관계가 교류 자체는 물론 그 내용에도 큰 영향을 미치기 때문이다. 특히 조선과 명의 정치적 관계를 제대로 이해하지 못하면 수많은 오류에 봉착할 수도 있다. 다음으로 교류의 방식을 살펴어 양국 교역의 특징을 파악할 것이다. 그리고 마지막으로 양국이 교류를 통해 무엇을 이루어 냈는지 살필 것이다. 이를 통해 비슷하게만 보이는 '두 세계'의 차이점도 알 수 있을 것이고 교류사 연구의 중요성과 함께 교류의 의미도 알 수 있을 것이다.

| 제2장 |

정치·외교 관계

본 장에서는 양국의 정치·외교 관계를 일람하여 배경 지식을 갖추고, 이어서 명 제국의 독특한 외교 방침인 책봉·조공 정책에 대해 살펴볼 것이다. 책봉·조공 정책은 오늘날의 시각으로는 사실 이해하기도 설명하기도 쉽지 않은 면이 있어서 많은 오해를 불러일으키곤 한다. 그러므로 양국의 관계를 올바로 이해해야 양국의 교류도 올바로 이해할 수 있을 것이고, 나아가 한국과 중국의 현재와 미래의 관계를 보다 우호적이고 건설적으로 설계할 수 있을 것이다.

조선(1392~1897)과 명(1368~1644)은 국가의 존몰 연대로 볼 때 250여 년이나 교류했다. 우여곡절이 없었던 것은 아니지만, 대체로 조선의 제1 우방은 명이었고 명의 제1 우방은 조선이었다. 이처럼 양국은 시종 돈독한 관계를 유지했으며 임진왜란(1592~1599)을 계기로 서로 원군을 파병하는 관계로까지 발전했다.

그러나 이들 두 나라가 늘 평화로운 관계를 유지했던 것은 아니다. 사실 조선 개국 전후의 양국 관계는 험악하기만 했다. 그리고 임진왜란 때부터 명나라 말년에 이르기까지도 사이가 그리 좋았던 것도 아니다.

여기서 한 가지 유의할 점은 조선과 명의 교류가 있기 전에 이미 고려와 명의 교류가 있었다는 점이다. 조선왕조가 개국한 해는 1392년이고 명은 이미 1368년이니, 이미 고려와 명은 25년이나 교류하고 있었다. 조선 개국 공신들은 다름 아닌 고려의 신하들이었다. 그리고 조선에 많은 영향을 끼친 성리학과『주자가례』(朱子家禮)와『대명률』(大明律) 등이 조선시대가 아니라 이미 고려 말에 유입되었다. 그러므로 고려와 명의 교류를 먼저 살피는 것이 순서일 것이다.

1. 주요 정치적 쟁점

1) 고려와 명

명은 개국 이듬해(1369, 공민왕 18), 부보랑(符寶郎) 설사(偰斯)를 고려에 파견하여 명이 개국했음을 알리고 교류를 청했다. 당시 반원 정책을 추진하던 고려 공민왕은 이를 크게 환영하고 교류에 즉각 응했다. 이렇게 해서 양국의 교류는 순조롭게 시작될 수 있었다.

그러나 초기의 우호적인 관계는 곧 난관에 부딪히고 말았다. 1372년 요동에 잔존해 있던 원의 나하추(納哈出)가 명의 군사기지인 우가장(牛家莊)을 기습하자, 명은 고려가 나하추와 공모했다고 의심했다. 더군다나 그해 고려에 파견되었다가 귀국하던 명의 사신 임밀(林密)과 채빈(蔡斌)이 이들을 호송하던 김의(金義)에 의해 변을 당하게 된다. 김의는 채빈을 살해하고 임밀을 포로로 잡아 나하추에게 망명해 버렸다. 그리고 그해 9월 공민왕이 시해되고 우왕이 즉위하여 친원 정책을 펼치자 양국 관계는 급속히 냉각되기에 이르렀다.

명은 고려에게 무리한 조공을 요구하거나 고려를 정벌하겠다고 여러 차례 위협하기도 했다. 이런 관계가 한동안 계속되다가, 11년이나 지난 1385년에야 양국은 다시 우호적인 관계를 맺게 된다.

명은 나하추를 제거하기 위한 전쟁 준비를 하고 있었는데, 이를 위해서는 먼저 고려와 우호적인 관계를 맺어야 할 필요가 있었다. 고려가 명의 행위에 앙심을 품고 나하추를 돕는다면 승리할 수 없을 뿐더러, 무엇보다 고려의 전마(戰馬)가 필요했다. 이렇게 해서 명은 1387년 나하추를 평정하고 항복을 받았지만, 그러나 그 평화는 그리 오래 지속되지 못했다. 나하추에게 항복을 받은 명은 갑자기 태도가 돌변하여 고려 사신의 입국을 금지시키고 고려 땅인 철령 이북을 명의 땅으로 삼겠다고 일방적으로 통보했다. 양국 관계가 다시 냉각된 것은 물론이고 고려에서는 당연히 반명 분위기가 팽배해졌다. 이 과정에서 명은 고려의 사신들을 체포해 투옥하거나 심지어 귀양을 보내기도 했다.

여기서 한 가지 유의해야 할 점은, 비록 공민왕이 반원 정책을 펼쳐 원을 공격하기도 했지만 고려는 원과 교류한 지 무척 오래되었기 때문에 친원 세력이 잔존해 있었다는 점이다. 즉 국제 관계가 급속도로 바뀐다거나 고려 내부에서 정변이 일어난다면 언제든지 친명 또는 친원 정책으로 바뀔 수 있는 구조였다. 사실 애초부터 고려가 원하고만 우호를 맺어야 한다든지 명하고만 우호를 맺어야 한다든지 하는 원칙이란 당연히 있을 이유도 필요도 없었다.

사태가 점점 악화되자 결국 고려는 1388년 요동 정벌을 위한 군대를 출동시켰다. 그러나 오히려 고려의 우군도통사(右軍都統使) 이성계(李成桂)는 위화도에서 회군하여 고려의 수도인 개성으로 진격했다. 이성계는 우왕을 폐위시키고 창왕을 옹립했으며 고려의 권력을 장악했다. 이로써 다시 고려의 친원 정책은 친명 정책으로 급선회했다.

2) 조선과 명의 초기 쟁점

(1) 조선 태조와 명 태조의 갈등

이성계는 1392년 드디어 즉위하여 고려의 새로운 왕이 되었다. 태조 이성계는 고려의 국호는 물론 모든 제도를 그대로 유지하여 민심의 동요를 막으려고 애썼다. 그리고 명에 즉위 사실을 알리고 이를 승인해줄 것을 요청했다. 신생 정권의 정당성을 국제적으로 인정받아 동요하고 있는 백성을 진정시키려는 의도였다.

지금도 어느 나라나 새 대통령이나 수상이 선출되면 세계 각국에서 축전을 보내고 지지 성명을 발표한다. 그 당시에 있었던 명의 즉위 승인이란 바로 요즘의 국가 간의 지지 성명에 해당한다. 명에서도 새로운 황제가 즉위하면 각국에 사절단을 보내 이런 사실을 알렸고, 각국은 그 답례로 이를 축하하는 사절단을 파견했다. 요즘의 국제적 관행과 그리 다르지 않았던 것이다.

명 태조는 즉위 사실을 알린 고려의 새 국왕에게 다음과 같이 전하도록 했다.

고려는 산을 경계로 삼고 바다를 사이에 두고 있으니, 하늘이 중국과는 별도로 동이를 만든 것이어서 우리 중국이 다스릴 땅이 아니다. 너희 예부는 고려에 문서를 보낼 때, "정치교화[聲敎]를 자유롭게 할 것이며, 하늘의 뜻에 순종하고 인심에 합치하여 동이의 백성을 편안히 할 것이며, 변방에 사단을 만들지 않는다면 사신이 왕래할 것이니, 실로 그 나라의 복이 될 것이다. 문서가 도착하는 날에 국호는 어떻게 고칠 것인지 빨리 보고하라."라고 하라.[3]

명 태조는 하늘이 산과 바다로 막아 따로 동이를 만든 것이니 중국에서 통치할 땅이 아니라고 분명히 선언하고, 덧붙여 "정치교화를 자유롭게" 하라며 내정에 간섭하지 않겠다고 천명했다. 이어서 명 태조는 새 왕조의 이름을 빨리 알리라고 했고, 고려에서는 옛 나라 이름인 '조선'(朝鮮)과 이성계가 출생한 영흥(永興)의 옛 지명인 '화녕'(和寧)의 두 이름을 명 태조에게 보내 선택해 달라고 했다. 그냥 국호를 정해 통보해도 되지만 사대를 외교정책으로 택했으므로 예의상 두 개를 보낸 것이다. 비록 국호를 선택해 달라고 했지만 화녕과 조선 중에서 조선을 선택할 것은 당연한 일이다. 명 태조는 "동이의 이름 중에 조선이라는 이름이 가장 아름답다"라고 하면서 "조선"이라는 국호를 택했다.[4] 이렇게 해서 양국의 관계는 순조롭게 출발하는 것처럼 보였다.

조선은 정권 유지를 위해서도 명의 지지가 절실했다. 하지만 명 태조는 조선의 태조에게 즉위 승인(책봉)을 해주지 않고 단지 묵인만 했

3_(조선)『태조실록』1년(1392 임신 / 명 洪武 25년) 11월 27일(갑진).

4_(명)『태조실록』권223, 제5책, 제3267항. 대만: 중앙연구원역사언어연구소, 1962년.

다. 이에 조선 태조는 명에 대해서는 왕호를 쓰지 못하고 단지 '권지국사'(權知國事: 임시로 나라 일을 맡음)라는 칭호만 쓸 수 있었다.

이뿐만 아니었다. 명 태조는 사대의 예를 자발적으로 청한 조선에 대해 그 진정성을 의심하고 있었다. 그래서 갖가지 문제를 들어 조선을 정치적으로 압박해 들어갔다. 명에 대한 사대 외교를 명분으로 정권을 장악하고 나라까지 세운 조선으로서는 이런 명의 행위가 매우 당혹스러울 수밖에 없었다.

여진의 터전은 요동으로 자자손손 고려와 국경을 맞대고 있었고 또 그만큼 긴밀했다. 조선이 개국한 후에도 이런 관계가 변할 이유는 없었다. 하지만 명 태조는 조선이 여진과 교류한 것을 문제 삼기 시작했다. 그리고 조선이 보낸 외교문서에 명 태조가 금하는 문자를 쓴 것을 트집 잡고 문책하겠다고 나섰다. 급기야 조선이 보낸 표전(表箋)에 명을 모욕하는 언사가 있다며 그 문안 작성자인 정도전(鄭道傳)을 압송하라고 요구하기까지 했다. 그리고 조선을 압박하기 위해 조선 사절단의 입국을 막게 하고, 바닷길을 통해 3년에 한 번만 입국을 허용하겠다고 했다.

심지어 1392년에는 조선의 사은사 이괄(李括)이 꿇어앉은 자세가 올바르지 못하다는 이유로 장형을 당해 목숨을 잃을 뻔했으며, 1395년에는 운남으로 사절단을 유배 보내기까지 했다. 1396년에는 표문 문안 작성자인 정총(鄭總)을 조선에서 명 남경으로 압송해 오게 하고, 정총에게 명나라 관직을 주고 머물러 일하도록 했다. 하지만 정총은 명 태조가 하사한 의복 입기를 거부했다가 결국 투옥되어 살해당했다.[5]

명이 이렇듯 고려와 조선을 압박했던 이유에 대해 장범(張帆)은 "명 태조는 연령이 많아짐에 따라 의심이 많아졌고 성격이 더욱 편협하게 되었다."[6]라고 설명했다. 분명 이런 이유도 있었을 것이다. 하지만 더 근본적인 문제는 요동을 놓고 두 나라가 경쟁했기 때문이라 할 것이다.[7] 명은 이런 터무니없는 고압적인 태도로 요동을 둘러싼 조선과의 경쟁에서 기선을 제압하여 주도권을 잡으려고 했던 것이다.

명의 이런 태도는 결코 명에 도움이 되지 않았다. 고려도 처음에는 명과 우호적인 관계에서 시작했지만, 결국 명의 오만한 행동을 더 이상 참지 못하고 요동 정벌 군대를 보냈다. 조선의 정도전도 명의 오만한 태도를 문제 삼으며 요동 공격을 주장하기에 이르렀던 것이다.

(2) 책봉·조공 관계의 성립

하지만 이런 양국의 갈등은 1398년에 일시에 소멸될 수 있는 계기를 맞이하였다. 그해 윤 5월에 명 태조가 사망했다. 그리고 8월에 조선의 이방원(李芳遠: 태종)이 정변을 일으켜 정도전을 살해하고 자신의 둘째 형을 세자로 세워 9월에 태조에게 선위를 받게 하고, 1400년에는 자신이 선위를 받아 왕이 되었다. 양국 갈등의 두 주체가 사라졌고 조선 태종이 요동을 포기함에 따라 양국은 더 이상 갈등을 겪을 필요도 이유도 없어졌다.

5_장비비·장범 외, 『(북경대학 한국학 연구센터 한국학 총서) 한중관계사』, 범우, 2005, 406쪽.

6_장비비·장범 외, 『(북경대학 한국학 연구센터 한국학 총서) 한중관계사』, 범우, 2005, 404쪽.

7_요동과 여진에 대한 문제는 김한규의 『한중관계사』 II, 아르케, 1999, 590-608쪽 참조.

명 태조를 이어 즉위한 혜제(재위: 1398.9~1402)는 태종(재위: 1400.11~1418.8)의 즉위를 정식으로 승인하여 책봉을 행했고 조선 태조가 사망했을 때는 시호를 보내왔다. 이로부터 새로운 왕이 즉위할 때마다 책봉을 행하고 사망했을 때는 시호를 보내오는 것이 항례가 되었다. 즉 책봉(冊封)과 조공(朝貢)의 관계가 드디어 성립하게 된 것이다.

혜제가 조선과의 관계를 우호적으로 해결하려 한 이면에는 사실 명나라의 내분이 자리 잡고 있었다. 혜제는 연왕(燕王)을 치려고 했는데 이를 안 연왕은 반란을 일으켜 내전에 휩싸였고, 이 과정에서 전마가 급히 필요했던 혜제는 전마를 확보하기 위해 조선과의 문제를 우선적으로 해결했다. 그러나 혜제는 패하여 행방불명되었으며 연왕이 이어 즉위하여 성조(1402.6~1424.7)가 되었다. 이 사건을 '정난(靖難)의 역(役)'이라고 한다.

조선의 태종 역시 명과의 관계를 우호적으로 전환시킬 필요가 있었다. 태조가 그랬던 것처럼 태종도 민심을 진정시키고 자신의 정치적 기반을 공고히 하기 위해서 명의 지원이 필요했던 것이다. 조선에서는 즉시 사절단을 파견하여 성조의 등극을 축하했고, 성조도 이를 환영하며 태조가 구류시켰던 조선 사신들을 모두 귀국시켰다. 이로써 양국은 평화로운 관계로 접어들 수 있었다.

(3) 삼년일사와 일년삼사

애초에 명 태조는 고려에게 삼년일사(三年一使), 즉 3년에 한 번만 사신을 파견할 것을 요구했다. 이것은 고려뿐만 아니라 안남(安南) 등의 나라에도 똑같이 요구한 것으로, 사신을 접대하는 데 막대한 비용

이 들었고 또 이들 사신이 자국을 염탐할까 우려했기 때문이다. 명 태
조는 조선에게 삼년일사하도록 했지만 조선은 계속해서 일년삼사(一年
三使)를 요구했다. 일년삼사는 정월 초하루에 새해를 축하하는 하정사
(賀正使), 황제의 생일을 축하하는 성절사(聖節使), 황태자의 생일을 축
하하는 천추사(千秋使)를 말한다.

하지만 명은 이를 거부했다. 이 당시는 표전 문제 등으로 양국이
험난한 길을 걸을 때였다. 명은 조선에 대한 경계심을 풀지 못하고 있
었다. 조선의 본심을 탐색하고 또 조선을 고분고분하게 길들이기 위해
강압적인 조치를 취했다. 이로 인해 양국은 거의 1년 동안 관계가 단절
되었다. 조선의 사절단은 명에 입국하지 못하고 되돌아오곤 했다.

1394년 명 태조는 조선에게 전마 1만 필과 조선 태조의 장남이나
차남의 입조를 요구했다. 조선에서는 관계 정상화를 위해 이를 받아들
였고 또 연이어 사신을 파견하여 일년삼사를 관철시켰다. 하지만 3년
뒤 1397년에 표전 문제가 다시 불거지면서 양국 관계는 냉각되었고
명은 다시 삼년일사를 요구했다.

1398년 조선의 태조가 퇴위하고 명 태조가 사망하자, 양국은 과거
의 문제를 털어 버리고 양국 관계를 정상화하기 위해 노력했다. 그리
하여 1400년에는 일년삼사가 다시 가능해질 수 있었다.

이렇게 양국의 관계가 급변할 수 있었던 원인은, 두 태조의 동반
퇴장이 결정적인 계기로 작용했다고 할 수 있지만, 더 본질적인 원인
은 조선의 요동 포기에서 찾아야 할 것이다. 조선이 요동을 포기하고
명에 넘긴 이상 명은 불필요한 마찰을 만들 필요가 없었다. 더군다나
명은 내전 상태에 있었으므로 조선에게 계속해서 완강한 태도를 취할
수도 없었다. 이리하여 조선의 숙원인 일년삼사가 이루어진 것이다.

이후 1531년부터 동지사(冬至使)가 추가되어 일년사사가 되었다.

비록 조선의 의도대로 사신 파견 횟수를 관철시킬 수 있었지만, 그 대신 사절단을 파견할 때마다 엄청난 액수의 예물을 상납해야 했다. 비록 사절단의 파견을 기회로 삼아 약간의 무역도 할 수 있었지만, 그 손해를 상쇄시킬 정도는 아니었다.

조선이 막대한 경제적 비용에도 불구하고 일년삼사를 주장한 것은, 명의 지지를 이끌어 내어 불안한 왕권을 강화하려는 정치적 의도에서였다. 그리고 명이 조선에 대해 사사로운 무역까지 모두 금했기 때문에 삼년일사를 시행할 경우 조선은 외국과 교류할 수 있는 기회를 그만큼 상실하게 된다. 다시 말해 선진 문물을 접할 수 있는 기회가 그만큼 사라지는 것이다. 사절단 파견만이 외부 세계와 접할 수 있는 거의 유일한 기회였기 때문이다.

(4) 종계변무

이로써 모든 문제가 종식된 것처럼 보였다. 하지만 뜻하지 않게 종계변무(宗系辨誣)라는 복병이 나타났다. 종계변무란, 명의 문서에 조선 왕조의 종계(宗系)가 잘못 기록되어 있는 것은 바로잡으려는 일을 말한다. 조선은 1402년 명에서 귀국한 사신을 통해 명 태조 말년에 만들어진 『황명조훈』(皇明祖訓)에 조선 태조가 이인임(李仁任)의 아들이라 기록되었다는 사실을 처음으로 알게 되었다. 이인임은 친원 정책을 추진했던 인물로 조선 개국자들의 비판의 대상이었으므로, 이성계가 그의 아들이라는 것은 터무니없고 모욕적인 말이었다.

조선은 즉각 사신을 파견하여 부당함을 알렸고 명은 이를 개정하겠다고 약속했다. 그러나 1511년 반포된 명의 『대명회전』(大明會典) 조선국조(朝鮮國條)에는 다음과 같이 기록되어 있었다.

조선국은 즉 고려로서, 그 이인임 및 아들인 이성계, 지금 이름 단(丹)이라는 자는 홍무 6년(1373)부터 홍무 28년(1395)까지, 전후로 왕씨의 네 왕을 시해했다.[8]

개정해 주겠다던 글이 그대로 기록되어 있을뿐더러, 이성계가 네 왕(공민왕·우왕·창왕·공양왕)을 시해했다는 기록까지 더해져 있었다. 조선 태조가 고려의 네 왕을 모두 시해하고 왕이 되었다는 것은 나라의 정통성에 있어서도 큰 문제가 아닐 수 없었고, 효를 중시하는 조선에서 선대에 대한 잘못된 기록을 그대로 방치할 수는 더더욱 없었다. 조선은 이를 바로잡고자 많은 외교적 노력을 기울였지만 별 소득이 없었다.

그러다가 1584에 종계변무주청사(宗系辨誣奏請使) 황정욱(黃廷彧)이 파견되어 개정을 확약 받았고, 1588년 유홍(兪泓)이 수정된 『대명회전』을 가지고 돌아오는 것으로 일을 매듭지을 수 있었다.

잘못된 종계를 바로잡는 데 무려 186년이 소요되었다. 조선과 명만큼 서로 긴밀한 관계도 드물었다. 어떻게 보면 조선은 명에 적대 정책을 취하지 않은 거의 유일한 나라라 할 수 있다. 그런데도 불구하고 이 일을 바로잡는 데 무려 190여 년이란 세월이 걸렸다는 점은 쉽게 납득할 수 없는 부분이다. 하지만 보다 정확히 말하자면, 사실 이 일은 해결된 것이 아니었다. 조선에 보낸 『대명회전』에는 수정되어 있지만,

---

8_『大明會典』 권105, 禮部63, 朝貢 1, 朝鮮國.

신판 『대명회전』에는 수정되지 않았으며 조선 측 주장만이 부기되었을 뿐이다. 즉 조선은 철저하게 농락당한 것이다.

조선 태조가 이인임의 아들이 아니라는 점은 너무나 명확한 사실이다. 그런데도 불구하고 이를 그대로 명기해 놓았다는 것은, 기록의 착오가 아니라 계획적으로 왜곡했다는 의혹을 피할 수 없다. 즉 조선을 완전히 복속시키고 통제하기 위한 외교적 수단이었던 것이다.

(5) 화자와 처녀의 공납

조선을 괴롭혔던 일 중의 하나는 바로 화자(火者)와 처녀를 명에 바쳐야 한다는 점이었다. 이것은 고려 시대에 원과의 관계에서부터 시작된 일인데 명으로까지 이어졌다.

명은 정난의 역 이후로 환관을 중시했다. 외국에 화자를 보내 달라고 요구하여 그 화자를 환관으로 삼았고, 이렇게 명의 환관이 된 사람들은 훗날 자신의 고국에 명의 사신으로 파견되곤 했다.

명은 사신을 파견할 때 '인신무외교'(人臣無外交)라는 원칙을 세워 놓고 조정의 신하를 임명하지 않고 환관을 사신으로 임명했다. 자국의 신하들이 외국으로 사신 나가면 기밀이 새어나갈까 염려해서이기도 했지만, 사실 명에서 파견하는 사신의 임무라는 것이 대부분 문서를 전해 주고 받아오는 비교적 단순한 일이었기 때문에 환관으로도 충분했다.

1407년 명 성조는 조선에 화자를 보내 달라고 하면서, "안남(安南)에서 화자 3천 명을 데려왔지만 모두 우매하여 쓸모가 없었고, 오직 조선의 화자만이 총명하고 민첩하여 일을 맡겨 부릴 만하다"라고 했다. 조선의 태종이 사신에게 화자를 몇 명이나 보내야 하느냐고 묻자, 사신은 3~4백 명 정도라고 대답했다. 그러자 태종은 "이들은 따로 종자가 있는 것도 아닌데, 어떻게 이렇게 많이 보낼 수 있겠는가?"라고 반문했다.[9] 이렇게 해서 이 해에 보낸 화자는 29명이었다.

명의 요구에 따라 보낸 화자는 1394년에 5명, 1403년에는 35명, 1404년에는 10명, 1405년에는 8명, 1407년에는 29명 등등, 16차에 걸쳐 198명을 보냈다. 비록 긴 교류 기간에 비하면 그 숫자가 그리 많지는 않지만 조선에 미친 사회적 정치적 파장은 실로 대단했다.

이들이 일단 조선으로 사신의 임무를 띠고 나오면 온갖 횡포를 부리기 일쑤였다. 온갖 핑계로 재물을 요구했고, 자신의 친척들에게 관직을 요구하거나 자신의 고향을 승격시켜 달라고 떼를 쓰기까지 했다. 1403년 조선 태종의 고명과 인신(印信)을 가지고 온 사신 중, 환관 주윤단(朱允端)은 자신의 친척 60여 명에게 관직을 요구하기까지 하는 등 무례한 짓을 일삼았다. 이들의 횡포는 조선은 물론이고 명에서도 문제가 되었다. 그래서 명에서는 조정의 내신(內臣) 중에서 학행이 있는 사람을 선발하여 사신으로 보내려고 했지만 잘 지켜지지 않았다.

처녀의 경우는 1408년 5명을 시작으로, 12차에 걸쳐 98명이 보내졌다. 처녀를 선발할 때는 진헌색(進獻色)이란 기구를 설치하여 전국에서 처녀를 선발했다. 화자와는 달리 선발된 처녀들이 다시 조선으로 파견되어 횡포를 부리는 일은 없었지만, 한번 명으로 가면 곧 가족 간 생이별을 뜻했으므로 조혼(早婚)의 폐습이 생기는 등 부작용이 만만치 않았다. 하지만 무엇보다 '사람'을 공납한다는 것 자체가 상당한 정신

9_(조선)『태종실록』7년(1407 정해 / 명 永樂 5년) 8월 6일(정해).

적 충격으로 다가왔다.

처음에는 황제의 비빈(妃嬪)이 될 처녀를 요구했다. 명 성조의 생모인 공비(碩妃)는 고려인이라 하고,[10] 이 외에도 경제(景帝)의 생모는 조선인 오씨이며, 헌종(憲宗)의 유모는 조선인 한씨였다. 그런데 1424년 이후에는 황비(皇妃)로 삼을 처녀 외에 시비(侍婢)까지 요구하기에 이르렀다.

이들이 비록 가족 간 생이별에도 불구하고 명 황궁에서 비교적 안락한 생애를 보낸 듯하지만 사실은 그와 달랐다. 이들 중 상당수는 궁중에서 일어난 어려(魚呂)의 난(亂)에 연좌되어 억울하게 비명에 생을 마쳐야 했다.[11]

양국에 많은 문제를 일으켰던 화자와 처녀의 공납은 1521년 명 무종(武宗)의 사망을 계기로 폐지되었다.

3) 조선과 명의 후기 관계

(1) 임진왜란

임진왜란을 기회로 양국 관계는 단순한 책봉·조공 관계에서 서로 구원군을 파견하는 관계로까지 발전했다. 그러므로 양국 관계의 결말을 바로 인식하기 위해서는 임진왜란에 대해 다시 살펴보아야 한다.

10_李晋華, 「明祖生母問題匯證」, 『史魚所集刊』 6本 1分, 1936; 장비비, 장범 외, 『(북경대학 한국학 연구센터 한국학 총서) 한중관계사』, 범우, 2005, 409쪽.

11_임상훈, 「魚呂之亂硏究」, 『전북사학』 제39호, 전북사학회, 2011; 김한규, 『한중관계사』 2, 아르케, 1999, 585쪽 참조.

명군의 도움으로 조선은 기사회생할 수 있었지만 그 과정이 그리 순탄하지는 않았다. 빛이 있으면 어둠이 있는 법이다.

전쟁의 발발

일본, 즉 왜(倭)는 1560년에 조총 두 자루를 포르투갈인에게 선물받은 후, 세계에서 가장 많은 조총을 보유한 국가가 되었다. 이에 비해 조선에는 거우 1589년에야 왜의 사신을 통해 조총이 전해졌다. 왜는 조선을 침공하기 위해 수년 동안 밀정을 보내어 정보를 수집하고 이를 바탕으로 치밀한 계획을 세웠다.

상황이 심상치 않자 1589년 조선에서는 왜에 통신사(通信士)를 파견하여 그 정세를 파악하도록 했다. 이윽고 귀국한 정사 황윤길(黃允吉)은 왜가 반드시 침략할 것이라고 보고했지만, 부사 김성일(金誠一)은 풍신수길(豐臣秀吉)은 경망한 자로 그런 일은 없을 것이라고 보고했다. 결국 조선 조정은 전쟁이 일어날지를 두고 두 파로 갈리어 대립하다가 적절한 대책을 세우지 못하고 말았다.

그리고 마침내 1592년 왜가 16만의 대군으로 조선을 침략하는 세계사적인 대 사건이 벌어졌다. 치밀한 계획 하에 조총을 앞세운 왜군에게 조선군은 속수무책으로 무너졌다. 결국 선조는 왕세자인 광해군에게 분조(分朝)를 맡기고, 조선의 변경인 의주(義州)까지 파천하여 거기서 명에게 지원군을 요청하기에 이르렀다. 광해군의 분조는 민심을 진정시키고 군사를 모아 전쟁을 지휘했다.

명의 참전

한편 명은 이미 왜가 조선을 침략할 것이라는 첩보를 입수했지만, 이 사실을 조선에 알려주지 않았다. 오히려 200여 년간 친분 관계를 유지한 자신들의 제1우방국인 조선이 왜를 안내하여 명을 침략한다는 웃지 못 할 유언비어까지 나돌았다. 더 한심한 것은 명 조정은 이 유언비어에 현혹되어 우왕좌왕하고 있었으며, 심지어 조선 변경으로 파천한 선조가 진짜 선조인지조차 파악하지 못하고 있었다. 이 무렵 명 역시 국력이 약화되어 국내 문제로도 골머리를 앓고 있었다. 그런 상황에서 조선에 파병하는 문제를 놓고 찬성하는 쪽과 반대하는 쪽으로 나누어져 논란을 벌였다. 결국 명 신종의 결단으로 조선에 파병하기로 했지만 출정하는 장군들조차 이를 좋아하지 않았다.

명이 파병한 이유는 어차피 왜와 싸워야 한다면 국내에서 싸우는 것보다는 외국에서 싸우는 것이 유리했기 때문이다. 또한 조선에 사신으로 나온 적이 있는 강왈광(姜曰廣)이 "중국은 남으로 왜국(倭國)이 있고 북으로 노국(虜國)이 있는데, 조선만이 울타리가 되어 막아 주고 있다"[12]라고 한 것처럼 조선과 명은 순망치한(脣亡齒寒)의 관계에 있었기 때문에, 명의 입장에서는 피치 못할 전략적 선택이었다. 그리고 또 하나, 명 황실과 조선 왕실 사이의 오랜 세월 동안 유지된 끈끈한 유대 관계도 경시해서는 안 될 것이다.

명의 선발대 3천 명이 왜군에게 대패하자 송응창(宋應昌)을 경략(經略, 사령관에 해당)으로 이여송(李如松)을 동정제독(東征提督)으로 삼아 4만 3

12_강왈광(姜曰廣), 『유헌기사』(輶軒紀事).

천의 병력을 파견했다. 이여송은 평양을 수복했지만, 벽제관(碧蹄館) 전투에서 대패하여 간신히 목숨을 건져 평양으로 퇴각했다.

이후 명은 왜군과 싸우지 않고 강화 협상을 추진했다. 그리고 협상이 진행되는 동안 명의 주력군은 대부분 요동으로 철수했고, 왜군도 조선의 남부 해안 지방으로 퇴각하여 지구전에 대비하면서 한편으론 이순신(李舜臣) 제독의 함대를 제거하기 위한 준비에 들어갔다.

명군이 싸움보다 강화에 치중한 것은, 남의 땅에서 피를 흘리기 싫었고 또 자국의 상황이 그만큼 열악했기 때문이다. 왜군은 이순신 함대에 의해 남해에서 황해로 이어지는 해로가 차단되어 보급이 끊어졌고, 조선의 의병이 후방을 교란하여 더 이상 전투를 지속할 수 없었다. 더군다나 겨울로 접어들자 조선의 혹독한 추위에 시달려야 했다. 이런 이유로 조선의 중앙을 내주고 남부 해안으로 퇴각했으며, 아울러 이순신 함대가 해안에 정박할 수 없도록 조치를 취했다. 그만큼 이순신 함대는 왜군에게 매우 위협적인 존재였다.

한편 명군은 조선에서 군수물자를 조달했는데, 이미 전쟁으로 폐허가 된 조선에서는 이를 조달하는 일이 쉬울 리 없었다. 그러자 명군의 약탈 행위가 이어졌고 이것은 왜군의 행태와도 큰 차이가 없었다. 심지어 적군의 머리를 베기 위한 경쟁이 시작되자 벤 머리의 절반이 조선인이라는 풍문이 나돌 정도로 사태가 심각했다.

강화 협상

명과 왜가 강화 협상(1593~1596)을 벌였지만, 정작 당사자인 조선은 여기서 소외되었다. 심지어 명에서는 원나라가 고려에 설치했던 정동

행성 같은 기구를 두어 직접 통치하자는 주장까지 나왔다.[13] 조선군에게 왜군을 공격하지 말라는 압력까지 가했다. 조선이 강화 협상을 극렬히 반대한 것은 당연한 일이다.

강화 협상에서 명은 왜의 풍신수길을 왜의 왕으로 책봉하고 조공을 허락하는 것으로 모든 것을 해결하고자 했고, 왜는 명 황제의 딸을 왜 천왕의 후비로 삼고, 조선의 8개 도 중 4개 도를 갖겠다고 주장했다.

지리한 협상 끝에 1596년 9월에 명의 사절이 왜에 도착해서 책봉의식을 행했다. 하지만 자신이 얻은 것은 종이쪽지 하나에 불과하다는 사실을 깨달은 풍신수길은 대노하여 사절단을 쫓아내고, 1597년 14만 군으로 다시 조선을 침략했다.

정유재란

이렇게 해서 1597년 정유재란이 시작되었다. 양측은 치열하게 싸웠지만 어느 쪽도 우위를 점하지는 못했다. 명이나 왜나 싸움에는 치가 떨렸다. 더 이상 싸우고 싶지 않았다. 명군은 왜군의 사자를 맞아들여 뇌물을 받고 왜군을 공격하지 않는가 하면, 조선군의 작전을 방해하고 작전계획을 알려주기까지 했다. 심지어 조선군에게 왜군과 싸우지 말라고 요구했으며, 이를 거부하고 왜군과 싸운 조선군 장수를 처형하기까지 했다. 하지만 그럴수록 왜에 대한 조선의 적개심은 말할 필요도 없이 극에 달해 있었으며, 명군에 대한 불만도 커져만 갔다.

13_한명기, 『임진왜란과 한중관계』, 역사비평사, 1999, 61-67쪽.

그러던 중 1598년 9월에 풍신수길이 사망하자 왜군은 드디어 철수하기 시작했다. 더 이상 싸울 이유가 없었던 것이다. 명군은 퇴각하는 왜를 공격할 필요가 없었다. 하지만 조선군은 사정이 달랐다. 단 한 명도 살려 보낼 수 없었던 것이다. 결국 이순신의 함대와 명 수군 제독 진린의 연합군은 철수하는 왜군의 해로를 봉쇄하고 최후의 대 접전을 벌였다. 그리고 이 과정에서 이순신은 유탄에 맞아 전사하고 말았으니, 이를 노량해전이라고 한다. 이순신의 전사에 충격을 받은 진린은 왜군을 끝까지 추격하여, 최후의 주둔지인 을산(乙山)을 공격하여 잔병을 소탕했다. 이로써 7년을 끌었던 전쟁이 드디어 끝났다.

정응태의 조선 탄핵

1598년 울산 전투에서 명군이 대패하자, 명의 병부주사(兵部主事) 정응태(丁應泰)는 양호가 자신의 실책으로 패배한 것을 은폐했고 조정의 관원과 결탁하여 황제를 속였다고 탄핵했다.

이 일로 경리(經理) 양호는 파직을 당하고 말았다. 명 조정의 당파 싸움에 희생된 것이다. 조선 조정에서는 양호가 주전파이자 큰 공을 세웠기 때문에 그를 매우 좋아하고 있었다. 그런 양호가 무고로 당하자, 조선 선조는 즉시 명 신종에게 직접 국서를 올려 양호를 두둔했다 (1598년 7월).

그러자 이번에는 정응태가 조선이 왜와 내통하여 명을 침범하도록 부추겼으며, 또 양호와 짜고 황제를 속이려 든다고 무고했다. 이에 명 선종은 이 일을 철저하게 조사하도록 명했다. 조선에서는 정응태의 주장에 대해 조목조목 반박했고, 또 명의 대신들도 정응태의 주장은 날

조된 것으로 믿을 수 없다며 조선의 억울함을 풀어 주어야 한다고 주장했다. 이리하여 선종이 선조에게 조선을 의심하지 않는다는 문서를 보냄으로써 무고 사건을 종결시킬 수 있었다(1598년 2월).

비록 작은 사건이지만 해결하는 데 반년 이상의 시간이 필요했다. 전쟁 막바지에 벌어진 이 우습지도 않은 일은, 조선이 명군의 지원을 받아 전쟁을 치르면서 얼마나 마음을 조려야 했으며, 또 우호적인 양국 관계가 사소한 일로 얼마든지 틈이 벌어질 수 있다는 사실도 보여 준다. 그리고 한편으로 명이 자신의 제1 우방국인 조선을 아직도 신뢰하지 못하고 경계하고 있다는 점도 알 수 있다.

왜란의 영향

임진왜란을 계기로 동아시아의 역사가 뒤바뀌었다. 명과 조선이 전쟁에 전념하는 동안, 요동에서 힘을 축적한 여진은 후금을 세웠고 다시 청으로 국호를 바꾸었다. 명은 급격히 쇠하여 반세기 후에는 의종이 자살하기에 이르렀다(1644년). 일본은 풍신수길의 빈자리를 놓고 내전에 돌입했다. 조선의 피해는 말할 필요도 없이 심각했다. 전쟁으로 온 국토가 폐허가 되다시피 했으며, 수많은 백성이 포로가 되어 노예로 팔려 갔다. 심지어 살아남은 자보다 죽은 자가 더 많았다고 할 정도로 인명 피해가 컸다. 전쟁의 충격에서 회복되어 나라가 안정되기까지는 상당한 시일이 필요했다.

임진왜란을 도자기 전쟁이라고도 한다. 왜는 도자기 공인을 포로로 잡아 후하게 대접했으며, 이들에 의해 전수된 기술로 도자기를 빚어 유럽에까지 수출했다. 또한 전쟁을 계기로 일본에 조선의 성리학이 전래되어 왜의 유학을 새로운 세계로 안내했다.

한편 왜란을 기회로 조선인과 명인의 접촉이 광범위하게 일어났다. 이전에는 사절단 외에는 서로 접할 수 있는 공식적인 창구가 없었다. 두 나라 사람들은 서로의 존재는 알고 있었지만, 사실 먼 곳의 아득한 이야기들일 뿐이었다. 하지만 양국의 사람들이 광범위하게 접촉하게 되자 광범위한 교류가 시작되었다. 이런 교류는 진작부터 있어야 했지만, 이민족의 침략에 항상 경계해야 하는 한족의 입장에서는 조선에 대한 경계를 풀 수는 없었던 모양이다. 조선의 자제들을 명의 국학에 유학시키는 일도 구두선에서만 그치고 단 한 번도 이행된 적이 없다는 사실도 이를 뒷받침한다.

대규모로 양국 백성들이 접촉하게 되면 서로에 대한 이해가 깊어지고 우의도 그만큼 커진다. 처음에는 서로를 잘 몰라 터무니없는 오해와 편견으로 크고 작은 마찰이 비일비재하겠지만, 이는 어디까지나 과도기적 현상이고, 시간이 지남에 따라 서로 깊이 이해하고 서로 돕기 마련이다. 더군다나 조선은 명을 적대시한 적이 없고 시종일관 좋은 관계를 유지하려고 노력했다. 만일 명이 조금만 더 마음을 열어 조선을 대했다면 양국 교류에 커다란 발전이 있었을 것이다.

임진왜란을 기해 대규모의 접촉으로 많은 교류가 이어졌지만 아쉽게도 그 시기가 너무나 늦었다. 이제 명은 역사의 뒷길로 사라져야 하는 운명이었으며 조선과 명의 교류도 막바지로 향하고 있었다.

(2) 심하 전투 : 명·후금 전쟁과 조선의 참전

임진왜란 중 분조(分朝)를 맡은 광해군은 전쟁을 지휘했기에 전쟁의 참상을 잘 알고 있었다. 그리고 명이 어떤 이유로 참전했는지 명군이 왜군을 맞아 어떻게 싸웠는지, 그리고 조선의 백성과 관원을 상대로 무슨 짓을 했는지도 누구보다 잘 알고 있었다. 임진왜란 중 명군의 행위에 대해 명나라 사람인 서광계(徐光啓)와 강왈광(姜曰廣)은 다음과 같이 평가했다.

싸움을 하긴 했지만 싸움은 제대로 이루어지지 않았고 아군은 반드시 이기겠다는 기세도 없었다. 강화를 하려고 했지만 강화는 이루어지지 않았고 적군은 해산하여 돌아갈 기세도 없었다.[14]

지난 날 왜의 관백이 난을 일으켜 조선의 도성에 난입하여 유린했다. 우리 군사들은 조선을 구제하는 데 힘을 다하지 않았고 도리어 소요만을 일으켰다. 조선은 우리에게 실망했지만, 그러나 우리를 배신하지 않았다.[15]

명은 조선이 아닌 자국의 이익을 위해 참전했고 전쟁보다 강화에 주력했으며, 왜군과 마찬가지로 백성을 약탈했고, 조선의 임금과 대신들에게 무례하게 대하기 일쑤였다. 더군다나 명은 광해군이 둘째 아들이라는 것을 명분으로 삼아 광해군의 즉위를 인정하지 않았다.[16] 요즘

14_서광계(徐光啓), 「海防迂說」, 『徐光啓集』 권1.

15_강왈광(姜曰廣), 『유헌기사』(輶軒紀事) 권1.

16_첫째인 임해군은 왜란 당시 왜군의 포로가 된 전력이 있었기 때문에 국왕이 될 수 없었다. 함경도에서 반란을 일으킨 국경인(鞠景仁)이 임해군을 잡아 왜군에게 넘겼던 것이다. 임해군은 석방되어 돌아왔지만 정신적 충격에서 벗어나지 못해 많은 문제를 일으켰

의 현실에 빗대어 본다면, 본인이 국가 최고 지도자 자리에 취임했는데, 외국에서 지지 성명을 발표하지 않은 것과 같은 경우이다. 그 최고 지도자는 대외적으로는 물론 대내적으로도 난처한 입장에 빠질 수밖에 없다. 그러나 이보다 더 심했던 것은 즉위 과정을 조사하겠다며 사문관(査問官)까지 파견했다는 점이다. 이것은 명백한 내정 간섭으로 광해군을 정치적으로 더욱 궁지로 몰아넣었다. 사문관들은 이 일을 선처해 주는 조건으로 막대한 양의 은을 뇌물로 받아 갔고, 이것은 관행으로 굳어져 이후 명에서 오는 사신들마다 갖은 명목으로 막대한 양의 은을 요구했다. 이런 행위는 전후 조선 경제에 심각한 타격을 입혔다.

비록 명군이 임진왜란을 승리로 이끄는 데 크나큰 역할을 한 것은 사실이고, 조선이 명에 대해 진심으로 고맙게 여기는 것도 사실이지만, 광해군의 입장에서 명의 행위를 시종일관 우호적으로만 볼 수는 없는 일이었다.[17] 명은 물론 즉위 승인이라는 무기를 휘둘러 광해군을 원하는 대로 부리고 싶었을 것이다. 하지만 이런 행위는 자칫 오해와 불신만을 키울 수 있다. 그리고 실제로 그런 방향으로 나타났다.

명은 양호를 사령관으로 삼아 후금의 공격에 대비하고, 한편으로는 조선에 원병을 청했다. 왜란 때 명이 도와주었으니 이제는 조선이 도울 차례라는 뜻이었다. 조선의 대신들은 원군을 파병해야 한다고 의견을 모았지만 광해군은 좀 더 신중한 입장을 취했다. 조선의 현실이

다. 이에 비해 광해군은 임진왜란을 승리로 이끄는 데 많은 기여를 했으므로 군민들에게 많은 신망을 받고 있었다.

17_광해군의 명에 대한 인식은, 한명기, 『임진왜란과 한중관계』, 역사비평사, 1999, 187-223쪽 참조.

아직 전쟁을 치르기에는 여력이 없다는 명분이었지만, 사실 실리적 입장에서 조선의 이익, 아니 조선의 존망을 따지고 있었다. 명도 명의 이익을 저울질해서 조선에 참전했듯이, 조선도 조선의 이익을 따질 필요가 있었던 것이다.

하지만 이런 생각은 광해군의 생각이었고 신료들의 생각은 달랐다. 명에 은혜를 갚기 위해서도 출병해야 한다고 주장했다. 이리하여 광해군은 어쩔 수 없이 강홍립(姜弘立)을 원수로 삼아 1만 3천 명을 출병시켰다. 강홍립의 군대는 명 유정(劉綎)의 군대에 배속되어 후금의 수도인 홍경노성을 향해 진군했다. 그러나 1619년 3월 '심하[薩爾滸]전투'에서 후금군의 기습을 받아 패하여 항복했다. 이 전투는 명과 후금의 운명을 가르는 분수령으로 평해진다.

강홍립이 항복한 일을 두고 어쩔 수 없는 상황이었다고 보기도 하고 미리 광해군의 밀지를 받고 항복했다고도 한다. 그러나 앞뒤 사정을 따져 보면 이미 이 전투의 패배는 예정되어 있었다. 명의 군사는 급조된 오합지졸로 훈련이 되어 있지 않았으며, 조선군이 속한 유정의 군대는 대포조차 없어 오로지 조선군만 믿고 있는 형편이었다. 명군 지휘부의 내분도 심각하여, 각자 공을 다투어 무리한 공격을 감행하다 모두 각개 격파당하고 말았다.

특히 조선군에게 제일 문제가 되었던 것은 군량이 공급되지 않았다는 점이다. 군량이 부족한 상태에서 험악한 산과 강을 지나 먼 길을 행군하면서 체력이 이미 소진된 상태였다. 강홍립 원수는 진군이 불가함을 주장했지만, 명 지휘부는 이를 묵살하고 진군을 명령했다. 후금의 기습을 받았을 때는 이미 이틀이나 굶은 상태였다.

3월 4일 명군은 후금 철기 3만의 기습으로 삽시간에 궤멸되었고,

조선군은 화포로 웅사했으나, 갑자기 불어 닥친 모래 바람으로 채 두 번째 화포를 쏘지 못하고 철기에 유린당하고 말았다. 그날 밤 포위망을 뚫으려고 했지만 굶주리고 지친 군사들은 이미 그럴 기운이 없었다. 이 전투에서 조선군은 9천명을 잃어 이미 전투력을 상실했다. 이어서 후금의 요청으로 강화가 시작되었고 결국 투항하고 말았다.[18]

(3) 정묘호란과 병자호란

1623년 조선에서 인조반정(仁祖反正)이 일어났다. 인조는 자신들의 반정을 정당화하기 위해 광해군이 명을 배반했다고 주장했다. 하지만 명 조정에서는 여러 모로 정보를 입수한 끝에 이 반정이 엄연히 찬탈이며, 인조를 비롯한 역적들을 응징해야 한다는 의견이 주를 이루었다. 그러나 육로가 막혀 해로를 통해서만 왕래하는 형편이어서 조선을 응징한다는 것은 사실상 불가능한 일이었을 뿐더러, 오히려 조선의 지원이 더 절실한 상황이었다. 그래서 결국 후금과의 전쟁에 조선을 적극적으로 끌어들여 지원을 더 얻어낼 수만 있다면, 이 반정, 즉 인조의 즉위를 승인해야 한다는 신중론으로 바뀌었다. 즉 명분도 중요하지만 실질적 이익을 취해야 한다는 뜻이다.

결국 당시 조선 압록강 하구의 가도(椵島, 단도)에 주둔하고 있던 모문룡(毛文龍)의 압도적인 지지로 인조의 책봉을 허락하기로 1625년 1

18_한명기, 『임진왜란과 한중관계』, 역사비평사, 1999, 255-264쪽 참조. (조선) 『광해군일기』 11년 3월 12일조, 평양 감사의 치계에 당시의 상황이 잘 드러나 있다.

월에야 결정했다. 하지만 그 이후로도 명은 인조에 대한 의심을 거두지 못했다.[19] 비록 조선은 원하던 대로 명의 책봉을 다시 받을 수 있었지만 그 경제적 피해는 엄청났다. 명의 사신들이 책봉 문제를 빌미로 엄청난 양의 은을 갈취해 갔기 때문이다. 그 피해는 고스란히 백성들의 몫이었다.[20]

후금도 가만히 있을 수 없었다. 만일 정말로 조선이 명과 연합한다면 사태를 장담할 수 없었기 때문이다. 1627년 후금은 가도를 쳐서 모문룡을 쫓아내고, 여세를 몰아 평양을 함락시켰다. 인조는 강화도로 피난했고, 이윽고 강화가 성립하여 양국이 형제 관계임을 규정한 정묘조약(丁卯條約)을 맺었다.

그리고 1636년 후금의 태종은 국호를 청(淸), 여진을 만주(滿洲)로 바꾸고, 12월에 12만 군을 직접 이끌고 조선을 침략했다(丙子胡亂). 조선을 완전히 제압하여 후환을 없앨 필요가 있었기 때문이다. 청은 조선의 험준한 산성을 공격한다면 몇 달이 지나도 도성에 이르지 못한다는 사실을 잘 알고 있었다. 그래서 요새를 이리저리 회피하여 한양으로 곧장 쳐내려 갔다. 청이 왕세자가 있던 강화도를 함락시키자, 1만 3천의 병력으로 20만군에게 남한산성에서 포위되어 있던 인조는 결국

19_한명기, 『임진왜란과 한중관계』, 역사비평사, 1999, 326-352쪽 참조. 인조의 직위를 승인하기는 했지만, 『희종실록』 등 명의 많은 기록에는 인조반정을 '찬탈'로 기록하고 있다.

20_단 한 명의 예외가 있었다. 1626년에 파견된 문관 사신인 강왈광(姜曰廣)이 그 사람이다. 강왈광은 단 한 명의 상인도 대동하지 않았고 모든 예물을 거부했으며 심지어 연회조차 거부했다. 그의 청렴에 감동한 백성 1만 5천 명이 모여들어 그를 만나 보려고 했고, 심지어 송덕비까지 세우려고 했다. 조선의 백성들이 사신들의 폐해에 얼마나 시달렸는지 짐작할 수 있는 대목이다(조선 『인조실록』 4년 6월 21일(임진)조 참조).

항복하고 말았다(1637년 1월 30일). 이로써 조선은 명과의 관계를 끊고 청과 새로운 관계를 맺게 되었다.

(4) 병자호란 이후

비록 병자호란에서 입은 조선의 물질적 피해는 임진왜란과 비교할 수 없을 정도로 적었지만, 그 정신적 피해는 말로 표현할 수 없을 정도로 더 컸다. 조선은 비록 청에 굴복했지만 마음까지 굴복한 것은 아니었다. 청은 조선에 군사를 요청했지만 조선은 이를 거부했고, 어쩔 수 없이 파병된 군대는 제대로 싸우지 않았을 뿐더러 군량 1만 섬을 실은 배가 모두 침몰되어 단 한 척도 도착하지 않은 일까지 벌어졌다.

1644년 농민 반란군이 명의 수도 북경을 점령하자 명의 마지막 황제 의종(毅宗)이 자살했다. 이를 기회로 청은 북경에 입성하여 명의 영토를 접수했다. 그렇다고 해서 조선이 청에 복종한 것도 아니다. 조선 조정에서는 청의 연호를 사용했지만 많은 사람들이 사적인 글을 쓸 때는 명 황제의 연호인 숭정(崇禎)을 사용했으니, 명이 멸망한 후에도 '숭정 기원 ○○년'이라고 연대를 기록하곤 했다.

그리고 명이 임진왜란 때 조선을 도왔다는 점을 강조하기 위해 '재조지은'(再造之恩)이라는 관념이 생기기 시작했다.[21] 임진왜란과 병자호란을 통해 조선인들은 조선 조정에 대해 심한 불신감을 갖게 되었고,

---

21_한명기, 「임진왜란 시기 '재조지은'의 형성과 그 의미」, 『동양학』 29, 단국대학교 동양학연구소, 1999.

특히 전쟁의 충격으로 백성들뿐만 아니라 사(士)까지도 동요하기에 이르렀다. 그러자 집권자들은 조선의 민심을 모으기 위해 청을 정벌하여 복수하겠다는 북벌론과 명의 은혜를 잊지 말아야 한다는 재조지은을 사상적 무기로 내세우게 되었다.

임진왜란 이전에도 조선은 명을 황제의 나라로 여기고 친밀히 지내려고 노력했지만, 그렇다고 명을 마음속으로까지 존중했던 것은 아니었다. 명은 명이고 조선은 조선이었다. 사대는 어디까지나 외교적 관례였을 뿐이다. 하지만 임진왜란을 계기로 명을 은인의 나라로 생각하는 경향이 나타났고, 병자호란을 계기로 조선이 멸망할 때까지 명은 조선인의 마음속에 깊이 각인되기에 이르렀다.

2. 책봉·조공 정책의 이해

1) 책봉·조공 정책에 대한 오해

책봉·조공 정책을 논하기 전에 『황청직공도』(皇淸職貢圖)와 『만국래조도』(萬國來朝圖)에 주목할 필요가 있다. 직공(職貢)이란 조정(朝廷)에 조공(朝貢)을 바친다는 뜻이다. 여기서 조정이란 국왕이 나라의 정치를 의논하거나 집행하는 곳을 말하고, 조공(朝貢)이란 작은 나라에서 큰 나라에 예물을 바치는 일을 말한다. 조공을 받은 나라도 별도의 답례품을 보내는 것이 관례였다. 조공은 책봉을 전제로 하는데, 책봉(册封)이란 작위를 봉해 주는 것을 말한다. 조회(朝會)라는 말도 원래 벼슬아

치들이 아침 일찍 정전(正殿)에 모여 군왕에게 문안을 드리고 정사를 아뢰는 일을 말한다. 국가와 국가 사이에서 조정이라고 칭한다면, 조정이 있는 국가가 주도적 지위에 있다는 것을 뜻한다.

그런데 문제는 이 두 책에 조선과 일본 등 동양의 국가는 물론이고, 영국·프랑스·네덜란드·러시아 등등의 서양 제국(帝國)들도 등장한다는 점이다. 그렇다면 서양 제국이 청나라를 종주국으로 삼아 칭신(稱臣: 신하라고 칭함)을 하고 스스로 조공을 바치며 복속했다는 뜻이 된다.

하지만 좀 이상하지 않은가? 서양의 제국이 청에 칭신을 하고 자발적으로 복속할 이유가 있었을까? 중국의 발달된 문명에 압도당하여 중국을 진정으로 존경해서 그랬을까? 그렇다면 더 이상하다. 아편전쟁은 무엇이었으며 서구 열강이 청의 수도인 북경으로 진격한 것은 어째서일까? 『황청직공도』와 『만국래조도』를 보고 있으면, 이런 의문을 지울 수 없다.

다른 예를 더 들어보겠다. 한문으로 기록된 명의 실록은 중앙아시아와 서아시아의 강국인 티무르 제국을 조공국으로 묘사하고 있다. 하지만 페르시아어로 작성된 글을 보면, 양국은 서로 상대의 권위를 인정하지 않았으며 단지 서로 대등한 국가로 인식했을 뿐이다.

청과 러시아는 네르친스크조약(1689년)과 캬흐타조약(1727)을 체결했는데, 만주어로 이루어진 조약문을 보더라도 양국이 대등한 입장에서 이 조약을 맺었다는 점을 알 수 있다. 하지만 한문 사료를 통해 보면 평등 조약은커녕 국제 조약이었다는 점도 알 수 없을 정도로 사실이 왜곡되어 있다.[22]

이상에서 알 수 있는 것처럼 조공을 바쳤다는 기록을 글자 그대로 신뢰할 수는 없다. 책봉·조공 정책과 이에 따른 속국이라는 말도 다시 검토할 필요가 있다. 결론적으로 말하자면, 조공을 바쳤다고 해서 그 나라를 속국으로 볼 수는 없다. 서양의 여러 나라들이 조공을 바친 적도 없다. 그리고 더 나아가 조선은 명이나 청의 속국도 아니다. 이것은 너무나 명백한 사실이고 역사학계에서는 이미 상식으로 굳어져 있지만, 아직도 역사 용어에 익숙하지 않은 일반 대중은 물론이고, 심지어 학자들까지도 조선을 명과 청의 속국으로 오해하는 경우까지 있다. 그러므로 이 문제를 여기서 다루지 않을 수 없다. 이와 관련해서 실제의 역사적 사실과 다르게 기록되었다는 점을 인식하는 것도 중요하지만, 더 중요한 것은 왜 이런 현상이 발생했는지를 이해하는 일일 것이다.

2) 책봉·조공 정책의 실체

책봉(冊封)이란 중국의 황제가 국내의 귀족이나 공신에게 왕(王)·공(公)·후(候) 등의 작위를 주는 것인데, 진·한 이후 중국 주변국의 왕에게도 중국식 왕의 작위를 주기 시작하면서 발전했다. 형식상 중국의 땅에 존재했던 나라(이하, '중국'으로 통칭함)의 군왕이 군주가 되고 주변국의 군왕이 신하가 되어 하나의 질서를 유지하는 것이다.

우선 중국의 황제가 고명(誥命)과 인신(印信)을 보내 책봉 의식을 거행하고 책봉 받은 나라가 조공(朝貢)을 바치면, 이로써 책봉·조공 관계가 성립한다. 책봉·조공 관계가 성립하면 일단 양국은 상호 불가침 조

22_구범진, 「동아시아 국제 질서의 변동과 조선-청 관계」, 『동아시아 국제 질서 속의 한중 관계사』, 동북아역사재단, 2010, 304-308쪽.

약을 맺은 것처럼 평화 관계를 유지하게 되고 또 공식적인 상호 교류도 시작된다.

그런데 이 책봉·조공 정책은 생각보다 매우 복잡하다. 이를 글자 그대로 받아들이면 자칫 조공을 바치는 나라 모두를 중국 땅에 존재했던 나라들의 속국이라고 오해할 수도 있다. 실제로 청은 서양 여러 나라에서 파견된 사신들이 가져온 예물을 모두 '조공'이라고 기록했다. 조공이란 말은 '칭신'(稱臣)을 전제로 하는데, 서양 제국들이 청에게 자국을 신하의 나라라 자처하며 조공을 바칠 이유는 없다. 또 책봉과 조공은 동전의 양면과 같기 때문에 책봉 없는 조공이란 사실상 무의미하다.

이런 이치로 책봉·조공 관계를 맺은 조선을 명의 속국으로 오해할 수도 있다. 더군다나 명의 기록을 보면, 조선을 속국(屬國)과 '같다'라고 하거나, 내지(內地)'처럼' 여기기도 했다는 기록이 있다. 하지만 '같다'는 말은 그만큼 가깝다는 뜻이지, 글자 그대로 속국이라는 뜻은 아니다. 속국이라면 명의 행정력이 조선에 직접 미쳐야 하지만 그렇지 않았다. 또 명에서도 조선을 외국으로 대우했으며, 또『명사』(明史)에도 조선은 외국으로 기록되어 있다.

이것은 단지 책봉·조공을 통해 명의 세계 질서(world order) 속에 조선이라는 나라가 편입되었다는 의미를 지닐 뿐이다. 지금도 미국과 유럽이 주도하는 세계 질서가 존재하고 또 러시아나 중국을 중심으로 하는 세계 질서도 존재한다. 이 세계 질서 안에 참여한 나라를, 미국·러시아·중국 등의 속국이라 말할 수 없는 이치와 같다.

따라서 국제 역학 관계의 변화에 따라 세계 질서는 언제든지 바뀔 수 있는 것이고, 조선도 명의 질서에서 언제든지 이탈할 수 있는 것이다. 그리고 실제로도 국제 역학 관계가 변하자 조선은 명의 질서에서 이탈했다.

　책봉·조공 정책은 중국 대륙에 존재했던 나라들이 그 주변의 나라들과 교류하는 국제적인 외교 양식 중의 하나였다는 점을 이해해야 한다. 이는 한국과 중국이 불필요한 마찰과 오해를 넘어, 현재는 물론 앞으로도 발전적인 관계를 맺고자 한다면 반드시 짚고 넘어가야 할 중요한 문제다.

　특히 한반도에 존재했던 나라들이 중국 대륙에 존재했던 나라에게 사대했다고 해서 이를 속국으로 오인하고, 더 나아가 현재의 한국을 중국의 속국으로 인식하려고 한다면, 이보다 더 큰 비극은 없을 것이다. 설사 백번 양보하여 과거에 속국이었다고 해도, 지금도 앞으로도 속국이어야 한다고 생각해서는 안 된다. 만일 이런 사고를 한다면 더 이상 상대방을 우방으로 인식한 것이 아니며 독립된 주권을 가진 독립국으로 인정하는 것도 아니다. 그저 상대방을 위협하고 굴복시켜서 자신의 삿된 욕심을 채우려는 행동으로 이는 흉악한 강도와 다를 바가 없다. 민주주의 또는 공산주의를 신봉하는 사람은 만민이 평등하다고 생각하므로 이런 생각을 하지 않을 것이다.

　신라와 고려는 당·송에 사대했지만, 이는 어디까지나 외교적 수사였을 뿐이고, 그들의 모든 제도와 사고는 천자국과 같았다. 그들은 자신들의 군왕을 황제로 불렀다. 신라의 김유신 장군은 죽은 뒤에 흥무대왕(興武大王)으로 추존되었다. 신라의 군왕이 황제이므로 그 신하가 왕이 될 수 있었던 것이다.

　이런 현상, 즉 내부적으로는 황제라 칭하고 황제의 제도를 따르면서도, 외부적으로는 큰 나라에 사대하는 현상은 얼핏 보아 쉽게 이해할 수 없는 기이한 현상이지만, 이것은 엄연히 실제로 있었던 일었다. 이

문제를 이해하기 위해서는 많은 시간과 논쟁이 필요했다.[23] 하지만 본고에서는 이런 문제를 모두 다룰 여유가 없으므로, 책봉·조공 정책에 대한 오해가 생긴 계기와 그 실체에 대해서만 간략하게 다루기로 한다.

책봉·조공 정책 이론에 가장 큰 기여를 한 사람은 니시지마 사다오(西嶋定生)와 페어뱅크(John K. Fairbank)를 들 수 있다. 페어뱅크는 중국의 사서에 기록된 책봉과 조공을 글자 그대로 받아들여서 전근대 2천년을 일률적으로 재단했다. 즉 중국 주변의 오랑캐 나라들이 중국의 문화적 우월성에 경도되어 자발적으로 조공을 바치고 중국적 질서(Chinese world order)에 참여하여 속국이나 번국이 되었으며, 중국으로 들어 온 대부분의 민족들이 한족의 문명에 흡수되어 동화되어 버렸다는 것이다. 이런 페어뱅크의 책봉·조공 정책 이론이 한 시절을 풍미했지만, 사실 이 이론이 제기되었을 때부터 꾸준히 비판이 이어졌고, 지금은 이 이론을 폐기하고 새로운 대안을 찾아야 하는 국면으로 접어들었다.[24]

책봉·조공이 비판받는 것은 그것이 역사적 실체와 부합하지 않기 때문이다. 책봉을 받는 군왕이 책봉을 행하는 나라에 직접 입조한 사실도 없고, 또 책봉 받은 관작은 대내적으로는 물론 대외적으로도 사용한 적도 없다. 책봉 받은 관작은 오로지 책봉을 행한 나라에 문서를 보낼 때에만 사용하였다. 심지어 자국 내에서도 사용되지 않았고, 책

23_책봉·조공 정책과 그에 대한 논란에 대해서는 구범진, 「동아시아 국제 질서의 변동과 조선-청 관계」, 『동아시아 국제 질서 속의 한중관계사』, 동북아역사재단, 2010, 295-318쪽 참조.

24_계승범, 「조선시대 동아시아 질서와 한중관계 : 쟁점별 분석과 이해」, 『한중일 학계의 한중 관계사 연구와 쟁점』, 동북아역사재단, 2009, 139-140쪽.

봉을 받은 나라들 사이에서 서로 외교문서를 교환할 때도 사용하지 않았다. 다시 말해 책봉과 조공은 양국의 군왕 사이에서 개인적으로 행했던 일에 불과했다. 그리고 심지어 책봉·조공 관계를 맺었다고 해도 그 관계의 효력 내지 구속력은 별개의 문제였다.

오카다 히데히로의 지적처럼 로마 교황에게 작위를 받았다고 해서 작위를 받은 국왕이 로마 교황의 가신이 아닌 것처럼, 조선의 국왕은 중국(청) 황제의 가신이 아니었다. 이 관계는 국가 간의 관계가 아니라 개인적인 관계였기 때문에, 군왕이 바뀔 때마다 새로 책봉과 조공 관계를 맺어야 했다.[25] 오카다 히데히로는 비록 조선과 청과의 관계를 언급했지만, 이를 조선과 명으로 확대해도 결과는 같다.

책봉을 이중으로 받는 경우도 있었다. 여진족의 경우 조선과 명 양쪽에서 책봉을 받은 경우가 43%에 달했다.[26] 군신의 관계를 맺는 것이라면 있을 수 없는 일이다. 또 중국은 외부 나라와 접촉할 때 책봉·조공 관계를 요구했다. 중국과 교역을 하려는 나라는 교역의 대가로 중국의 우월성을 인정해야만 했다. 적어도 중국의 역사가들은 기록상으로는 조공 형식을 계속 유지하려고 했고 그것이 중요한 것처럼 보이려고 노력했지만, 조공을 하는 나라에서는 이를 별로 중요하게 생각하지 않는 경우도 흔했다. 교역의 수단이었을 뿐이다.[27]

25_오카다 히데히로[岡田英弘], 「〈インタビュー〉 清朝とは何か」, 岡田英弘 編 『清朝とは何か』, 東京: 藤原書店, 2009, p. 16; 구범진, 「동아시아 국제 질서의 변동과 조선-청 관계」, 『동아시아 국제 질서 속의 한중관계사』, 동북아역사재단, 2010, 362-363쪽, 재인용.

26_김한규, 『한중관계사』 II, 1999, 599-604쪽.

27_존 K. 페어뱅크 저, 김한규·전용만 역, 『동양문화사』(상), 을유문화사, 1991, 246-249쪽.

책봉·조공 정책은 중화사상의 산물이다. 중화사상이라는 관념은 필연적으로 객관적 현실과 괴리가 발생하게 된다. 그리고 그 괴리를 메우기 위해 객관적 현실, 즉 역사적 실체를 왜곡시키기도 했다.

과거 중국의 영토에 있었던 제국들은 하늘 아래 태양이 하나인 것처럼 땅 위에 천자도 하나라고 생각했다. 그리고 자신들만이 천하의 중심(中心)에 있으며 가장 발달한 문화(文華)를 가지고 있다는 선민의식이 있었다. 따라서 자신들의 나라 이외의 천하의 모든 나라는, 문화가 낙후한 오랑캐로 이적(夷狄)이라 불렀으며, 이들은 모두 자기 나라에 교화되어 복속되어야 한다고 생각했다. 이런 생각을 중화주의(中華主義) 또는 중화사상이라고 한다.

문제는 자국 안에서만 이런 생각을 하면 상관없겠지만, 이를 외국에까지 무리하게 강요했다는 점이다. 자기 나라가 세계 최고가 되어야 한다는 생각은 기특한 생각으로 장려할 만하지만, 그렇기 때문에 모두 자국에게 복종해야 한다는 생각은 어이없음을 넘어 심각한 지경으로까지 사태를 악화시킬 수 있다. 불필요한 전쟁을 일으켜 다른 나라를 침범하는 것은 물론, 심지어는 송과 명처럼 오랑캐라 멸시하던 이적에게 멸망당한 것도 그 한 예라 할 것이다.

3) 조선과 명의 책봉·조공 정책

조선과 명은 책봉·조공 관계를 맺고 있었지만 그렇다고 조선이 명의 속국은 물론 아니었다. 명에 사대할 것을 주장한 정도전은 동시에 명을 정벌하려고 했다. 정도전이 정변으로 제거되지 않았다면 조선과 명의 관계는 어떻게 되었는지 알 수 없을 정도였다. 즉 책봉·조공에 따라 사대했다고 해도 책봉국의 권위를 그대로 인정한 것은 아니었다는 말이다. 실제로 조선은 여진의 문제와 북쪽 영토 문제에 있어서는 명과 여러 차례 마찰을 빚었다. 또 명의 내정 간섭이 있으면 조선은 이에 대해 내정 간섭을 하지 말라며 강력하게 항의했다. 실제로 조선의 군왕들은 비록 명에 사대를 하지만 자신을 천자국의 군왕으로 인식하고 있었다. 명의 속국이거나 신하 나라였다면 불가능한 일이다. 그리고 조선이 명의 속국이었다면, 임진왜란 때 명이 조선을 그토록 의심하지도 않았을 것이다.

조선은 청에 항복하고 사대했지만, 조선의 집권자들은 물론 일반 백성까지 반청(反淸)을 당연한 일로 받아들이고 있었다. 집권자는 물론이고 일반 백성에 이르기까지 청을 오랑캐 국가로 매도했다. 명에 사절단을 보낼 때는 '조천'(朝天: 천자에게 조회함)이라고 했지만, 청에 대해서는 '연행'(燕行: 청의 수도 연경에 감)이라고 했다. 청의 연호는 외교문서 외에는 사용하지 않았으며, 심지어 숭정(崇禎)이라는 명의 마지막 황제의 연호를 수백 년이나 사용했다. 이토록 멸망한 명을 사랑해서 얻을 수 있는 이익이 무엇이었을까?

조선이 명을 각별하게 느낀 것은 임진왜란 이후였다. 조선은 명의 파병으로 전쟁을 승리로 이끌 수 있었고 나라가 멸망하지 않고 보존될 수 있었다고 외쳤다. 하지만 이것도 다분히 전쟁 책임론을 모면하기 위해 여론을 호도하려고 '재조지은'(再造之恩)을 정책으로 채택했다는 점도 간과해서는 안 된다. 이 재조지은이라는 구호는 국내 정치용이었다. 조선의 집권층은 청을 타도하자고 외쳤지만, 실제로 전쟁 준비에 앞장선 사람은 거의 없었다. 재조지은 정책이 조선 집권자들의 이익에 부합했기 때문에 채택되었던 것이다.[28]

명은 물론이고 청의 입장에서도 조선과의 책봉·조공 관계가 지속된다면 조선이 자국을 침범할까 염려할 필요가 없어진다. 조선은 울타리, 즉 번국(藩國)이 되어 명 또는 청을 호위하고 있는 셈이었다. 그러므로 조선이 무슨 일을 하든지, 심지어 조선이 숭명배청(崇明排淸)의 구호를 내 걸고 있다고 해도, 실질적인 위협이 없는 이상 간섭할 이유가 없는 것이다. 불필요한 간섭은 오히려 오해와 갈등만을 불러올 뿐이다. 조선은 청의 속국도 아니었을 뿐더러 고분고분 순종하지도 않았다. 이런 조선과 청의 관계는 책봉·조공 정책의 실체를 잘 보여 준다 하겠다.

기존에는 조선이 명과 책봉·조공 관계를 맺는 것을 경제적인 이유를 들어 이해하려고 하는 경향이 있었다. 하지만 조선은 대의명분을 매우 중시한다는 점에서 경제적인 측면만으로 이 문제를 바라볼 수는 없다. 오히려 조선과 명은 모두 사신 왕래에 소요되는 경비에 대해서 매우 큰 부담을 느끼고 있었다. 명의 사신을 접대하고 그들의 탐욕까지 충족시켜 줘야 하는 조선은 말할 것도 없고, 요동에서도 조선의 사절을 접대하는 데 있어 많은 경제적 부담을 느끼고 있었다. 그러므로 경제적인 면만 고려한다면, 명과 조선의 관계는 '윈-윈'(win-win)이 아닌 '루즈-루즈'(lose-lose)에 가까웠다.

그럼에도 불구하고 양국이 책봉·조공 관계를 계속해서 유지한 것은 나름의 이유, 즉 국익에 도움이 되는 부분이 있었기 때문일 것이다.

28_계승범, 「조선시대 동아시아 질서와 한중관계: 쟁점별 분석과 이해」, 『한중일 학계의 한중관계사 연구와 쟁점』, 동북아역사재단, 2009, 153-161쪽; 한명기, 『임진왜란과 한중관계』, 역사비평사, 1999, 67-88쪽.

조선의 입장에서는 명의 질서에 참여함으로써 북방 민족의 침입을 예방할 수 있었고, 이로써 국방비를 줄일 수 있었다. 그리고 명의 발전된 문물을 들여올 수 있다는 점도 빼놓을 수 없다. 조선의 입장에서 명과의 교역이 막힌다면 외부의 소식을 듣거나 새로운 문물을 받아들이는 일은 거의 불가능할 정도였다. 물론 일본을 통해 들여올 수도 있었지만, 사실 조선은 왜족을 문명이 매우 떨어지는 오랑캐로 치부했거니와, 실제로도 군사력과 경제력을 제외한 거의 모든 분야에서 일본의 문화 수준은 열악함을 면치 못했다. 이 외에도 조선 왕실의 정치적 기반을 확고히 한다는 중요한 이점이 있었다. 역성혁명으로 정권을 잡고 새 나라를 열기까지 했지만 어디까지나 개국 초기라 정권의 안정성은 취약하기 그지없었다. 그러므로 명과의 외교는 조선 개국의 정당성을 입증하는 중요한 수단이었다.

명에서도 조선과의 외교는 매우 중요했다. 초기에 우여곡절이 많았지만, 이후로는 조선의 외교사절을 가장 우대했고 조선은 속국과 다름없다고 언급할 정도로 친밀감을 보였다. 조선이 있기 때문에 일본의 침입을 방지할 수 있고 또 북쪽 제 민족의 침입을 사전에 차단할 수 있었기 때문이다. 실제로 명과 조선은 서로 보조를 맞춰 가며 북방 세력을 제거하기도 했다. 바로 양국의 연대로 제삼세력을 견제할 수 있었던 것이다.

그러나 양국 관계가 유지된 더 근본적인 이유는 바로 양국의 직접적인 충돌을 피할 수 있었다는 점일 것이다. 조선은 명의 후방에 위치하기는 했지만 그 중요성은 결코 무시할 수 없었다. 청이 명을 본격적으로 공략하기에 앞서 조선을 특별한 이유 없이 침략한 이유도, 일본이 명을 치기 위해 조선을 먼저 침략한 행위도, 바로 조선이 처한 지정학적 중요성 때문이다.

조선을 중심으로 중국 중심부와 요동, 그리고 해양의 일본 등 네 지역이 각각 독자적인 세계를 구축하고 대치하고 있었다. 다시 말해 조선이 중국 중심부와 연합하면, 요동과 일본을 자연히 견제하게 되고, 반대로 조선이 요동의 세력과 연대한다면 중국 중심부와 일본을 견제하는 형세가 된다. 즉 조선의 처신에 따라 국제 정세가 변화할 수 있었던 것이다. 조선과 손을 잡으면 승세를 탈 수 있지만 조선을 잃게 되면 그 반대의 현상이 벌어지는 것이다. 이들 세 세력 중 어느 하나가 극성해지면 먼저 조선과 연합하거나 조선을 굴복시키려고 했던 것도 조선의 정책에 따라 전체 판도가 달라졌기 때문이다.

이런 점에서 중국의 역대 왕조와 조선의 관계를 연구할 때 중국의 왕조만을 중심으로 볼 것이 아니라, 동아시아, 나아가 아시아 전체로 시야를 넓혀 연구할 필요성이 있다.

이와 같은 힘의 역학 관계는 21세기의 현대에도 별반 다르지 않다. 한반도를 어느 한쪽 세력이 독점할 수 없었기 때문에, 20세기를 지나 21세기가 되었는데도 남과 북으로 분단되어 양쪽 세력에 속해 있다. 그리고 그 분단의 피해는 한반도의 국민들이 고스란히 떠안고 있다.

신흥국인 조선이나 이보다 먼저 개국한 명이나 모두 내치에 전념해야 할 필요성이 있었다. 그런데 이들 두 나라에게 공통의 골칫거리는 바로 요동의 여진이었다. 조선이나 명이나 요동을 손에 넣어야 나라의 안녕을 보장할 수 있었다. 하지만 요동의 여진은 조선과 명이 각자 상대하기에는 벅찬 상대였다. 따라서 이들 양국이 서로 연대할 필요성이 있었다. 게다가 조선과 명은 비슷한 문화를 소유하고 있었다. 둘 다 유가를 중시했고 법치를 행했으며 문화 수준도 주변 나라들에 비해 월등히 높았다.

조선이 먼저 사대의 예를 표하며 숙이고 들어왔으므로 양국이 충돌할 일도 없어졌다. 조선은 명과 충돌하고 싶지 않다는 진심을 믿게하기 위해 전마(戰馬) 6만 2천 필을 명에 양도하기도 했다. 두 나라가 싸우지 않고 연대한다는 것은 양국 모두에게 있어 막대한 전쟁 비용을 절약할 수 있고 그 만큼 내치에 전념할 수 있다는 장점이 있었다. 비록 초기에 요동을 놓고 서로 힘겨루기를 하며 험악한 상황을 연출하기도 했지만, 그 이후로 평온한 관계를 유지할 수 있었던 가장 큰 이유는 바로 군사적 연대의 필요성과 국방비 절약의 효과 때문이라 할 것이다.

따라서 경제적인 면에서 보면 '루즈-루즈'의 관계였지만, 정치·군사적 이익까지 합한 종합 계산서는 '윈-윈'이었기 때문에 오랜 세월 책봉·조공 관계가 유지될 수 있었던 것이다.

이유야 어찌되었던 책봉·조공 정책으로 조선과 명은 국제 질서를 안정시키며 상당 기간 평화를 유지할 수 있었다. 첫 만남은 위태로웠지만 우호적인 관계를 넘어 서로 구원군을 파병하는 관계로까지 발전하였다. 비록 조선이 본의 아니게 명의 질서에서 이탈하여 청의 질서에 합류했지만, 조선은 명에 대해 국가 간의 이익을 넘어 그 의리를 지켰다고 평할 수 있을 것이다.

제3장

교류의 방식

이민족이 세운 원(元)이나 청(淸)은 그렇지 않았지만, 한족이 세운 송(宋)과 명(明)은 다른 민족들에 대해 매우 배타적인 자세를 취하곤 했다. 심지어 송나라 소식(蘇軾)이 말한 것처럼, 오랑캐들이 책을 읽어 중국에 이로울 것이 없다고 여기기까지 했다.[29] 이것은 중원의 한족이 이민족들에게 항상 시달려 왔기 때문에 그 경계심을 늦출 수 없었기 때문이다. 하지만 원이나 청은 자기 스스로가 이민족이요 오랑캐이므로 같은 이민족이나 오랑캐를 차별할 이유가 없었다.

하여간 이민족에 대한 경계심은 명에 이르러 극도에 이르게 된다.

29_고려와 송의 서적 교류에 대해서는, 장비비, 『(북경대학 한국학 연구센터 한국학 총서) 한중관계사』, 범우, 2005, 306-312쪽 참조.

그 결과 명은 외국과의 모든 관계를 통제하고자 했다. 이것은 명의 제1 우방국이었던 조선도 예외가 아니었다. 사절단이라는 공식적인 방법 외에는 개인 간의 사적인 어떠한 접촉도 불가능했다. 그리고 사절단이 움직일 수 있는 장소와 기간도 법으로 정해져 있었으니, 극도로 제약을 가한 셈이다. 그러므로 양국의 문화 교류는 고려와 송의 교류에 비해 위축될 수밖에 없었다.

선진 문물에 목말라 있던 조선의 입장에서는 사절단 말고는 우물을 팔 수가 없었다. 3년에 1번 조공하라는 명의 요구에 대해, 조선은 집요하게 1년 3회~4회의 조공을 요구했고, 결국 이를 관철시켰던 것도, 명과 교역하려면 이 방법밖에는 없었기 때문이다.

이뿐만 아니라 명은 인신무외교(人臣無外交: 신하는 외교를 할 수 없음)의 원칙에 따라, 자국의 관료와 외국의 관료 사이의 교류를 모두 금했다. 명에서 외국에 보낸 사신이 문무 관료가 아닌 환관인 이유도 여기에 있었다. 조선의 입장에서는 필요한 정보를 얻는 것은 매우 어려운 일이었다. 조선은 조선의 자제들이 명의 대학에서 수학할 수 있게 해달라고 여러 차례 청했지만 끝내 이루어지지 않았다. 그러므로 사람을 만날 수 없다면 결국 남은 방법은 하나밖에 없다. 바로 서적을 통해 지식을 습득하는 것이다.

이런 이유로 사절단과 서적은 양국이 교류할 수 있는 거의 유일한 통로이자 교류 그 자체였다. 따라서 사절단의 교환과 그에 의한 서적의 교환은, 양국의 문명 교류를 파악할 수 있는 수단이자 핵심이라고 할 수 있다. 이에 본장에서는 사절단의 교환과 서적의 유통에 대해 살펴볼 것이다. 다만 사절단이 상대국 문인들과 이룬 성과의 자세한 사항은 후술하기로 하고, 여기서는 사절단의 규모와 사행 절차, 주요 교역물 등을 중심으로 살필 것이다.

1. 사절단의 교환

사절단의 교환은 양국 문화 교류 중 가장 중요한 부분이라 할 수 있다. 조선은 삼년일사에서 일년삼사로, 다시 1531년 이후 1년4사를 정례화시켰으므로, 정규 사절만 매년 3~4차례 보냈고 이 외에도 비정기 특별 사절단을 보냈다. 조선(1392~1897)에서 명(1368~1644)에 파견된 총 사절단은 569회로, 조선과 명이 교류한 역년이 253년이므로, 연 평균 2.2회에 달한다. 이에 비해 명에서는 188차례 사절단을 파견하여[30] 연평균 0.74회에 불과하다. 명의 사절단이 상대적으로 적은 것은 대체로 조선의 사신 편을 이용해 문서를 전달했기 때문이다.

조선 사절단의 경우, 삼사(三使)인 정사(正使)·부사(副使)·서장관(書狀官)과, 통사(通事)·군관(軍官)·의원(醫員) 등의 관원과 이들을 수행하는 종인(從人)으로 구성된다. 관원은 초기에는 8~9인 정도였지만 후기로 갈수록 늘어나서 30~40명에 이르기도 했다. 또한 군관은 250~400명 정도의 호송군도 거느렸다. 이 외에도 질정관(質正官)이나 사자관(寫字官)·화원(畵員) 등이 있었다. 사절단의 임무에 따라 다양하게 이름이 불렸지만 그 구성은 비슷했다. 정사와 부사는 2품 이상의 대신이나 3품

30_金九鎭,「朝鮮 前期 韓中關係史試論」,『弘益史學』4, 弘益大學校 史學會, 1990, 12쪽.

이상의 종반(宗班)에서 임명하여 사절단의 격을 높였다. 서장관은 6품의 사헌부 감찰관 중에서 임명했다. 특히 서장관은 사절단을 감독하고 물품을 점검했으며, 귀국 후 문서로 국왕에게 보고하는 임무가 있었다.

명의 사절단은, 정사(正使)·부사(副使), 일등대통관(一等大通官)·이등대통관(二等大通官), 삼등수행원(三等隨行員) 등으로 구성되었는데, 많게는 주요 관원만 100여 명에 이르기도 했다. 이들은 대체로 환관이거나 5~7품의 관원들이었다. 명 사신의 특징은 조선 출신 환관이 대체로 많았다는 점이다. 양국의 사절단에는 많은 수의 상인들이 끼어 있었다.

명 사신의 경우 단순히 문서와 예물을 전달하는 간단한 임무만을 맡았으므로 환관을 주로 이용했다. 또한 인신무외교(人臣無外交)의 원칙에 따라 조정의 신하를 사신으로 파견하지 않는 관례가 있어, 원칙상 환관을 사신으로 파견했다. 사신으로 파견되는 환관 중에 어려서 명으로 들어가 교육을 받은 이들도 있었다. 다만 조선에 파견된 사신 중에는 간혹 명나라 조정의 관원을 파견하여 사절단의 격을 높이기도 했는데, 주로 명 황제의 등극과 황태자의 책봉, 그리고 조선 국왕의 즉위 등에 관련된 의례(儀禮)적인 일이었다.

1450년 명은 예겸을 반등극조사(頒登極詔使)로 파견한 이후로 새로운 황제가 즉위하면 매번 문관을 사신으로 파견했다. 문관 사신을 파견할 때면 명은, 이런 일은 전례에 없는 일이라고 누차 강조하며, 자신들이 조선에 대해 특별한 관심을 보인다는 사실을 상기시켰다. 환관은 단순 심부름꾼에 지나지 않았으므로 조선에 미치는 문화적 영향은 그리 크지 않았다. 오히려 무지와 탐욕으로 인한 물의를 일으켜 나쁜 이미지를 주곤 했다. 그러나 문관 사신, 그것도 학식과 교양을 갖춘 문관 사신이 오면 상대국에 대해 궁금했던 점을 물을 수 있고 어떤 사안에 대해 토론도 할 수 있었으므로 문화 교류에 많은 긍정적 영향을 미쳤다.

사행로는 크게 육로와 해로 두 가지가 있으나 주로 육로를 이용했다. 사행로는 법으로 정해져 있어서 함부로 정해진 길을 벗어날 수 없었다. 사신들이 가져가는 물품이 상당히 많았기 때문에 해로가 편리할 것처럼 보이지만, 당시 항해술로는 어려운 점이 많았기 때문에 육로를 주로 이용했다.

육로는 조선의 한양(漢陽)에서 의주(義州), 의주에서 요동(遼東), 요동에서 산해관(山海館), 산해관에서 북경(北京)까지의 네 단계로 나눌 수 있다. 한양에서 출발해 개성(開城)황주(黃州)평양(平壤)안주(安州)의주로 도착해 출국을 준비했다. 이후 요동도사가 있는 요양까지 일명 동팔참(東八站)이라 불리는, 진강성(鎭江城)탕참(湯站)봉황성(鳳凰城)진동보(鎭東堡)진이보(鎭夷堡)연산관(連山關)첨수참(甛水站)낭자산참(狼子山站)을 지나는데, 사행로 네 단계 중 거리는 짧지만 가장 험한 곳이다.

이후 요동에서 산해관을 가는데, 안산(鞍山)해주(海州)우가장(牛家莊)사령(沙嶺)고평(高平)반산(盤山)광녕(廣寧)여양(閭陽)십삼산(十三山)소릉하(小凌河)행산(杏山)연산(連山)조장(曹莊)동관(東關)사하(沙河)고령(高嶺)을 지나 산해관으로 갔다. 그리고 마지막으로 심하역(深河驛)무녕현(撫寧縣)영평부(永平府)칠가령역(七家嶺驛)옥전현(玉田縣)계주(薊州)삼하현(三河縣)통주(通州)를 지나 북경으로 들어갔다.[31]

31_국사편찬위원회, 『한국사』 22, 298-299쪽.

14세기 말에는 해로를 이용했고, 이후 육로를 이용하다가 1621년 후금이 요동을 점거해 사행로가 막히게 되자 해로를 통해 왕래했다. 1421년 조선에서 명으로 갈 때는 요동반도의 여순구(旅順口)까지 육로로 가서 배를 타고 산동반도의 등주(燈州)로 가서 다시 육로로 북경으로 갔다. 17세기에는 조선의 선천(宣川) 선사포(宣沙蒲)에서 요동반도 동쪽 섬들을 따라 항해하다가 여순구까지 가서, 여기서 남하하여 등주로 상륙하여 산동성(山東省)을 지나 북경으로 들어가는 길과, 여순구에서 발해만(渤海彎)을 지나 영원(寧遠)으로 상륙하여 산해관을 통해 북경으로 들어가는 길이 있다.

명의 사신은 조선 경내에 이르면 조선 접반사의 안내를 받아 한양에 도착하여 태평관(太平館)에서 머물렀다. 조선의 사신은 요동도사(遼東都司)의 안내와 호위를 받으며 북경에 도착했고 회동관(會同館)에 머물렀다.

사신들은 사행길에 관광을 하고 시를 짓기도 했으며, 경우에 따라서는 상대국 관원과 시를 주고받으며 우의를 다지기도 했다. 명의 문관 사신들은 명승지를 보고 마치 기념사진 촬영을 하듯 시를 지었으며, 지은 시를 사람들에게 보이며 차운을 청하기도 했다. 이리하여 명사신이 시를 지으면 이들을 접대하는 조선의 접반사(接伴使)를 비롯한 중요 관원들이 화답하는 시를 지었고, 이 시를 모아서 기념 문집을 편찬하기에 이르렀다. 이를 일률적으로『황화집』(皇華集)이라고 했다.『황화집』은 명의 문관 사신만을 대상으로 했고 청의 경우는 만들지 않았다. 이『황화집』은 양국 우정의 산물로 세계사적으로도 그 유례가 드문 일이었다.

또 문관 사신들은 한성에 머무는 동안 문묘(文廟)를 알현하고 성균관(成均館)을 방문했는데, 특히 조선의 과거제도와 성균관의 학제 등에 많은 관심을 보였다. 그 제도가 명나라와는 사뭇 다른 경우가 많았기 때문이다. 문관 사신들은 한양과 평양에 한동안 머물면서 유람을 했고, 평양에서는 조선의 개국시조인 단군(檀君)의 사당에 참배하기도 하면서 많은 시를 남겼다.[32] 조선의 사신들도 요동과 북경으로 이어지는 사행로를 따라 많은 시를 지었고, 그곳에서 보고 들은 것을 기록하여 귀국 후 보고하고 문집으로 펴내기도 했다. 특히 조선 사절단의 상세한 보고서와 문집은 당시 명나라의 실상을 알려주는 귀중한 자료이다.

사신을 통해 문화 교류를 하는 것은 물론 좋은 일이지만 반드시 그렇게 좋은 일만 있었던 것은 아니었다. 양국에서는 사신들에게 필요한 일용품을 제공하고 예물을 주기도 했다. 명나라 사신의 경우, 청렴한 사신은 문방류(文房類) 외에는 거의 받지 않거나 아예 안 받기도 했지만, 후대로 내려갈수록 오히려 과도한 물품을 요구하는 일이 많아졌다. 환관이건 문관이건 명조의 기강이 해이해질수록 그 정도는 점점 더 심해졌다.[33]

명조 사신의 임무는 매우 단순했지만, 그 접대는 '칙사 대접한다'는 조선 속담이 있을 정도로 많은 노력과 막대한 경비가 들어갔고 그 경비는 조선 백성이 부담해야 했다. 명 사신 유봉(尹鳳)이 귀국할 때 가져간 물건은 8명이 져야 하는 궤가 200여 개나 되었다고 한다.[34] 포악하고 탐욕스럽기로 악명을 떨친 고천준(顧天峻)이 조선에 왔을 때는 이들

32_명 사신과 조선 관원 사이의 교류에 대해서는 신태영, 『황화집 연구: 明나라 사신은 朝鮮을 어떻게 보았는가』, 다운샘, 2005쪽 참조.

33_한명기, 「17세기 초 明使의 서울 방문 연구」, 『서울학연구』 VIII, 서울시립대학교 서울학연구소, 1997, 35-44쪽.

34_(조선) 『세종실록』 11년(1429 기유 / 명 宣德 4년) 7월 16일(경신).

이 가져간 궤를 나르다 쓰러져 죽은 사람이 10여 명에 이를 정도였다.[35] 조선 백성뿐 아니라 요동의 백성들도 명 사신의 물건을 나르고 이들을 접대해야 했으며 빈번하게 오가는 조선 사절을 접대해야 했으므로 고통스럽기는 마찬가지였다.

원칙적으로 일반인의 무역 행위가 불법이었기 때문에 사절단의 왕래를 통해서만 제한적으로 무역이 이루어졌다. 사절단은 공물을 전해 주고 회사품을 받아왔는데, 이 외에도 많은 물품을 가지고 가서 현지에서 필요한 물품과 교환하거나 사왔다. 사신을 따라가는 수행원들이 가져가는 물품의 수량도 법으로 제한했다. 조선 사절단의 경우, 문금(門禁) 정책으로 인해 회동관 밖으로 자유롭게 나올 수 없었다. 1534년부터 문금이 해제되어 회동관 부근을 출입할 수 있었지만 1567년에 다시 문금 정책이 시행되어 사신의 출입을 엄격하게 통제했다.

사절단은 다양한 무품을 교역했지만, 모든 물품이 다 교역의 대상이 된 것은 아니었다. 명은 군수품으로 사용될 수 있는 철(鐵)과 화약을 금수품으로 정했고, 이 외에도 우마(牛馬)나 면직물(綿織物)과 금은(金銀)의 경우도 금지시켰으며, 정치체제에 대한 비판적인 서적과 천문·역법·병법에 대한 서적도 금서로 지정하여 유출을 막았기 때문에 이런 물품은 수입하기 어려웠다. 이렇듯 명은 무역을 엄하게 막았지만 양국의 무역에 대한 욕구는 해가 갈수록 커졌다.

조선에서 명으로 주로 교역된 물품은 직물류·화문석류·호피류·나전소함·황모필·인삼 등이었다. 역으로 명에서 조선으로 교역된 주

35_(조선) 『선조실록』 39년(1606 병오 / 명 萬曆 34년) 1월 23일(임진).

요 물품은 견직물류·귀금속류·약재류·서적류·문방구류 등이 주류를 이루었다. 구체적으로 보면, 조선에서 명으로 수출된 것은 이러하다.[36]

> 금·은 등의 광물류, 소·말·개·매 등의 동물류, 각종 동물의 가죽류, 차·해삼·전복·문어·대구·광어·홍합 등의 식품류, 인삼·사향·오미자·백자(柏子) 등의 약재류, 면수(綿袖)·세주(細紬)·저포(貯布)·저마포(貯麻布)·사마교직포(絲麻交織布)·사저교직포(絲貯交織布)·저마교직포(貯麻交織布) 등의 사직류(絲織類), 한삼(汗衫)·고(袴)·초구(貂裘)·초립(草笠)·화(靴)·모의(毛衣)·초관(貂冠) 등의 복식류, 만화방석(滿花方席)·만화침석(滿花寢席)·화석(花席) 등의 방석류, 황모필(黃毛筆)·시축(詩軸)·백지(白紙)·인경지(印經紙)·도련지(擣鍊紙)·나세소함(螺細梳函) 등의 문방 가구류, 염주·동불(銅佛) 등의 불구류(佛具類) 등등

이 외에도 말을 주요 수출품으로 들 수 있다. 원래는 명이 전쟁에 사용하기 위해 요구한 것인데, 1387년부터 1427년까지 여러 차례에 걸쳐 전마(戰馬) 6만 2천여 필을 명에 보냈다. 비록 전마를 보낸 것이 겉으로는 무역적 성격을 띠고 있었지만, 실제로는 헐값으로 사갔기 때문에 사실상 공납(貢納)과 다를 바 없었다. 전마를 보낸다는 것은 조선 군사력의 약화를 의미했지만, 그럼에도 불구하고 조선이 6만 필 이상을 명에 보낸 것은 명의 조선에 대한 의심을 해소해 평화로운 관계를 가지려는 의도에서였다.[37] 명에서 조선으로 수출되는 물품은 이러하다.

36_이하 조선과 명의 수출품은 김한규, 『한중관계사』 II, 아르케, 1999, 627-628쪽 참조.

은(銀)과 금속 등의 광물류, 밀침용안(蜜沈龍眼)·침향(沈香)·주사(硃砂)·백화사(白花蛇)·복분자(覆盆子)·소합유(蘇合油)·자완(紫莞)·독활(獨活)·해마(海馬) 등의 약재류, 나사(羅紗)·문기사라(文綺沙羅)·금포(綿布)·생견(生絹)·선라(線羅)·숙소견(熟素絹)·심도홍숙(深桃紅熟絹)·채견(採絹) 등의 견포류(絹布類), 백자(白滋)·청화백자(靑花白滋)·칠기(漆器) 등의 기명류(器皿類), 초구모관(貂裘毛冠)·금호슬(錦護膝)·화(靴) 등의 복식류, 각종 서적류 등등

조선에서 역점을 두고 수입하려고 한 것은 바로 서적이었다. 군수품도 수입하려고 노력했지만 특별한 경우를 제외하고는 사실상 불가능했다. 고려는 악공을 보내 명의 음악을 배우도록 하고 싶었지만 거절당했다. 조선은 자제를 명의 태학에 입학시키고 싶었지만 역시 불가능했다. 결국 선진 문물을 배우기 위해서는 서적을 수입하는 방법밖에 없었기 때문에 조선은 서적 수입에 힘을 기울였다.

이런 공무역은 임진왜란을 기회로 새로운 양상을 맞게 되었다. 명의 변방 지대에서는 대량의 군량과 군수물자가 필요했기 때문에 상인들은 그곳에서 활발하게 활동했다. 임진왜란을 맞아 조선에서도 명의 변방 지대와 같은 양상이 일어났다. 명은 필요한 군수품을 현물이 아닌 은을 통해 현장에서 조달했고 급여도 은으로 받았다. 명나라 상인들이 조선으로 몰려온 것은 당연한 일이었다. 그 당시 조선은 화폐 경제가 발전하지 않았기 때문에, 명군은 요동의 상인들을 조선으로 끌어

37_김구진, 「조선 전기 한중관계사의 시론: 조선과 명의 사행과 그 성격에 대하여」, 『홍익사학』 4, 1990, 11-43쪽.

들여 군대와 함께 이동하도록 했다. 이 과정에서 명의 상인들은 조선 전역을 돌아다니며 조선인과 접촉해 필요한 물품을 구입했고, 역으로 조선인에게 명의 물건들을 팔았다. 조선인은 은보다는 중국산 직물류를 좋아한다는 사실을 알고 청람포(靑藍布) 등을 조선으로 들여와 곡물과 바꾸었다. 청람포는 당시 사치품이었지만 조선인에게 큰 인기가 있었다. 조선인 이영인(李榮仁: 1611~1669)은 조선의 사치풍토는 임진왜란을 계기로 일어났으니, 명나라 사람의 복식과 음식의 화려함을 보고 이를 모방했기 때문이라고까지 했다.[38]

조선은 명이 주 수입국이었고 또 명에 비해 인구와 시장 규모가 작았기 때문에 무역으로 인한 문화적 파급효과가 비교적 컸다. 이에 비해 명은 조선에서 수입하는 물품은 여러 나라에서 수입하는 물품 가운데 하나였으며, 또 시장 규모가 컸으므로 문화적 파급효과는 그리 크지 않았다는 차이가 있다.

2. 서적의 유통

교통과 통신이 부족할수록, 다시 말해 사람들끼리의 접촉이 어려울수록 서적의 중요성은 더욱 더 커진다. 조선은 유학을 국가 이념으로 삼아 개국한 나라였다. 온 백성을 성인군자로 만들겠다는 야심찬 계획으

38_한명기, 『임진왜란과 한중관계』, 역사비평사, 1999, 98-104쪽.

로 설계된 국가였다. 여기서의 유학은 성리학을 말한다. 따라서 성리학에 대한 심도 있고 체계적인 이해는 필수 불가결한 것이며, 이를 위해서는 성리학과 관련된 서적을 하나라도 더 입수하는 것이 중요했다. 물론 국가 경영을 위해서는 성리학 이외에도 잡학(기술학)에 해당하는 모든 책들이 필요했다. 조선의 학문과 과학기술이 단시간에 발전할 수 있었던 데에는 서적의 힘이 지대했다.

본 장에서는 조선의 서적 수입 노력을 중심으로 살펴보겠다. 명은 조선처럼 대대적으로 서적을 수입하지도 않았으며, 또 조선의 주된 관심사가 서적에 있었기 때문이기도 하다.

빈번한 사절단으로 인해 인적 교류가 많기는 했지만 직접 사람들끼리 만나서 정작 필요한 정보를 구한다는 것은 매우 어려운 일이었고, 사신을 통해 궁금한 점을 물을 수도 있지만 역시 한계가 있었다.

이런 불편한 점은 서적이 대신했다. 특히 조선에게는 명이 유일한 문화 유통 통로였으므로 사신들은 필히 새로운 서적을 조사해서 사오는 임무를 수행했다. 이것은 매우 중요한 임무였다. 한편 사신들은 문인이므로 서적에 관심이 많은 것은 당연한 일이기도 했다. 명의 사신들도 조선에 오면 필요한 서적을 공적으로 또는 사적으로 요청하여 받아 가기도 했다. 특히 조선의 책은 종이 질을 비롯하여 서적의 품질이 매우 뛰어났기 때문에, 자국에 있는 책인데도 불구하고 똑같은 책을 수십 권씩 요청해 받아 가는 경우까지 있었다.

서적을 구하는 방법은, 군왕에게 요청해 받아오는 방법과 직접 돈을 주고 사오는 방법이 있었다. 직접 구입하는 경우는 공적으로 사오는 경우와 사적으로 사오는 경우가 있었다. 이 외에도 상대국 사람에게 선물로 받아오는 경우도 있다.

예를 들어, 김일손(金馹孫: 1464~1498)은 명나라에 사신으로 갔다가 우연찮은 기회에 정유(程愈)에게서 그가 편찬한 『소학집설』(小學集說)을 직접 받아와 임금에게 보고했고, 임금은 즉시 인쇄해 전국에 배포하도록 명했다. 허균(許筠: 1569~1618)은 명나라 사신 주지번(朱之蕃)에게 『세설산보』(世說刪補)·『옥호빙』(玉壺氷)·『와유록』(臥遊錄) 등을 선물로 받고 이를 바탕으로 『한정록』(閑情錄)을 저술하기도 했다. 주지번은 유근(柳根: 1549~1627)에게 부탁하여 권근(權近:1352~1409)의 「응제시」(應製詩)와 『동인시집』(東人詩集)을 받았고, 또 허균에게는 신라부터 조선까지 124명의 830편의 시를 기록한 시선집을 받아 갔다.

그런가 하면 이시발(李時發: 1569~1626)은 임진왜란 때 명나라 장수 낙상지(駱尙志)와 의형제를 맺었는데, 낙상지가 수천 권의 서적을 실어다 그에게 선물한 적도 있었다. 사비를 털어서 서적을 대량 구매하는 경우도 많았다. 유강(兪絳: 1510~1570)은 명나라에 사은사로 갔다가 배 한 척에 가득 찰 정도로 많은 서적을 구입해 와서는, 시골 농장과 한양의 집, 산방 등 세 곳으로 나누어 비치해 두었다고 한다.

조선은 고대로부터 문헌지국(文獻之國)이라는 칭호가 있었다. 당나라는 고구려를 멸한 뒤 고구려 수도 평양의 도서관을 불살라 버렸는데, 당나라보다 많은 서적이 있는 것을 보고 시기했기 때문이라는 설도 있다. 송나라도 구할 수 없는 책을 고려에 요청하면 얻을 수 있었다고 한다. 명나라 관리이자 문인이었던 강소서(姜紹書)는 조선 사신들이 서적을 구하는 모습을 이렇게 기록했다.

조선 사람들은 책을 가장 좋아한다. 무릇 사신들이 오면 50~60명이 옛 서적이나 새로 나온 서적, 혹은 패관소설처럼 저들에게 없는 것이 있으면, 날마다 시장에 나와서 각자 책의 제목을 적고 사람을 만나면 두루 물어서 값을 따지지 않고 구해 돌아갔다. 그러므로 저들 나라에 도리어 기이한 서적들이 있었다.[39]

물론 책의 권수나 종류를 따지면 명과 조선은 비교가 되지 않을 것이다. 그러나 강소서의 말은 조선에서 얼마나 서적에 애착을 가지고 이를 입수하기 위해 노력했는지를 엿볼 수 있는 단서가 된다.

조선 땅의 역대 왕조들은 문헌지국이라는 명성만큼 많은 책을 가지고 있었고 또 그만큼 책을 사랑했다. 하지만 이런 명성은 그냥 이루어진 것이 아니었다. 조선은 되도록 많은 책을 구하고자 노력했다. 일례로 조선 세종은 명으로 떠나는 형조참판 남지(南智)에게, 승상(丞相) 탈탈(脫脫)이 찬진(撰進)한 『송사』(宋史) 등을 받아오게 하면서, 그 외에 구입할 서적에 대해 다음과 같은 내용의 지침서를 주었다.

1. 『사서대전』(四書大全)과 『오경대전』(五經大全)처럼 명 조정에서 찬술(撰述)한 책이 있을 것이니, 자세히 물어서 살만하면 사오라.

1. 호삼성(胡三省)이 음주(音註)한 『자치통감』, 조완벽(趙完璧)의 『원위』(源委), 김이상(金履祥)의 『통감전편』(通鑑前編), 진경(陳桱)의 『역대필기』(歷代筆記) 등의 책은, 만약 황제께서 하사하면 받아오고, 없다고 하면 굳이 구할 필요는 없다.

1. 이학(理學)과 사학(史學)의 서적 중, 반드시 이전 것보다 뛰어나고 본국에

39_姜紹書, 『韻石齋筆談』 卷上, 朝鮮人好書, 『叢書集成新編』 50, 台北: 新文豐, 1985, 390쪽.

없는 책으로 학자에게 도움이 되는 것이 있으면 사올 것이며, 『강목서법』
(綱目書法)과 『국어』(國語)도 사오되, 무릇 책을 살 때는 반드시 두 질을
사서 탈락(脫落)에 대비하라.

1. 만약 대전의 판본이 있으면, 종이와 먹을 준비하여 사사로이 인쇄할 수 있
   는지 여부를 물어보라.

1. 이미 찬술한 『영락대전』(永樂大全)이 분량이 너무 많아서 즉시 간행하지
   못했다고 하는데, 그 간행 여부와 그 내용도 자세히 물어보라.

1. 중국 주자(鑄字)의 자체(字體)와 인출하는 일에 대해 자세히 물어보라.[40]

남지에게는 이학과 사학 서적을 위주로 조사해 사오도록 하면서
반드시 구입해야 하는 서적과, 서적을 고를 때 유의해야 할 점, 그리고
반드시 두 질을 구입해야 하는 이유, 나아가 중국의 활자 인쇄까지 자
세하게 알아 오라고 했다. 사행의 주목적은 황제의 생일을 축하하는
성절사였지만, 그 부가적인 주요 임무는 바로 서적의 입수였다.

상대국에 서적을 요청해도 반드시 준다는 보장은 없었다. 특히 명
은 서적에 대한 금령이 있어서 천문·역법·병법에 대한 책은 입수하기
어려웠다. 중종은 홍문관에게 구입할 도서목록을 만들게 하고 현지 사
정에 능통한 역관들에게 구입을 지시하기도 했지만 쉬운 일이 아니었
다. 당시 병조판서 김안국(金安國: 1478~1543)은 구입할 책의 목록인 「구
무서책단자」(求貿書冊單子)를 작성하면서 이렇게 말했다.

40_(조선) 『세종실록』 17년(1435 을묘 / 명 宣德 10년) 8월 24일(계해).

일시에 이 모든 서적을 구하기는 어려우니, 행차 때마다 비용을 헤아려 주어서 보는 대로 구입하는 것이 타당할 것 같습니다. 명 예부(禮部)에 목록을 보내 구입을 요청하면 의당 경학과 이서(理書) 위주로 할 것이므로, 실학(實學) 쪽의 책을 많이 뽑았습니다. 제자백가는 모두 다 뽑을 수 없으므로 명가만을 뽑았고, 또 잡서·의약·복서(卜筮)·천문·지리도 뽑지 않을 수 없으므로 목록이 이와 같이 많습니다. (중략) 천문·역법·병법 등의 서적은 명 조정에서 금하는 것이니, 예부에서 구입할 서책의 목록을 물을 경우 다른 서책과 함께 목록을 보여 주어서는 안 되기 때문에 별도로 기록하여 아룁니다. [41]

병조판서 김안국은 장서각(藏書閣) 서적을 조사해 보충할 것을 찾아 목록을 작성한 것으로, 이를 통해 조선에서 구입하고자 한 서적의 범위가 매우 넓다는 것을 알 수 있다. 그런데 주목되는 부분은 명에서 금지하는 책이 있기 때문에, 그 명단을 별도로 작성했다는 점이다. 아무리 우방이라 해도 비록 자국 내에서는 자유롭게 누구나 사고 팔 수 있지만 외국에 유출하지 않으려는 서적들이 있었다. 조선에서는 이런 책들이 필요했기 때문에 이와 같은 조치를 취한 것이다. 이에 중종은 작성된 목록에서 최종 구입할 서적을 정하도록 명하고, 아울러 천문·역법·병법 등의 서적을 금한다면, 역관을 시켜 보이는 대로 모두 구입하라고 명했다. 즉 조선은 명의 친절한 도움으로 과학 기술을 확보한 것이 아니라, 서적을 통해 하나하나 관련 지식을 축적했던 것이다.

수입된 서적이 매우 다양하므로 일일이 서명을 거론할 수는 없고,

41_(조선)『중종실록』36년(1541 신축 / 명 嘉靖 8월 27일(경진).

대표적인 서명만 거론하면 이러하다. 경학 서적으로『대학연의』(大學衍義)·『성리대전』(性理大全)·『사서오경』(四書五經)·『주자대전』(朱子大全)·『주자어류』(朱子語類) 등과, 『삼강행실도』(三綱行實圖)·『오륜서』(五倫書) 등의 윤리 서적도 대대적으로 수입했다. 사서(史書)로는『통감강목』(通鑑綱目)·『자치통감강목』(資治通鑑綱目)·『송사』(宋史), 역법서로는 『회회력』(回回曆)·『대명력』(大明曆)·『수시력』(授時曆), 지리서로는『지리대전』(地理大全)·『지리전서』(地理全書)·『지주림』(地珠林), 문장류로『문장유선』(文章類選)·『문한유선』(文翰類選)·『분류두시』(分類杜詩)·『문원영화』(文苑英華), 법률서로는『대명률직인』(大明律直引)·『대명률독법』(大明律讀法), 그 외 운서로『홍무정운』(洪武正韻), 병서로『집주무경』(輯註武經) 등을 들 수 있다.[42]

조선에서는 같은 책을 100부 이상 대량으로 구입해 오기도 했다. 또 수입한 서적을 교감하고 새로 편집해 재간행하기도 했으며, 여러 서적을 참조해 새로 만들기도 했다. 조선이 단기간에 서적을 대량 생산할 수 있었던 것은 금속활자가 있었기 때문이다. 이 당시까지도 중국에서는 목판인쇄를 행하고 있었다. 조선의 우수한 금속활자는 중국으로 들어가 중국 인쇄술에 큰 기여를 했다.

임진왜란을 기회로 명나라 사람들이 조선에 왔다가 돌아가서 자신의 견문을 책으로 펴내고, 또 조선의 서적 등을 출판하는 경우도 있었

42_조선의 서적 수입에 대해서는, 이소연, 「조선 전기 중국 서적의 유입과 영향에 대한 고찰」, 한양대학교 대학원 석사 학위논문, 2011; 신양선, 「16세기 조선시대의 서적수입정책」, 『실학사상연구』 10·11 참조.

다. 이때가 아마 명나라 조정이 아닌 일반 명나라 사람들이 조선과 조선 서적에 가장 큰 관심을 가졌던 시기였을 것이다. 이들의 노력으로 명은 조선이라는 나라와 그 문화에 대해 더 많이 알게 되고 친숙하게 되었을 것이다.

이들이 자신의 견물을 기록한 대표적인 서적으로 왕사기(王士琦)의 『봉공기략』(封貢紀略), 소응궁(蕭應宮)의 『조선정왜기략』(朝鮮征倭紀略), 이여송(李如松)의 『조선점화집』(朝鮮沾化集), 마문승(馬文升)의 『무안동이기』(撫安東夷記) 등을 들 수 있다. 역사서로는 오명제(吳明濟)의 『조선세기』(朝鮮世紀), 12권으로 이루어진 저자 미상의 『조선사략』(朝鮮史略), 형동(邢侗)의 『한서조선전소』(漢書朝鮮傳疏)가 있다. 조선에 대한 서적으로는 소찬성(蘇贊成)의 『조선지』(朝鮮志), 전부(錢溥)의 『조선잡지』(朝鮮雜志) 등이 있다. 시집으로는 오명제의 『조선시선』(朝鮮詩選)을 들 수 있는데, 『조선시선』은 신라 이래 100여 명의 시인들의 한시를 모아 출판한 것이다.

이 외도 임진왜란은 아니지만 조선 사행을 기회로 지은 서적들도 있다. 예겸(倪謙)은 『조선기사』(朝鮮紀事)를, 강왈광(姜曰廣)은 『유헌기사』(輶軒紀事)를 남겼다. 동월(董越)은 『조선부』(朝鮮賦)를 지어 조선의 산천과 풍습, 특산물 등을 널리 소개했는데, 당시는 물론 지금도 중요한 자료로 인정받고 있다. 이 외에 명의 문관 사신들과 조선 문인들이 수창한 시를 모아 편찬한 『황화집』(皇華集)도 명나라에서 큰 인기를 얻었다.

이들 서적의 공통점은 조선처럼 특정 학문이나 기술에 대한 서적이 아니라 기행류이거나 조선의 산천과 문화에 대한 전반적인 소개서 또는 조선 역사서라는 점에서 조선이 명에서 수입한 서적들과는 그 성격이 조금 다르다고 하겠다.

조선에 수입된 서적들은 조선의 문화를 발전시키는 데 큰 기여를 했다. 일례로 김일손(金馹孫)은 명나라에 사신으로 갔다가 우연찮은 기회에 정유(程愈)에게서 그가 편찬한 『소학집설』(小學集說)을 받아 왔는데, 후대에 이이(李珥)가 여러 주석가의 책을 참조해 『소학집주』(小學集註)를 만들 때까지 널리 읽혔다. 『소학집설』이 여러 관련서 중에서 가장 좋지 못했지만, 이 책으로 말미암아 조선의 『소학』 연구가 치밀해지기 시작했다.[43] 1518년에 처음으로 수입된 『주자대전』(朱子大全)을 1537년 이후 인쇄해 배포했는데, 이황(李滉)은 1543년 그의 나이 44세 때 처음으로 이 책을 보았다. 이황은 『주자대전』을 정밀히 연구해 조선 성리학을 최고의 수준으로 발전시켰다.[44]

중국이 유출을 꺼리는 역법과 천문에 관한 서적들도 조선의 천문학 발전에 큰 도움을 주었다. 세종 시대에 만들어진 자격루(自擊漏)는 당대 최고 수준의 자동 물시계였다. 『칠정산내편』(七政算內編)과 『칠정산외편』(七政算外編)은 중국과 서역의 역법을 참조하여 조선의 실정에 맞도록 만든 역법서이다. 세종 시대에 뛰어난 천문 기계와 시계, 역법서를 만들 수 있었던 데에는 명에서 수입한 서적의 힘이 컸던 것이다. 허준(許浚)이 편찬한 『동의보감』(東醫寶鑑)도 선조의 명을 받고 궁궐에 소장된 조선과 중국의 의학 서적 500여 종을 참고하고 십여 년의 노력 끝에 완성해 1613년에 간행할 수 있었다. 현재까지도 『동의보감』은

43_이혜순, 『전통과 수용』, 돌베개, 2010, 80-82쪽.

44_김문식, 「조선본 『朱子大全』의 간행과 활용」, 『조선시대 문화사』(상), 일지사, 2007.

한국뿐 아니라 중국에서도 의학도의 필독서가 되고 있다.

　앞서 언급한 것처럼 조선의 학문과 과학기술이 단시간에 비약적으로 발전한 것은 서적의 힘 때문이었다. 조선은 국가 차원에서 필요한 서적 목록을 만들고 이를 체계적으로 수입했다. 그리고 국가의 이런 노력은 개인들에게도 영향을 미쳐서 수많은 사람들이 자신의 재산을 털어 책을 사왔다. 이것이 모두 조선의 문화를 발전시키는 크나큰 자양분이 되었음은 물론이다. 이에 비해 명은 천하의 산물이 모두 자국으로 모여드는 상황에서 굳이 정책적으로 서적을 수입할 필요성을 느끼지 못했다. 다만 임진왜란을 통해 조선에 온 명나라 사람들이 자신들의 견문을 기록하고 조선의 책을 자국에서 출판하는 경우도 있었다. 이들의 출판은 분명 명의 조선에 대한 이해를 증진시키고 양국의 문화 발전에도 긍정적인 요인이 되었을 것이다. 하지만 이 시기는 아쉽게도 이미 명이 몰락하는 시기였다.

제4장

교류의 양상과 성과

무역 물품을 제외하고는 양국 교류의 대부분은 명에서 조선으로 유입된 것이다. 물론 그 반대의 경우도 많았지만, 명에 깊은 영향을 주기는 어려웠던 것으로 보인다. 일단 국토의 크기와 백성의 수에서도 명이 월등히 크고 많았다. 여기에 명은 지리적으로도 중심에 있었으므로 사방팔방의 문명과 물자가 교차하는 교역의 중심지였다. 그러므로 양국 문명 교류를 기술함에 있어서도 명의 문명이 조선으로 어떻게 유입되었는지 설명하는 부분이 자연 많아질 수밖에 없었다. 본고에서는 영향을 주고받은 점뿐 아니라, 서로 다른 차이점도 어느 정도 부각시키고자 한다. 이를 통해 양국 문명의 발달 과정도 더 자세히 이해할 수 있을 것이다.

1. 국가 제도

1) 법률 제도

정치 운영 제도를 살피기 전에, 『주례』(周禮)에 주목할 필요가 있다. 이 책은 중국 주(周) 왕실의 관직 제도와 전국시대 각 나라의 제도를 기록한 것으로, 한(漢) 이후의 한국과 중국의 여러 국가 정치제도의 기준이 되었다.[45] 국가 제도를 연구할 때 이 책은 우선적으로 검토되었던 것이다.

『주례』는 『예기』(禮記)·『의례』(儀禮)와 함께 삼례(三禮)의 하나이며, 당(唐) 이후 13경에 포함될 정도로 중요한 책이다. 하지만 그 저술 시기에 대해서는 논의가 분분하며 심지어 한(漢) 유흠(劉歆)의 위작이라는 설도 있지만, 현재는 대체로 전국시대에 지어졌다고 본다.

『주례』의 체제이자 특징은 조직을 여섯 개로 나누어 기술했다는 점이다. 즉 천관(天官)·지관(地官)·춘관(春官)·하관(夏官)·추관(秋官)·동관(冬官) 등의 여섯으로 나누고 그 아래에 각 관직과 직무를 기술했다. 이는 후대 국가에 의해 이(吏)·호(戶)·예(禮)·병(兵)·형(刑)·공(工)의 육부(六府) 또는 육조(六曹)의 형태로 계승되었다. 여기서 유의해야 할 것은, 위에 서술한 6분류가 관청의 6분류와 그대로 일치하지는 않는다는 점이다. 『주례』의 6분류는 국가를 경영하는 데 필요한 사항을 여섯으

45_『주례』가 조선과 중국의 정치 제도와 사상에 미친 영향에 대해서는, 연세대학교 국학연구원, 『한국 중세의 정치사상과 周禮』, 혜원, 2005 참조.

로 나누어 놓았을 뿐이지, 여섯 관청이 해야 할 일들을 규정해 놓은 것은 아니었다.

명의 『대명률』(大明律)은 모두 네 차례에 걸쳐 개정·보완되어 완성되었다. 명 태조는 개국 원년인 1368년에 『당률』(唐律)을 모방해 『율령직해』(律令直解)를 공포했는데, 이 『율령직해』는 『당률』과 달리 『주례』의 6분류를 택했다. 그러나 6년 만인 1374년에 6분류를 폐기하고 다시 『당률』에 따라 12분류로 나누어 기술했으니, 명례(名例)·위금(衛禁)·직제(職制)·호혼(戶婚)·구고(廐庫)·천흥(擅興)·도적(盜賊)·투송(鬪訟)·사위(詐僞)·잡범(雜犯)·포망(捕亡)·단옥(斷獄)이 그것이다. 1389년에는 다시 『당률』의 12분류를 폐기하고 『주례』의 6분류에 「명례」(名例)를 추가하여 7분류로 변경했고, 그 조항도 606조에서 460조로 간략화시켰다. 그리고 73개조를 수정하여 1397년에 460조 30권으로 최종 확정되어 공포되었다.

『대명률』 30권은 「명례」 1권, 「이율」(吏律) 2권, 「호율」(戶律) 7권, 「예율」(禮律) 2권, 「병율」(兵律) 5권, 「형률」(刑律) 11권, 「공율」(工律) 2권으로 이루어져 있는데, 특히 「형율」이 가장 많은 분량을 차지하고 있다. 이렇게 만들어진 법전은 명이 멸망할 때까지 거의 그대로 유지되었다. 실제로 명 태조는 1397년에 『대명률』을 반포하면서 수정을 금지시켰기 때문에 그 이후로 편찬된 법전이 없을 뿐더러, 1585년에 『대명률부례』(大明律附例)를 편찬할 때도 55자를 고쳤을 뿐이었다. 즉 1397년 본이 1644년까지 유지되었던 것이다. 하지만 이에 비해 조선에서는 지속적으로 법전이 수정되어 편찬되었다.

고려 말에 1374년의 『대명률』이 유입되었고 조선 초에는 1389년의 『대명률』이 유입되었는데, 고려와 조선에서는 이미 『주례』를 연구해 법전을 만들고 있었다. 한국에서는 백제 고이왕(재위 234~286) 때 육좌평(六佐平)을 두었다는 기록으로 보아, 삼국시대에 이미『주례』를 참조한 것으로 보인다. 그러나 본격적으로『주례』를 연구한 것은 고려 말로 성리학이 유입되면서부터였다. 고려 성종(재위 960~997) 때 고려의 육전(六典) 체제를 정리해『주관육익』(周官六翼)을 편찬했고, 조선 세종 때에는『주례』를 간행해 보급하기도 했다.

조선조에 들어와서는 1394년 정도전의『조선경국전』(朝鮮經國典)이 편찬되었고, 1395년에는『대명률직해』(大明律直解)가 편찬되었다. 1397년 12월에『경제육전』(經濟六典)이 공포되었고, 이후 수정을 거쳐 1413년에『경제육전원전』(經濟六典元典:『元六典』·『元典』)을 공포했다.『경국대전』(經國大典)은 1458년에 착수되어 성종 때인 1471년에 처음 시행되었고, 이후 수차 개정을 통해 1485년 1월 1일에 최종본이자 영구불변의 법전인『을사대전』(乙巳大典)이 시행되었다. 즉 경국대전은 개국 이후 거의 1세기에 걸쳐서 완성된 것이다. 이렇게 오래 걸린 것은 법을 만들기는 쉽지만 집행하기는 어렵다는 점을 염두에 두고 법을 최대한 안정적으로 만들고자 고심했기 때문이다.

비록『경국대전』이 완성되었지만, 그렇다고 해서 법전 편찬이 멈춘 것은 아니었다. 1492년에『대전속록』(大典續錄), 1543년에는『대전후속록』(大典後續錄), 1746년에는『속대전』(續大典), 1785년에는『대전통편』(大典通編)이 편찬되었다. 그리고 1865년에『대전회통』(大典會通)이 편찬되고 1867년에 행정 사례집인『육전조례』(六典條例)가 편찬되어, 조선시대의 법전을 집대성할 수 있었다. 그리고 1905년에는『형법대전』(刑法大典)이 마지막으로 편찬되었다.

이렇듯 조선은 명과 달리 지속적으로 법전을 편찬했다. 이것은 시대 변화에 따라 현실적이고 실효적인 법으로 객관적이고 통일된 통치를 행하기 위해서였다. 또 명의 『대명률』은 『당률』과 『주례』에 따라 6분류 → 12분류 → 7분류로 변했지만, 조선은 지속적으로 『주례』에 따라 6분류를 유지한 점도 특징이라 할 것이다.

조선은 그 실정이 명과 다르므로 명의 『대명률』을 깊이 연구했지만, 당연히 그 법 조항은 조선적으로 변개되었다. 『경제육전』의 경우도 실효성을 중시해 법문을 이두와 방언을 섞어서 기록했다. 말단 관리들과 일반 백성들이 한문에 능통하지 못했기 때문이다. 또한 후대에 법 조항이 불가피하게 수정된 뒤에도 그 원형을 보존하려고 노력했다. 예를 들어, 『대전회통』의 경우 『경국대전』의 조문은 '원(原)', 『속대전』은 '속(續)', 『대전통편』은 '증(增)' 『대전회통』은 '보(補)' 등으로 구별해 기록했다.

『경국대전』은 『주례』와 『대명률』 등의 중국법을 연구해 이루어졌지만, 동시에 오랜 세월 동안 시행되어 온 관습법과 새로 만들어진 법령, 그리고 수교(受敎:임금의 敎命) 등을 정리해, 조선의 현실에 맞도록 개선하는 과정을 거쳐 이루어졌다. 예를 들어 「형전」(刑典) 사천조(私賤條)의 자녀균분상속법(子女均分相續法)의 규정은 중국법의 영향을 받지 않은 것이다. 실제로 조선에서는 주자학(朱子學)이 토착화될 때까지는 남녀에게 재산을 균등하게 상속했으며, 양자를 들여 대를 잇는다는 개념도 희박했다. 그리고 제사에 있어서도 남녀 자녀들이 똑같이 돌아가면서 지냈다. '자녀균분상속법'은 이런 조선적 특색이 반영된 대표적인 사례이다.

『경국대전』이 비록 조선적 특색에 맞게 만들어졌지만, 형법에 있어서만큼은 『대명률』을 따른 것으로 보인다. 이런 특징은 이미 1392

년 조선 이 태조의 즉위 교서에서도 보인다. 이 태조는 "의장(儀章)과 법제(法制)는 한결같이 고려의 고사(故事)에 의거한다"라고 했지만, 형벌에 있어서는 『대명률』을 따르도록 명했다.[46] 이에 따라 『조선경국전』에서도 「헌전」(憲典)만은 『대명률』에 의거했다. 즉 『대명률』의 형법은 조선조 형법의 일반법(보통법)으로서 적용되었던 것이다.

이에 따라 지방의 수령들은 『경국대전』과 함께 『대명률』의 「형률」을 참조해 법을 집행했다. 하지만 『대명률』은 중국의 실정에 맞게 만들어진 것이므로 조선에 그대로 적용될 수는 없었다. 일단 용어부터 생소했고 중국과 사정이 달라 법조문을 이해하기도 어려웠다. 그래서 『대명률』을 이두를 사용해 직해하여 1395년에 간행해 배포했다. 당시에는 그냥 『대명률』이라고 불렀으나, 후대에 『직해대명률』이라 했고, 일제 강점기 때 『대명률직해』라고 하여 오늘날에까지 이르고 있다.

이 『대명률직해』는 이름이 비록 '직해'(直解)이지만, 그렇다고 『대명률』 원문을 그대로 이두로 번역한 것은 아니었다. 조선의 현실에 맞도록 조선 고유의 용어와 표현으로 대폭 수정했다. 예를 들어 관제(官制)나 직명(職名), 호칭 등은 조선식 이름과 호칭으로 바꾸었다. 그리고 법의 집행 방법이나 내용도 조선의 실정에 맞도록 수정해 놓았다. 이런 작업을 거쳤기에 조선의 일선 현장에서도 『대명률』의 「형률」을 참조하여 시행할 수 있었던 것이다.

46_(조선)『태조실록』1년(1392 임신 / 명 洪武 25년) 7월 28일(정미).

2) 정치제도

조선과 명은 유사한 국가 운영 체제를 갖추고 있었다. 이것은 조선이 명의 국가 운영 체제를 참조한 결과이기도 했다. 하지만 그 이전에, 조선이나 명이나 『주례』를 바탕으로 국가 운영 체제를 연구했다는 점도 간과해서는 안 된다. 『주례』를 기반으로 법전을 만들었으므로, 자연히 양국의 정치 운영 체제도 비슷한 길로 나아갈 수밖에 없었다. 그리고 비록 두 나라가 겉으로는 매우 유사한 체제를 가지고 있었던 것처럼 보이지만, 사실은 너무나도 다른 체제에서 움직였다는 사실에도 주목해야 할 것이다.

가장 큰 차이점은 권력의 집중과 분산이었다. 정부의 구조적 측면에서 볼 때, 명은 국가권력이 황제라는 한 개인에게 집중되어 전제정치를 펼칠 수 있었지만 조선에서는 군왕의 전제정치란 아예 가능하지도 않았다. 1380년 명 태조는 이전 왕조의 중심 행정 기구였던 중서성(中書省)을 폐지시키고 권력을 황제 일인에게 집중시켰다. 성조는 비록 내각(內閣)이라는 비공식적인 기구를 제도화할 수밖에 없었지만, 이 또한 황제의 권력을 보조하는 기구에 지나지 않았다.

그 다음으로는 환관 제도를 들 수 있다. 조선에서 환관은 정치적 역할을 할 수 없었다. 환관은 그저 왕실의 심부름꾼에 지나지 않았으며, 그 행동반경도 대체로 궁궐 내부로 제한되어 있었다. 하지만 명에서는 사정이 전혀 달랐다. 명 태조는 궁궐에 "환관은 행정에 관여해서는 안 된다"는 명판(銘板)을 세우고, 정치에 대해 언급하는 환관을 해임하고 그들을 문맹 상태에 있도록 했다.

그러나 그 이후에 전개된 상황은 이와 정반대였다. 1420년 환관을 위한 궁중 학교가 세워졌고, 더 나아가 환관들은 독립적인 행정 조직을 갖추기 시작했다. 그 결과 환관은 어떤 관료보다도 황제와 더 친하게 지냈으며 심지어 군대를 지휘하거나 지방관이 되기도 했다. 그러나 문제는 이들 환관이 대체로 유능하지도 청렴하지도 않았다는 점이다. 단지 권력을 농단하는 분야에서만 탁월했을 뿐이다. 이로 인해 관료 조직과 환관 조직은 전국 주도권을 놓고 끊임없는 권력투쟁을 벌여야 했다.

(1) 명의 정치제도

명은 모든 권력을 황제가 장악할 수 있도록 제도화했다. 즉 최고 행정기관인 중서성을 폐지하고 육부(六部)를 직접 장악했다. 그리고 이 과정에서 무수한 사람들이 처형되었다. 이렇게 구축된 명의 정치체제는 청으로 거의 그대로 이어졌다. 그리고 중서성의 빈자리를 메우기 위해 황제를 보좌할 내각(內閣) 제도와 황제의 수족 구실을 할 환관 제도를 운영했다.

명 태조는 1376년 '공인(公印)의 안(案)'을 일으켜 원나라의 제도를 답습하고 있던 지방행정 조직을 일신했다. 중서성에 속해 있었던 행중서성(行中書省)을 폐지하고 황제 자신에게 직접 보고하도록 했다. 이런 조치는 행중서성이 지방 세력화되는 것을 차단하고, 아울러 중서성의 기능을 축소해 황제의 권력을 신장시키기 위해서였다.

명 태조는 1380년에 2차 개혁을 단행했는데, 이번에는 중서성을 직접 겨냥해 혁파시켜 버렸다. 이를 위해 명 태조는 당시 최고위직에 있던 중서성 좌승상인 호유용(胡惟庸)을 모반죄로 체포해 처형했는데, 이를 '호유용(胡惟庸)의 옥(獄)'이라 한다. 이 과정에서 3만여 명이 연좌되어 처형되었고 가산이 적몰되었다. 처형된 숫자가 말해 주듯, 호유

용과 연관된 관료는 물론, 그와 결탁되었던 강남의 토호와 대지주 등도 처형되었다. 태조는 중서성을 혁파하는 대신 중서성 밑에 있던 육부를 승격시켜 황제에게 직속시켰다. 이로써 재상 제도가 종식되고 전제정치를 할 수 있는 제도적 장치가 갖추어졌지만 태조는 그래도 불안했는지 이에 만족하지 못하고 다음과 같은 조서를 반포했다.

> 이후 후대의 군왕은 승상(재상)직을 설치하는 의논을 할 수 없다. 신하들 중에서 설립하자고 주청하는 자가 있으면 극형으로 논하라.

『주국정황명대훈기』(朱國禎皇明大訓記)에서 부연하기를, "신하로서 (승상직) 설립을 주청하는 자가 있다면 군신들이 즉각 탄핵하여 그를 능치처참에 처하고 온 집안을 처형하라"[47]라고 했으니, 명에는 재상 제도가 영원히 종식될 수밖에 없었다.

태조는 중서성뿐만 아니라 어사대(御史臺)도 폐지하고, 다만 관료를 감찰하는 찰원감찰어사(察院監察御使)만 남겨 두었다가, 1382년에 이를 도찰원(都察院)으로 개편해 감찰 기능을 강화했고, 황제의 경호와 수도를 방위하는 금의위(錦衣衛)를 개편해 감찰 기능을 더욱 강화했다. 1381년에는 승선포정사사(承宣布政使司)·제형안찰사사(提刑按察使司)·도지휘사사(都指揮使司)에게 각각 민정·사법·군권을 담당하게 하여 황제에게 직속시켰다.

태조는 모든 권력을 직접 장악했지만, 이후로도 여러 차례 대대적

47_錢穆,『國史大綱』하, 北京: 商務印書館, 1999, 666쪽에서 재인용.

인 옥사를 일으켰다. 1385년에는 '곽환(郭桓)의 안(案)'을, 1390년에는 '이선장(李先長)의 옥(獄)'을, 1393년에는 '남옥(藍玉)의 옥(獄)'을 일으켰다. 이 옥사는 모두 의옥(疑獄)에 불과했지만 이 의옥에 걸려 10만여 명이 처형되고 적몰되었으며, 이 과정에서 개국공신들도 1명을 제외하고 모두 제거되었다. 이렇게 강화된 절대 권력은 3대 성조 시대에 이르러 극에 다다랐다.

전목(錢穆)은 『국사대강』(國史大綱)에서 명은 중국의 전통적인 정치 제체를 재건했지만 곧 악화되었다고 지적했다. 그 첫 번째 원인은 재상 제도의 폐지 때문이라며, 태조는 의심이 가장 많은 군주[雄猜之主]였다고 혹평했다. 그리고 둘째 원인으로 사대부에게까지 혹독한 형벌을 가하여 이들을 탄압한 점을 들면서, 특히 정장(廷杖)이라는 형벌의 참혹함은 유사 이래 찾아 볼 수 없었던 일이라고 한탄했다.[48]

정장이란 조정의 관료를 적법한 법적 절차 없이 사지를 묶어 놓고 몽둥이로 마구 때리는 형벌로, 이 형벌을 받은 자들은 대부분 죽었으며 살았다 해도 초주검이 되어 수개월을 치료받아야 했다. 이런 행위는 명이 멸망할 때까지 계속되었다. 명 태조의 잔혹한 행위는 모두 관료를 억압하고 지방 토호들을 무력화시켜 황제의 독재권을 강화하기 위한 일련의 조치였다. 공포정치에 기반을 둔 황제의 독재가 명 황실의 안정적 기반을 가져온다고 믿었던 것이다.

태조는 중서성을 폐지시킨 후 모든 정무를 직접 처리했지만, 자신이 모든 일을 다 파악해 처리할 수는 없었다. 그래서 자신을 보좌할 사

48_錢穆, 『國史大綱』, 하, 北京: 商務印書館, 1999, 665-669쪽.

보관(四輔官)을 1387년에 설치했다가, 2년 뒤 이를 폐지하고 전각대학사(殿閣大學士)를 설치했다. 전각대학사 관원의 품계는 5품을 넘지 않았으며, 또 상시 설치한 것도 아니었다. 혜제(惠帝: 재위 1398~1402) 때에는 한림 출신의 관원을 기무(機務)에 참여시켰다. 혜제를 몰아내고 집권한 성조(成祖: 永樂帝 재위 1402~1424)는 당시의 수도였던 남경의 사정에 어두웠기 때문에 자신을 보좌할 관료 7인을 뽑아 문연각(文淵閣)에 들게 하고 기무에 참여시켰다. 그리고 1416년에 이들에게 전각대학사를 제수하면서부터 내각 제도가 본격적으로 시작되었다.

내각의 관료들은 모두 한림 출신이었으며, 이들은 정5품 이하로 낮은 관직에 있었지만 국가의 기무에 참여했다. 인종(仁宗: 재위 1424~1425)이 즉위한 후에는 내각의 관료도 1품을 제수 받게 되자, 이들 내각대학사는 육부의 상서(정2품)와 대등한 위치에 놓이게 되었다. 8개월 만에 인종이 승하하자, 뒤를 이어 즉위한 선종(宣宗: 재위 1425~1435)은 육부의 상서 중에서 대학사를 겸하도록 했다. 이렇게 되자 대학사를 겸한 상서는 자연히 권한이 강해져서 사실상 재상의 역할을 하기에 이르렀다. 역시 모든 국정을 황제 혼자서 감당하기에는 한계가 있었던 것이다.

전술했듯이 태조는 환관의 정치 참여를 금지시켰다. "환관은 행정에 일체 관여해서는 안 된다"는 글을 새겨놓고 환관에게 문서 취급을 금지시켰으며 정무에 대해 논하지 못하게 했다. 그러나 성조가 내란을 일으켜 혜제를 몰아낼 때 남경의 환관들이 큰 역할을 했으므로, 성조는 즉위 후에 환관을 중용하기 시작했다.

이후 환관의 세력은 급성장해 환관으로 구성된 24아문(衙門)이 설치되었으며 환관의 관할도 이부에서 사례감(司禮監)으로 옮겼다. 이후 1420년에는 동집사창(東緝事廠: 東廠)을 설치하고 환관을 파견해 전국의 모든 군대·관료·백성을 감시했다. 성조 때에 1만여 명이던 환관은 명말에는 10만여 명이나 되어 관료들보다 그 수가 더 많았다. 참고로 1800년대 청의 문관수는 2만 명 정도였다.

선종(宣宗)은 한 술 더 떠서 환관을 중용해 본격적으로 정치에 참여시켰다. 그는 일체의 문서 처리를 환관인 사례태감(司禮太監)을 통해 처리했다. 심지어 사례태감은 황제 대신 결재를 할 때도 있었으니 환관의 권력은 점점 성장해 관료들을 능가하기에 이르렀다. 후에 이들 환관은 엄당(閹黨)을 결성해 사대부들의 동림당(東林黨)을 탄압하기에 이르렀다. 즉 관료 조직과 환관 조직 사이의 권력투쟁이 끊임없이 전개되었던 것이다.

(2) 조선의 정치제도

조선은 태조의 즉위 교서를 반포한 7월 28일에 문무백관의 제도를 정했다. 관직 제도는 대체로 고려의 것을 따랐지만 이후 수차의 관제 개혁을 통해 의정부(議政府)와 육조(六曹) 중심의 정치체제로 만들어 갔다.

조선 태조의 즉위 교서에서 "나라 이름은 그전대로 고려라고 하고, 의장(儀章)과 법제(法制)는 한결같이 고려의 고사(故事)에 의거하라"라고 한 것처럼 조선은 고려의 사례를 그대로 계승했는데, 이것은 개국 직후라 장기적인 안목으로 새로운 체제를 만들 여유가 없었기 때문이다. 그래서 고려 시대의 정치체제를 본받아, 도평의사사(都評議使司)·문하부(門下府)·삼사(三司)·중추원(中樞院)을 두었다.

도평의사사는 도당(都堂)이라고도 하는데 원래는 고려 초에 설치된 임시 회의 기구였다. 그런데 고려 중기에 그 기능이 강화되었고 말기에는 국정 전반을 논의하는 최고 정무 기관으로 발전해 조선 건국 초까지 이어졌다. 조선에서는 문하부·삼사·중추원 등의 고위 관료들이 이 도당의 직을 겸하고 여기서 중요한 국사를 논했다. 수십 명이나 되는 고위 관료들이 한곳에 모여 국사를 논했으므로 반발 세력들을 무마시키고 심각한 권력투쟁도 방지할 수 있었지만 왕권은 그만큼 위축될 수밖에 없었다. 그리고 더 큰 문제는 불필요한 관료의 수가 너무 많았다는 점이다. 시간이 지날수록 도평의사사에 참여하는 재상의 수가 많아져 40~50명을 웃돌자, 이를 비판하고 개선을 요구하는 상소도 꾸준히 늘었다.

결국 1400년에 도평의사사를 혁파하고 대신 의정부(議政府)를 신설했으며 아울러 중추원도 해체했다. 1401년에 문하부까지 혁파하고 그 주요 업무를 의정부로 합했다. 이렇게 조직을 개편했지만 다시 의정부가 중요한 기능을 맡게 되어 이전의 도평의사사와 별반 차이가 없게 되었다. 의정부는 고려에서처럼 주요 국사는 물론 행정 실무까지 장악하고 있어, 비록 재상의 수는 많이 줄었지만 그 권한은 여전히 막강하다는 단점이 있었다. 결국 이 문제를 해결하기 위해 고심한 끝에 1405년에 의정부가 장악하고 있던 행정 업무와 재정·군기·인사권도 모두 육조로 이관시켰다.

조선의 관제 개혁은 1408년 다시 한 번 이루어짐으로써 일단락된다. 실무는 의정부에서 육조로 모두 다 이관하여 육조는 오로지 실무만을 담당하도록 하고, 그 대신 육조는 의정부에 보고를 하고 의정부는 육조를 감독하도록 했다. 조선은 관제 개혁을 통해 재상들이 독점했던 권한을 여러 독립된 기구로 더욱 더 분산시켰으며, 그 결과 재상의 권한이 약화되고 왕권이 상대적으로 강화될 수 있었다. 하지만 의정부가 있었기 때문에 명처럼 군왕이 전제정치를 할 수는 없었다.

의정부는 이처럼 오랜 고심 끝에 나온 제도로 명과는 다른 조선의 독자적인 기구였다. 의정부에는 정1품인 영의정(領議政)·좌의정(左議政)·우의정(右議政)의 세 정승을 비롯해 총 7명의 재상이 속해 있었다. 이들 재상은 주요 관청의 우두머리를 겸임했고, 행정 집행기관인 육조를 총괄했다. 육조의 책임관은 정2품의 판서이다.

　행정기관인 의정부와 육조 외에도 언론(言論)을 직무로 삼는 삼사(三司)가 있어 흔히 '언론삼사'라고 불렀으니, 정책을 비판하고 관원을 감찰하는 사법기관인 사헌부(司憲府), 정책을 비판하고 군왕의 언행에 대해 간쟁하는 사간원(司諫院), 궁중 도서를 관리하고 경연(經筵)을 주관하고 교서(敎書)를 작성하는 홍문관(弘文館)이 이것이다. 이 삼사는 정책 비판의 기능도 있지만, 국왕을 비롯해 의정부와 육조의 권력을 '견제'하는 역할도 했다. 조선은 여러 관직 중에서도 이 삼사를 매우 중요하게 여겼다. 사실상 이 삼사를 거치지 않으면 판서나 정승 등의 고관으로 오를 수 없었고, 또 과거 시험에 높은 점수로 합격한 우수한 인재가 아니면 이곳에 들어갈 수도 없었다. 그래서 이 삼사는 청요직(淸要職)이라 불렀으며 선망의 대상이 되었다.

　군왕의 언행에 대해 간쟁하는 사간원과 일반 관원을 감찰하는 사헌부, 이 둘을 합쳐서 언론양사(言論兩司)라고도 한다. 이들은 자신들의 의견이 받아들여지지 않을 경우 집단으로 사직서를 내기도 했고, 또 고관과 군왕을 상대로 목숨을 걸고 무섭게 논쟁을 벌이기도 했다. 간관(諫官)을 처벌하는 일은 금기시되어 있지만 법제화되지 않았기 때문에 해를 당하는 경우도 없지 않았지만, 조선의 간관들은 이를 두려워하지 않았다.

　명의 경우도 독립적인 감찰 기관인 독찰원(督察院)이 있었다. 하지만 이들은 조선의 관원처럼 엘리트 출신이 아니라 일반 문관 가운데서 선발된 낮은 직급의 젊은 관원들이었다. 이들은 9년의 임기를 마치면 일반 문관직으로 복귀해야 했고, 절대적 권력을 휘두르는 황제로부터 자신의 안위를 지킬 수 없었다. 그래서 이들은 "사실상 자신의 안전에 대해 관심을 갖고 상급자들이 매기는 유리한 공적 평가에 매달리는 다른 모든 동료들과 다를 바 없는 관료였다"[49]라고 평해지기도 한다.

조선은 도평의사사를 폐지하고 의정부를 두었는데, 이 의정부는 명 초의 중서성에 해당한다. 하지만 명은 전술한 대로 중서성을 폐지하고 육부를 황제가 직접 총괄했기 때문에, 황제 개인에 의한 전제적인 정치가 가능했다. 이에 비해 조선은 의정부가 육조를 총괄하도록 했기 때문에 군왕 개인의 전제정치가 불가능했다. 권력이 개인이나 소수의 집단에 집중되지 않도록 분산시키고, 또 이를 견제하는 장치를 마련했다. 조선은 군왕이 여러 신하들과 의논하면서 함께 나라를 이끌도록 정치체제를 만들었던 것이다. 또한 조선의 환관들은 정치에 참여할 수 없었으며, 명의 환관들처럼 엄당을 만들어 관료들과 대립한다는 것은 상상할 수도 없는 일이었다.

이처럼 조선의 권력 구조의 특징은 군신공치(君臣共治)의 이념에 따라 권력 분산과 권력 견제에 역점을 두고, 정치의 공정성과 투명성을 높이고, 백성을 나라의 근본으로 존중하는 민본정치(民本政治)를 구현하는 데 목표를 두었다는 점이다.[50]

49_존 K. 페어뱅크, 『동양문화사』(상), 을유문화사, 233쪽.

50_한영우, 『다시 찾는 우리 역사』 2, 경세원, 2004, 75쪽.

3) 과거제도

우수한 인재를 선발해 관료로 삼는 과거제도는 유가와 깊은 관계가 있다. 일찍이 유가의 대 스승인 공자는 뛰어난 능력과 덕을 갖춘 군자가 통치를 해야 하며, 군주는 이런 현인을 뽑아 정치를 맡겨야 한다고 설파했다. 과거는 바로 이처럼 유능한 이를 뽑기 위한 제도였다. 양국의 과거제도를 본격적으로 살피기 전에, 우선 과거제도가 어떻게 시행되었는지 그 역사를 간략하게 살펴볼 필요가 있다. 양국의 과거제도는 같은 역사적 맥락에서 발전했다. 명과 조선만 놓고 볼 때는 조선이 명의 제도를 상당 부분 차용해 사용한 것 같지만, 역사적 맥락을 보면 양국 모두 역대 왕조의 제도를 연구해 자국의 실정에 맞게 개선하여 사용했다는 사실을 알 수 있다.

중국에서 최초로 체계적인 방법으로 관료를 선발한 나라는 한(漢)이었다. 무제(武帝: 재위 기원전 141~87) 때 인재를 선발하기 위해, 수재과(秀才科)·효렴과(孝廉科)·박사제자원과(博士弟子員科) 등을 실행했다. 정식으로 과거제도가 시행된 것은 수(隋)나라로 587년이었다. 이민족이었던 수나라는 귀족과 지방 호족을 억제하고 중앙집권제를 강화하기 위해 과거제도를 도입했던 것이다. 뛰어난 재능과 박학다식한 이를 추천받아 방략책(方略策)을 묻는 수재과, 경학을 시험 보는 효렴과, 문학적 소양을 평가하는 진사과(進士科) 등 이렇게 세 과를 두고 매년 인재를 뽑았다. 이후 수나라의 과거제도는 당나라로 계승되어 더욱 발전했지만, 여전히 과거제 이외의 방법으로 벼슬하는 이가 3~4배에 달했고, 과거제 자체도 공정성이 확보되지 못했다.

송 태조는 과거제도에 직접 간여하기 위해 전시제(殿試制)를 만들었다. 군왕이 참여한 가운데 궁궐에서 시험을 행했고 시험 제목과 합격

순위를 황제가 직접 결정했으며 합격자에게는 즉시 관직을 주었다. 그리고 과거 시행도 3년마다 한 번씩 시행하도록 정례화하고 고시 과목도 진사과 단일제로 시행했다.

원나라는 과거제도에 소극적이어서 1315년부터 1366년까지 16회를 시행했을 뿐이다. 송나라의 해시(解試)와 성시(省試)를 각각 향시(鄕試)와 회시(會試)로 바꾸어서 시행했는데, 시험과목이 바로 정주이학(程朱理學)이었다. 이후 정주이학은 후대 왕조인 명·청은 물론 특히 조선의 문과 과거 시험에서 매우 중요한 위치를 차지하게 되었다. 즉 향시·회시·전시의 3단계 시험 체제와 명칭 및 시험과목만큼은 양국이 모두 원의 영향을 지대하게 받은 것이다. 단 조선은 명과 달리 소과와 대과(문과)가 있었으며, 대과에 초시·복시(회시)·전시의 3단계 체제를 갖추었다.

남송의 주희(朱熹: 1130~1200)가 집대성한 이학은 이전까지는 한 번도 주도적인 학문이 된 적이 없었다. 오히려 남송에서는 주희의 정적이었던 한탁주(韓侂冑)에 의해 위학(僞學)으로 지목되어 그 서적의 간행과 출판이 금지되기까지 했다. 이후 이종(異宗: 재위 1224~1264) 때에 가서야 과거 시험에서 주희의 주석을 인용할 수 있을 정도다.

원 초기에 과거제도가 폐지되자 여러 학설들이 사라졌고 그나마 영향력이 컸던 이학만이 전해졌다. 1315년에 시행된 과거 시험은 주희가 정한 사서(四書)와 오경(五經)에서 출제되었으며, 이 중에서 『예기』를 제외하고는 모두 정자와 주자의 주소(註疏)만을 사용할 수 있었다. 이유인 즉, 지공거(知貢擧)가 정주이학을 공부했던 이맹(李孟)이었기 때문이다. 이 이후로 정주이학은 과거 시험에서 독점적 위치를 차지했고 그 학문의 위상도 자연히 높아졌다. 원의 과거 시험은 정주의 학설이 아니면 인정하지 않았다. 따라서 기존의 학설을 고수해야 할 뿐 다른 길은 없었다. 그리고 이런 경향은 명·청까지 이어지게 되었다. 즉 과거 시험이 사상의 경직화까지 가져온 것이다.[51]

본 장에서는 일종의 기술고시라고 할 수 있는 잡과를 제외한, 문과와 무과 위주로 살피기로 한다.

(1) 명의 과거제도

명은 태조 3년인 1370년에 과거 시험을 실시했다. 회시(會試)에 통과하지 못해도 향시(鄕試)만 통과하면 그 자격을 종신토록 유지하게 했고 또 벼슬도 주었다. 하지만 합격한 이들이 모두 글에만 능했지 실무 능력이 부족하다고 보아, 과거제도를 10년간 중단하기도 했지만 결국 1382년에 다시 실시했다. 그리고 1384년에 『과거성식』(科擧成式)을 공포했는데, 이후 명·청 500여 년간 시행된 과거 시험의 기본 법규가 되었다.

명의 과거 제도는 문과(文科)는 동시(童試)와 원시(院試), 그리고 향시(鄕試)·회시(會試)·전시(殿試)의 다섯 단계로 이루어져 있는데, 동시와 원시는 학교시(學校試)에 해당했고 향시부터 본격적인 과거 시험이라 할 수 있다.

문과(文科)

가장 초급 단계인 동시는 현(縣)과 부(府)에서 치르는 시험으로, 여

51_金諍 저, 김효민 역, 『중국 과거 문화사』, 동아시아, 2003, 242-244쪽.

기에 통과하면 '동생'이라고 불렀다. 원시는 부와 주(州)의 학교에서 치르는 시험으로, 세시(歲試)와 과시(科試)가 있다. 동생은 학교에 입학하기 위해서는 세시나 과시에 통과해야 했는데, 이 시험에 합격하면 '생원'이 되고 '수재'라고 불렀다. 세시와 과시는 동생뿐만 아니라 생원들도 보았는데, 생원에게 세시는 일종의 학력 평가 시험이고 과시는 향시 자격시험이었다.[52] 생원이 되면 평민에서 사(士)의 신분으로 상승해, 부역과 징세를 면제받고 약간의 사법적 특권(體刑 면제 등)을 받았다. 시험 과목은 동시와 원시 모두 사서문(四書文)과 시첩시(試帖詩) 위주였다.

향시는 3년마다(子·卯·午·酉 년) 8월 9일부터 15일까지 각 성(省)에서 치렀다. 전국의 합격생은 1,000~1,300명 정도였다. 향시에 합격하면 '거인'(擧人)이 되었다. 향시를 을과(乙科)라고도 하고 그 합격자 명단을 을방(乙榜)이라고도 했다. 이에 비해 회시는 갑과(甲科), 그 명단은 갑방(甲榜)이라고 불렸다.

회시는 향시를 치른 다음 해 2월 9일부터 15일까지 시행되었는데, 그 시험 내용은 향시와 같았다. 회시에 합격하면 '진사'(進士)가 되었다. 회시에는 정식 합격자인 정방(正榜)이 있고 또 준합격자인 부방(副榜)도 있었다. 부방에 오른 이들은 지방 학교의 교관이나 낮은 직급의 관직을 받을 수 있었고 또 국자감의 학생인 감생(監生)이 될 수 있었다.

과거 시험 과목은 사서와 오경으로 정주이학의 학설을 따라야 했으며, 1487년에 팔고문(八股文)이 답안지의 형식으로 정해졌다. 명초에 반포한『과거성식』에는 향시와 회시에 각각 세 차례의 시험을 치르도

52_金諍 저, 김효민 역,『중국 과거 문화사』, 동아시아, 2003, 251쪽 역자 주.

록 했다.

첫 시험은 경의로 2백자 이상의 사서문(四書文) 3편과 3백자 이상의 오경의(五經義) 4편을, 두 번째 시험에서는 3백자 이상의 논(論) 1편과 판사(判詞) 5조, 조(詔)·고(誥)·표(表) 중 하나를 골라 1편을 시험하도록 하고, 마지막 세 번째 시험에서는 사책(史策) 5편을 보았다. 그러나 채점 기간이 3~4일에 불과했기에, 시험관들은 첫 시험의 답안인 사서문만 읽는 폐단이 생겼다. 또한 그 답안지도 『사서집주』(四書集註)로 제한되어 있었으므로 천편일률적인 내용일 수밖에 없었다. 그러다 보니 점차 고정된 형식이 생겨서, 명 중엽에는 사서문의 형식이 팔고문으로 정착되었다고 한다.[53] 하지만 이 팔고문은 과거 시험 외에는 전혀 사용하지 않은, 오로지 과거 시험만을 위한 문체였다.

최종 시험인 전시는 회시가 끝난 지 한 달 후인 3월 15일에 수도의 궁궐에서 치렀다. 송(宋)나라의 제도처럼 전시에서는 탈락자가 없었고 다만 합격 등수만을 결정했다. 시험과목은 시무책(時務策)만 보았다. 1등은 장원(壯元)이라고 했고, 2등은 방안(榜眼), 3등은 탐화(探花)라고 했는데, 이 삼 인은 일갑(一甲)으로 진사급제(進士及第)가 주어졌고, 이갑(二甲) 약간 인에게는 진사출신(進士出身)이, 삼갑(三甲) 약간 인에게는 동진사출신(同進士出身)이 주어졌다.

그리고 그 관직도 시험 성적에 따라 등급을 달리했다. 일갑은 한림원 편수(編修) 등의 높은 관직에 제수되었다. 이 한림원에 속해야 훗날 내각에 오를 수 있었다. 한림원은 인재들이 모인 기관이었다. 그래서

53_金諍 저, 김효민 역,『중국 과거 문화사』, 동아시아, 2003, 270쪽.

"진사가 아니면 한림원에 들어가지 못하고, 한림원에 들어가지 못하면 내각에 들어가지 못한다. 남·북예부상서, 시랑, 이부의 우시랑은 한림이 아니면 될 수 없다"[54]라고까지 했다. 실제로 명대 전체의 재상 170여 명 중에 한림원 출신이 90%였다고 할 정도였다.[55]

무과(武科)

문과 외에 무과도 있었다. 무과는 처음에는 6년에 한 번 시행했지만, 1504년부터 3년에 한 번씩 시행하여 제도화되었다. 향시에 합격한 자는 다음 해 4월에 회시에 참가할 수 있었는데, 1610년 이후에야 정원을 100명으로 정했다. 그러나 무과는 회시까지만 있었고 전시가 없었다. 명나라 말인 1631년이 되어서야 전시가 처음으로 시행되었다. 이것은 개국 초부터 무과를 문과와 함께 시행하도록 한 조선과 큰 차이를 보인다. 조선에서는 1402년 이후 이미 정례화되었다.

(2) 조선의 과거제도

조선의 인재 등용 대원칙은 입현무방(立賢無方)과 유재시용(惟材是用), 즉 어진 사람을 등용할 때는 출신 지방을 가리지 않고, 오로지 재주 있는 사람만을 등용한다는 것이다. 이에 따라 음서(蔭敍) 제도가 축

54_『明史』「選擧志」2.

55_金諍 저, 김효민 역, 『중국 과거 문화사』, 동아시아, 2003, 259쪽.

소되고, 대신 고시(考試)와 천거(薦擧) 제도가 발달했는데, 이 둘을 합쳐 선거(選擧)라고 한다.[56] 고려 시대에는 5품 이상 관원의 아들이나 손자, 사위나 동생·조카 등에게 음서의 특혜를 주는 제도가 널리 성행했다. 하지만 조선에서는 공신이나 2~3품 이상의 관원에게만 혜택을 주었고, 그나마 음서로 벼슬을 한 사람들은 하급직에 임명되었으며 사실상 고급 관료로 올라갈 수 없었다. 관직은 세습이 아니라 본인의 능력에 따라 결정되었다.

고시에는 문과(文科)·무과(武科)·잡과(雜科)와 문과의 예비시험인 소과(小科: 司馬試)가 있었다. 시험은 자(子)·묘(卯)·오(午)·유(酉) 해의 3년마다 치렀는데 이를 식년시(式年試)라고 한다. 이 외에도 여러 종류의 특별 시험인 별시(別試)가 비정기적으로 행해졌다. 별시에는 증광시(增廣試)와 각종 별시(別試), 정시(庭試) 등등 여러 종류가 있었다. 여기서는 식년시를 위주로 살펴보겠다.

소과(小科)와 문과

문과를 보기 위해서는 소과에 통과해야 했는데, 소과에는 문학적 능력을 시험하는 진사시(進士試)와 경서의 능력을 시험하는 생원시(生員試)가 있다. 그러나 조선 초기에는 경학을 장려하기 위해 생원시만 있었고 진사시는 없었다. 이후 진사시는 여러 논란 끝에 설치와 폐지를 반복하다 1453년에 부활해 유지되었다. 생원시와 진사시를 하루

56_한영우, 『다시 찾는 우리역사』 2, 경세원, 2004, 92쪽.

차이를 두고 같이 실시하되 합격자 발표는 같은 날에 했다.

소과는 1차 시험인 초시(初試)와 2차 시험인 복시(覆試: 會試)가 있고 군왕이 참석하는 전시(殿試)는 없다. 초시에서는 생원·진사를 각각 수도에서 치르는 한성시(漢城試)에서 200명, 지방에서 치르는 향시(鄕試)에서 500명씩 선발했다. 그리고 복시에서는 각각 100명씩 선발했다. 이때 향시의 경우 초시에서는 도별로 인구 비율에 의해 합격자 수를 배분했고, 복시에서는 도별 안배를 없애고 성적순으로만 뽑았다.

원래 중국의 주(周)나라에서는 국학(國學)에서 우수한 자를 뽑아 관리 임명을 담당한 대사마(大司馬)에게 천거하는 것을 진사(進士)라고 했다. 명에서도 조선의 대과에 해당하는 회시에 합격해야 진사라고 했지만, 조선에서는 소과인 진사시만 통과해도 진사라고 불렀다. 이런 관행에 따라 소과를 사마시라고도 불렀다.

문과는 초시·복시·전시(殿試)로 나누어진다. 초시에서는 국립대학인 성균관에서 보는 관시(館試)에서 50인, 한성시에서 40인, 향시에서 150인을 선발했고, 복시에서는 33인을 선발했다. 이때 초시에 1만 명 정도가 응시했는데, 합격자는 240명으로 각 도의 인구 비율에 따라 뽑았고, 복시에서는 성적순으로 33명을 선발했으며, 전시에서는 탈락자 없이 순위만 정했다. 성적 순서에 따라 갑과(甲科) 3인, 을과(乙科) 7인, 병과(丙科) 23인으로 정해졌다. 갑과 1등은 장원(壯元)이라 했고, 2등은 방안(榜眼), 3등은 탐화(探花)라고 불렀다. 소위 말하는 장원급제란 1등 수석으로 합격했다는 뜻이다.

그리고 이렇게 정해진 갑·을·병의 급에 따라 처음 벼슬하는 품계가 달라졌다. 『경국대전』에 따르면, 장원은 참하관(參下官)을 거치지 않고 단번에 참상관(參上官)인 종6품에 제수되었고, 나머지 2·3등은 참하관인 정7품, 을과 7인은 정8품, 병과 23인은 정9품에 제수되었다.

시험 내용은 사서와 오경을 위주로 했다. 문과 시험의 초시와 복시는 각각 초장·중장·종장의 세 단계로 나누어져 있었다. 초장에서는 경학에 대해 평가하고 중장에서는 시(詩)·부(賦)·표(表) 등의 문학적 능력을 평가했으며, 종장에서는 시무책(時務策)을 논하도록 했다. 이때 초장에서는 구술시험과 논문식 필기시험이 있었다.

필기시험은 단답형인 묵의(墨義)와 논문식인 경의(經義)가 있었다. 구술시험은 첩경(帖經: 본문이나 註疏의 글자 알아맞히기)·강경(講經: 경서의 義理를 문답함, 口義)이 있는데, 강경은 다시 책을 펴놓고 문답하는 임문강경(臨文講經)과 뒤로 돌아앉아서 문답하는 배송강경(背誦講經)으로 나누어진다.

그런데 시험 방식에 있어서 개국 초부터 논란이 분분했다. 즉 경의를 중시하는 제술파와 경전을 중시하는 강경파가 격론을 벌였는데, 제술을 중시하면 유학의 근본인 경학보다는 사장(辭章)만 중시하는 폐단이 있고, 경전을 중시하면 경서의 의리보다는 구독이나 훈고의 암송에만 전념하게 되고, 또 시험관과 응시생 사이에 부정이 발생할 가능성이 많다는 폐단이 있었기 때문이었다. 많은 논란 끝에 세조(世祖: 재위 1455~1468) 때 초시의 초장은 제술로, 복시의 초장은 강경으로 결정했다.

강경 시험의 경우 통(通)·략(略)·조(粗)·불(不)의 네 등급으로 평가했는데, 각각 2분(分)·1분·0.5분으로 계산해 합산했다. 사서삼경의 7개 교과에서 모두 조 이상을 얻지 못하면 중장과 종장에 응시할 수 없었다. 즉 제술에 아무리 능해도 경서에 능통하지 못하면 시험에 통과할 수 없었다.[57] 이 강경 시험은 매우 엄격해서 암송 중 한 글자만 틀려도 바로 탈락이었기 때문에, 심지어 초장에서 대거 탈락해 중장과 종장 시험이 사실상 불필요했던 경우도 많았다.

명과 청은 응시 자격을 정규학교의 학생만으로 제한했다. 이에 비해 조선은 응시 자격에 많은 여유를 두었다. 원래는 소과 합격자들이 성균관에 입학해 300일 이상 수학을 해야 문과에 응시할 자격을 주었다. 그러나 후대로 갈수록 그리고 명문가의 자제일수록 일반 양인들과 함께 경쟁하기를 바라지 않았다. 그래서 지방에서는 서원을 세워 그곳에서 따로 공부했다. 이렇게 되자 관학인 성균관과 향교는 점차 쇠퇴의 길로 접어들었다. 결국 대과 응시 자격을 완화하기에 이르러 성균관에서 공부한 날짜가 부족하거나 심지어 공부하지 않아도 대과를 볼 수 있었다.

조선시대의 생원은 24,221명이었고 진사는 23,776명으로, 소과 합격자는 229회에 걸쳐 47,748명으로, 조선왕조 502년 간 연평균 95명이 합격했다. 이 중 문과 합격자는 7,438명으로 소과 합격자의 6.4%에 불과했다.

무과

조선은 개국과 동시에 문과와 함께 무과도 시행했다. 이것은 문무 양반관료제(文武兩班官僚制)를 확립시켜 나가기 위해서였다. 원래 고려에서는 문과만 시행하고 무과를 시행하지 않았으니, 무(武)를 기반으

57_최영진·최일범, 「조선시대 과거제도」, 『성균관대학교600년사』 天, 성균관대학교 교사 편찬위원회, 성균관대학교 출판부, 1998, 836쪽.

로 삼았던 지방 호족을 견제하고 문치주의(文治主義)를 확립하기 위해서였다. 그러다가 공민왕(恭愍王) 20년(1317)에 들어 무학(武學)을 설치했고 공양왕(恭讓王) 2년(1390)에 인(寅)·신(申)·기(己)·해(亥) 년에 무과를 실시하려고 했다. 하지만 그 2년 뒤 고려가 망하고 조선이 개국했기 때문에 무과는 결국 시행되지 못했다. 따라서 조선의 무과는 고려의 무과를 그대로 답습한 것으로, 다만 시험 시행 해가 자(子)·묘(卯)·오(午)·유(酉) 년으로 바뀌었을 뿐이다. 이 식년무과 외에도 문과처럼 비정기적으로 실행하던 무과가 있었다.

조선은 개국 직후 문·무과 시험을 동시에 시행하기로 했지만, 무과 시험이 실제로 제정되어 실시된 것은 1402년이었다. 무과는 문과처럼 초시·복시·전시로 이루어져 있다. 초시에서는 훈련원(訓練院)에서 주관하는 원시(院試)에서 70명, 향시(鄕試)에서는 도별 인구 비율에 따라 배분하여 총 120명을 뽑았으며, 복시(회시)에서 28인을 뽑았다. 전시에서는 순위만을 정했는데, 갑과 3인, 을과 5인, 병과 20인으로 정했다. 갑과는 종7품, 을과는 종8품, 병과는 종9품직에 배정되었고, 관직이 있을 경우는 1등급씩 올려 주었다.

그러나 식년시에서 규정보다 많은 인원을 뽑는 사례도 적지 않았다. 예를 들어, 1618년에는 3,200명, 1637녀에는 5,500명, 1676년에는 18,251명을 뽑기도 해서 만과(萬科)라 일컬어지기도 했다. 그 결과 조선의 무과 급제자는 총 15만여 명에 이르러서 문과 급제자보다 훨씬 많았다.

복시의 종장에서는 강서를 시험 보았는데, 처음에는 무경칠서(武經七書: 『尉繚子』·『孫子』·『吳子』·『司馬法』·『李衛公問對』·『六韜』·『三略』) 중에서 보다가, 세종(世宗: 재위1418~1450) 때부터 병서 외에 사서오경에서도 하

표 4-1 | 조선의 과거제도-식년시의 선발 인원

종류		초시	복시(회시)	전시
소과(사마시)	생원시	한성시 200명	100명	
		향시 500명		
	진사시	한성시 200명	100명	
		향시 500명		
문과(대과)		관시 50명	33명	갑과 3명
		한성시 40명		을과 7명
		향시 150명		병과 23명
무과		원시 70명	28명	갑과 3명
				을과 5명
		향시 120명		병과 20명

나를 선택해 시험 보도록 했다. 이후 강서 시험은 더욱 강화되어『통감』
(通鑑)·『병요』(兵要)·『장감』(將鑑)·『박의』(博議)·『소학』(小學) 중에서도
1서를 택하여 시험을 보도록 했다.

　문과 응시 자격은 노비를 제외한 양인 남성으로 한정되었던 것에
비해, 무과에 응시할 수 있는 자격은 그 규정을 크게 완화해 양인이 아
닌 서자(庶子)는 물론 천민까지도 면천(免賤)이라는 절차를 거쳐서 응시
할 수 있었다.

4) 교육제도

　『예기』「학기」(學記)편에서는, 임금이 되려는 자는 나라를 세워 백
성들에게 군림할 때에 가르치고 배우는 것, 즉 교육을 우선시한다고
하였다. 정치를 하려면 교화(敎化)를 해야 하는데, 그 교화를 이루기 위
해서는 이를 담당할 학교가 필요하다는 뜻이다. 이처럼 동아시아의 역
대 나라들은 모두 교육을 중시했기 때문에 일찍부터 학교 제도가 발전
했다.

원은 비록 무자비한 무력으로 천하를 제패했지만, 원의 역대 군왕은 공자를 존중하고 유학을 숭상했다. 유학 중에서도 정주이학을 좋아했으며, 이를 과거 과목으로 채택해 인재를 선발하기도 했다. 그리고 인재를 기르기 위해 학교를 설립했다.

명과 조선은 원처럼 이학을 숭상했으며 정주이학을 과거 고시 과목으로 채택했다. 적어도 명나라 중기에 왕양명(王陽明: 1472~1592)이 나타날 때까지는 명에서 정주이학의 지위는 독보적이었다. 조선과 명은 중앙은 물론 지방 곳곳에 관학을 설치하고 인재를 양성했으며, 이렇게 길러 낸 인재를 과거를 통해 선별하여 관료로 등용시켰다. 즉, 학교는 미래의 관료를 길러 내기 위한 것이었고, 그곳 학생들은 관료로 취직하기 위해 열심히 공부해야 했다. 이처럼 학교 제도는 과거제도와 밀접한 관계가 있다.

특히 명은 학교에 대한 통제를 강화해 학교를 과거에 예속시켰다. 조선의 경우 사학이 흥기하면서, 일찌감치 취직(과거)을 포기하고 한문에만 전념하던 이들도 상당수 있었다. 대신 이들은 군역을 면제받고 사(士)의 신분을 유지하기 위해서 소과 시험에만 응시해 생원이나 진사가 되었을 뿐이다. 후대로 갈수록 많은 유생들이 관학인 성균관이나 향교가 아닌 사학인 서원에서 공부했다.

(1) 명의 교육제도

명 태조는 개국한 지 2년째인 1369년에 다음과 같은 조서를 반포했다.

지금 짐이 천하를 통일하여 우리 중국 선왕의 통치를 회복했으니, 의당 화풍(華風)을 크게 떨쳐서 정치 교화를 일으키고자 한다. 지금은 비록 국자감(國子監)을 설치했지만, 천하의 뛰어난 인재를 모두 다 끌어오기에 부족할까 염려된다. 이에 천하의 군현에 영을 내려 학교를 건설하고 선비들을 길러 내고자 한다.[58]

이런 조치에 따라 전국에 관학을 설치했다. 나라를 다스리기 위해서는 백성을 교육할 학교가 필요했기 때문이다. 이후 1375년에 군과 현 이하의 지역에는 학교가 없어 교화가 이루어지지 않는다고 보고, 향(鄕)과 사(社)에 사학(社學)을 설치하게 하여 전국 모든 지역에 관학을 설치하게 되었다. 이것은 중국 역사상 일찍이 없었던 큰 발전이었다.

명의 관학은 중앙 관학과 지방 관학으로 나눌 수 있다. 중앙 관학으로 국자감과 귀족의 자제들이 수학하는 종학(宗學)이 있었고, 이 외에도 중앙에 일종의 기술 전문대학에 해당하는 무학·의학·음양학 등이 있었다. 지방 관학 중 중앙정부에 의해 설립된 학교를 유학(儒學)이라 한다. 유학은 지방 행정구역에 따라 설치한 부학(府學)·주학(州學)·현학(縣學)과 군대 편제에 따라 설치해 무신의 자제를 교육한 도사유학(都司儒學)과 위유학(衛儒學)이 있고, 재화 집산지에 설치한 도전운사유학(都轉運司儒學)이 있으며, 토착민들의 집단 거주지에 설치한 선위사유학(宣慰司儒學)·안무사유학(按撫使儒學)이 있다. 그리고 소학에 해당하는 사학(社學)이 있었다. 즉 명대 관학은 사학 → 부학(주학·현학) → 국자감으로의 3단계 체제를 이루고 있었고, 향촌 곳곳에 설치되어 전국적으

58_『明實錄』, 洪武 2년(1369, 高麗 恭愍王 18年) 10월.

로 체계적으로 설치되었다.

원래 명의 수도는 북경이 아닌 남경이었으므로, 주원장은 남경에 있던 원나라 때의 천부학(天府學)을 명 개국 이전인 1365년에 국자학으로 개명해 중앙의 최고학부로 삼았으며, 1382년에 다시 국자감으로 이름을 바꾸었다. 이후 성조 원년인 1403년에 북경에 국자감을 설치해 남북의 두 국자감을 갖게 되었다. 이후 1420년 북경으로 천도하면서 북경의 국자감을 경사국자감으로 바꾸어 불렀다.

국자감에서 공부하는 학생들은 감생(監生)이라고 했는데, 회시에 낙방한 거인은 거감(擧監), 지방의 부학·주학·현학 출신은 공감(貢監), 3품 이상의 자제나 선조의 유덕으로 들어온 학생은 음감(陰監), 기부금을 내고 들어온 경우는 예감(例監) 또는 민생(民生), 외국에서 온 유학생은 이생(夷生)이라 불렀다. 학생 수는 1396년에는 8,124명이었고, 1465년에는 19,188명까지 늘었다가, 이후 급격히 줄어들어서 1581년에는 353명에 불과했다.

교과목으로는 오경 가운데 하나를 전공했고 사서를 배웠으며, 그 외에 법령을 배우기 위해 태조가 편찬한 『어제대고』(御制大誥)를 익혔다. 공부하는 방법으로, 교관이 전교생을 모아 강의하는 회강(會講), 추첨으로 뽑힌 학생이 강의하는 복강(復講), 작문 과목인 작과(作課), 경전을 암송하는 배서(背書) 등이 있었다.

국자감에는 실습 제도라 할 수 있는 역사 제도(歷事制度)와 성적에 따른 진급 제도가 있었다. 역사 제도는 학생들에게 관청에서 직접 일을 해보도록 하는 수습 제도이다. 수습 기간은 제각각인데 3개월, 6개월, 1년이나 그 이상인 경우도 있었다. 수습의 성적에 따라 상 등급을 받은 학생은 관료로 채용되고, 중 등급은 1년을 재고했다. 그러나 이

제도는 후대에 감생이 증가하자 형식적 제도로 전락했다.

감생의 성적에 따라 6당 3급으로 나누어서 수업하게 했다. 사서에 능통하지 못하면 정의(正義)·숭지(崇志)·광업(廣業) 등의 초급 과정에서 공부했고, 1년 반 이상 공부해서 문리가 트고 조리가 생기면 수도(修道)와 성심(誠心)의 중급 과정에서, 다시 1년 반을 공부해서 경사(經史)에 능통하면 솔성(率性)의 고급 과정에서 공부했다. 이 제도는 명에서 처음 만든 것은 아니고 원의 제도를 발전시킨 것이다.[59]

무학은 1441년에 남경과 북경 두 곳에 정식으로 설치되었다. 교과목으로는 『무경칠서』(武經七書)와 『오경』(五經) 등을 강의했다. 무학의 시험과 무학생의 대우는 유학생과 같았다. 1637년에는 부·주·현의 지방에도 무학을 설치했지만, 이미 나라가 망할 때라 전국으로 설치될 수는 없었다.

사학(社學)은 1370년에 설치되기 시작해 1375년에 전국적으로 설치하도록 했다. 입학 대상은 8~15세의 향촌 평민 가운데 양가의 자제였으며, 의무교육의 성격을 지니고 있었다. 사학은 50호당 하나씩 설치했다. 즉 사학을 통해 중앙정부의 통치 사상을 마을마다 곳곳에 알리고 이들을 교화시키기 위한 것이었다. 이 제도도 원나라의 사학 제도를 발전시킨 것이다.

이 외에도 사학(私學)으로 서원이 있었다. 원나라에서는 관학에 다니지 않아도 과거를 볼 수 있었지만, 명나라에서는 관학에 다니지 않으면 과거를 볼 수 없었다. 이런 이유로 명 개국 이후 130여 년간 서원

59_구자억, 『중국교육사』, 책사랑, 1999, 155-156쪽.

은 침체기에 있다가, 무종(武宗: 재위 1505~1521) 때에 다시 부흥하기 시작해 세종(世宗: 재위1521~1566) 때 홍성했다. 서원이 다시 일어난 것은, 왕수인(王守仁: 1472~1528)의 심학(心學), 즉 양명학이 크게 일어났기 때문이다. 그러나 결국 1537년부터 네 차례에 걸쳐 서원이 철폐되면서 사학이 크게 위축되었다. 특히 네 번째 훼철은 동림당(東林黨)에 대한 엄당(閹黨)의 정치적 보복이었다.

학교를 전국적으로 체계적으로 설치한 것은 물론 백성을 교화하고 훌륭한 인재를 얻기 위해서였다. 명은 학교 보급이라는 측면에서는 전대에 없는 큰 업적을 남겼다. 하지만 그 실상을 들여다보면 긍정적으로만 평가할 수도 없는 상황이다.

인재를 선발하는 과거 시험에는 반드시 학교 교육을 받은 사람만이 참여할 수 있었다. 학교 교육을 통해 그들만이 원하는 인재상을 만들어 냈고, 또 그런 사람만을 뽑을 수 있었다. 명은 더 나아가 일련의 조치를 취해 사상 통제를 강화했다. 그 당시의 대학은 요즘처럼 진리를 탐구하는 상아탑이 아니었던 것이다.

명 태조는 『오경대전』(五經大全)과 『성리대전』(性理大全)을 편찬하게 하고 이를 전국 학교에서 교재로 사용하도록 했다. 그렇지만 동시에 유학의 핵심 서적이었던 『맹자』는 제외시켰다. 『맹자』에는 만일 군왕이 자신의 직무를 다하지 못하면 천명을 받아 폐위시킬 수 있다는 역성혁명(易姓革命) 사상이 들어 있기 때문이다. 이것은 맹자 철학의 핵심 사상 가운데 하나였다. 태조는 맹자를 공묘(孔廟)에서 축출하기까지 했지만, 결국 1394년에 『맹자』에서 문제가 있다고 판단되는 85곳을 삭제하고 그 나머지를 『맹자절문』(孟子節文)이란 이름으로 편찬하여 교재로 사용하도록 했다. 삭제된 곳은 당연히 시험 문제는 물론 수업 교재가 될 수 없었다. 반쪽짜리 불구『맹자』를 암송했던 것이다. 조선에서는 물론 반쪽짜리가 아닌 온전한『맹자』를 사용했다.

한편 국자감 내에 승건청(繩愆廳)을 만들어 학생들의 언행을 엄격히 단속했다. 여기에 단속된 학생은 태형이나 구금은 물론이고 유배와 심지어 참형까지 당했다. 대표적 예로 조린(趙麟)을 들 수 있다. 학생들은 학교에 세워진 와비문(臥碑文)을 날마다 암송해야 했는데, 조린은 이에 항의하는 글을 붙였다가 체포되어 스승을 모욕했다는 죄명으로 곤장 100대를 맞고 충군(充軍)되었다가 결국 극형에 처해져 국자감 앞에 효시되었고 그 일가는 재산을 몰수당하고 변방 군대에 충원되기까지 했다. 이에 따라 '학생들은 길들여진 어린양처럼 통제된 채 단지 규정에 따라 틀에 박힌 글만 쓰도록'[60] 강요당했다.

이에 더하여 사상 통제를 위해 문장에 대한 검열을 강화했다. 그리고 이로 인해 많은 사람들이 문자로 인해 참형을 당했다. 이것은 학생뿐 아니라 학교의 교관들도 마찬가지였다.[61]

명대의 학교 제도는 전국적으로 체계적으로 보급되어 괄목할 만한 성과를 이루어 냈지만, 그 목적이 진정한 인재를 배양하기 위한 것이 아니라 다분히 국가가 원하는 규격화된 관료를 양성하는 데 있었다. 그리고 이를 위해 감시와 검열은 물론 혹독한 탄압이 있었고, 비교적 자유로운 분위기에서 일어난 서원에 대해서도 대대적인 탄압을 가했다. 이에 따라 학문과 사상의 자유는 크게 위축될 수밖에 없었다.

60_金諍 저, 김효민 역,『중국 과거 문화사』, 동아시아, 2003, 266쪽.

61_구자억,『중국교육사』, 책사랑, 1999, 148-151쪽.

(2) 조선의 학교 제도

조선은 외부의 이민족이 쳐들어와 정권을 교체해 개국한 것이 아니라 내부 지도층의 교체로 인해 개국의 수순을 밟았다. 그러므로 모든 문물제도는 고려의 것을 계승했고 교육제도도 마찬가지였다. 다만 불교가 아닌 유학을 국가 이념으로 채택했다는 점이 달랐다. 조선은 뛰어난 유학자들에 의해 설계되었고 유지되었다. 이미 고려의 최고학부인 성균관은 잡학(기술학)을 제외시키고 유학 위주로 이루어져 있었다. 이제 조선은 이를 바탕으로 통치 이념인 유학을 널리 보급시키고 이를 통해 뛰어난 인재를 얻으면 되었다.

조선의 중앙 관학으로는 최고학부인 성균관과 중등학부인 동학(東學)·서학(西學)·남학(南學)·중학(中學)의 사학(四學: 四部學堂)이 있었다. 지방 관학으로는 향교(鄉校)가 있었다. 그리고 사학(私學)으로 서재(書齋)·서당(書堂)·서사(書舍) 등의 강습소가 있었고, 16세기 이후로 지방의 사족들이 세운 서원(書院)이 있었다.

조선의 성균관은 고려의 성균관을 계승한 것이다. 고려의 성균관은 성조 11년인 992년에 국자감(國子監)이란 이름으로 설치되었는데, 이미 983년에 송나라에서 문선왕묘도(文宣王廟圖)와 제기도(祭器圖), 그리고 72현찬기(賢贊記)를 가지고 온 적이 있다. 즉 992년의 국자감은 기존 신라의 국학(國學)을 계승한 고려의 국학을 당·송의 학교 제도를 참작하여 개편한 것이었다. 국자감의 명칭은 여러 차례 개칭되어 국학(1275년)·성균감(1298년)·성균관(1308년)·국자감(1362년)으로 바뀌었다가 1362년에 성균관으로 최종 변경되었다.

국자감에는 경사육학(京師六學)이라 하여, 유학을 교육하는 국자학(國子學)·태학(太學)·사문학(四門學)과 잡학(기술학)을 교육하는 율학(律

學)·서학(書學)·산학(算學) 등으로 나누어져 있었다. 똑같이 5경과『효경』(孝經)·『논어』(論語) 등을 교육했지만, 부친의 품계에 따라 3품 이상은 국자학, 5품 이상은 태학, 7품 이상은 사문학에 입학했다. 잡학은 8품 이하의 자제와 서인(庶人)이 입학했다. 1298년에 명경학(明經學)을 더 설치해 칠학(七學)으로 편재되었지만, 이름을 성균감·성균관으로 고치면서 점점 유학을 중시했으며, 1389년에는 아예 기술학을 분리하고 유학만을 교육했다. 그리고 잡학을 합쳐서 10학을 설치해 기술학을 담당하도록 했다. 조선의 성균관은 바로 1389년의 성균관을 그대로 계승한 것이다.

조선은 개국 후 개성(開城)에서 한양(漢陽)으로 천도하면서, 성균관을 한양에 다시 건설해 1398년에 문을 열었다. 입학 자격은 우선적으로 소과에 합격해 생원(生員)과 진사(進士)가 된 자들이었다. 만일 정원이 부족하면 다음과 같은 사람들도 입학할 수 있었다. 사학(四學)의 학생들 가운데 15세 이상으로『소학』(小學)과 사서를 완전히 이해해 시험에 통과한 자, 공신과 3품 이상의 자제로『소학』에 통한 자, 문과 및 소과의 초시(한성시와 향시)에 합격한 자, 관리 중 입학을 원하는 자 등이었다.

생원과 진사도 관리가 될 수 있었지만 고관으로 올라갈 수 없었기 때문에 대과인 문과에 합격하기 위해 성균관에 입학했다. 이렇게 입학한 생원과 진사는 상재생(上齋生) 또는 상사생(上舍生)이라고 했고, 사학의 유학(幼學)으로 입학한 사람은 기재생(寄齋生) 또는 하재생(下齋生)이라 했다. 기재생은 다시 승보(陞補)·문음(門蔭)·사량(私糧)으로 나누어진다. 승보기재는 사학에서 진학한 자이고 문음기재는 조상의 공으로 입학한 자인데, 1436년 이후로는 문음도 사학에서『소학』을 배우고 시험을 통과한 다음에 입학하도록 했다. 사량기재는 자신이 먹을 양식을 가지고 와서 기숙하는 학생을 말한다. 다른 학생들이 전액 국비 장학생이라면, 이들은 식비만 자신이 부담하는 장학생이라 할 수 있다.

정원은 생원과 진사 각 100명씩 총 200명이었다. 하지만 이 정원이 다 채워진 적은 많지 않았다. 학생들이 관학보다는 사학(私學)을 선호했으며, 또 권문세가의 자제일수록 일반 사람들과 함께 경쟁하는 것보다는 자신들끼리 공부하기를 바랐기 때문이다. 이런 이유로 사학이 점차 활성화되기 시작했다. 또한 대과 시험을 보려면 300일 이상만 재학하면 된다는 점도 그 한 원인이었다. 과거 시험은 3년마다 시행되었기 때문에 여러 불편을 감수하고 늘 성균관에 있을 필요가 없었다. 그래서 식년시나 비정기적으로 시행되는 별시가 있으면 성균관에 모여 공부했고 시험이 끝나면 다시 흩어지곤 했다. 그래서 정원을 늘 채우기는 어려웠다.

교육 과목은 사서오경이었다. 조선은 개국 초부터 학생들을 사서오경의 구재(九齋)로 나누어서 가르쳤다. 물론 이들은 사서는 물론 오경까지 시험 쳐서 소과에 합격한 이들이다. 사부학당에서도 사서와 오경을 가르쳤다. 따라서 성균관에서의 과정은 더욱 전문화된 연구 과정이라고 할 수 있다. 즉, 먼저 대학재에 들어가 『대학』을 배운다. 이를 다 배우면 성균관에서 예조에 보고하고, 예조에서 관원이 대간 1명을 대동하고 나와서 성균관의 교관과 함께 학생에게 질문해 강론이 정확하고 『대학』 전체의 취지를 잘 알면 논어재로 올렸다. 시험에 통과하지 못하면 통과할 때까지 대학재에 머물러야 했다. 논어재를 통과하면, 맹자재·중용재·예기재·춘추재·시재·서재·역재 등으로 올라간다. 그리고 사서오경에 모두 능통한 학생들의 명부를 만들어 성균관에 비치했다.

사학(四學)에서도 배운 내용을 시험해 통과하면 성균관에 보고했고, 성균관에서 다시 예조로 보고해서 같은 방식으로 시험했다. 지방의 향교에서는 관찰사가 봄가을로 사서오경에 능한 이들을 모아 시험을 치게 하여 통과한 자의 명부를 성균관으로 보냈다. 성균관에서는 전국 학생별로 통과한 경서의 이름을 보관하고 있다가 식년에 이르면 예조에 보고했다. 예조에서는 성균관·한성부·각도 관찰사에게 명해 사서오경에 통한 자들에게 문과 초시를 보게 했다. 따라서 사서오경 가운데 하나라도 통하지 못하면 문과에 응시할 수 없었다.

성균관이 급격하게 쇠락한 것은 10대 임금인 연산군 때였다. 1504년 8월 연산군은 문묘의 위판과 대성전·명륜당·존경각 등의 편액을 떼어 다른 곳에 보관하도록 하고, 성균관을 활터와 연회의 장소로 바꾸어 버렸다. 학생들이 연산군의 폭정에 항의하는 시위를 벌였다고 하여 이들을 모두 내쫓고 놀이터로 만들어 버린 것이다. 비록 연산군은 그 2년 뒤인 1506년 9월에 폐위되었고, 이에 따라 성균관은 옛 모습을 되찾았지만 단 한 번 침체된 학풍은 이후로 다시는 회복되지 못했다. 이로부터 관학은 점차 침체하고 그 대신 사학이 부흥하게 되었다.

성균관의 유생들은 자치 기구로 요즘의 학생회에 해당하는 재회(齋會)가 있었고, 그 회장으로 장의(掌議)를 동·서재 각 1명씩 모두 2명을 두었다. 요즘의 학생회와 다른 점은, 이들이 자체적으로 규정을 정했고 이를 위반한 학생을 징계할 수 있었다는 점이다. 처벌로 식당에 출입하지 못하게 하는 식손(食損)과 퇴학에 해당하는 출재(黜齋)까지 매우 엄격한 규정들이 있었다. 식당에 출입하지 못한다는 것은 출석 점수를 받지 못한다는 뜻이다.

학생 이외의 문제, 즉 정부의 정책이나 조치에 항의할 때는 유생들이 연대 서명한 상소인 유소(儒疏)를 올렸고, 심한 경우는 동맹휴학에 해당하는 공관(空館)을 하기도 했다. 공관을 하면 성균관 관원이 임금의 전지(傳旨)를 전달했고, 그래도 듣지 않으면 예조의 관원이 직접 나와 학생들을 만나 보았다. 면담 결과는 임금에게 즉각 보고되었다.[62]

공관은 권당(捲堂)이라고도 하는데 엄밀하게 말하면 권당은 식당에 가지 않는 것을 말한다. 식당에 가지 않는다는 것은 수업에 출석하지 않겠다는 의미이므로 결국 공관과 비슷한 효과를 가지게 된다. 즉 권당은 수업 거부, 공당은 동맹휴학에 해당했다. 이렇듯 양국의 국립대학 학생들이 엄격한 학교생활을 한 것은 같지만, 조선 성균관 유생들의 학교생활은 명 국자감 감생들의 생활과는 판이하게 달랐던 것이다.

사학(四學)은 동학·서학·남학과 중학이 있다. 원래는 오부학당이었는데, 조선 초에 사부학당으로 되었다가 후에 사학으로 명칭이 변경되었다. 1411년에 송나라의 외학제(外學制)를 본떠서 오부학당제를 만들었지만, 실제로는 북학은 폐지되고 사학만이 남았다. 10세(후에 8세)부터 입학해 15세가 되어『소학』에 통하면 성균관에 입학했다. 정원은 각각 100명이었으며 학당의 학령이나 운영은 성균관에서 총괄하도록 했다. 사학의 학생을 유학(幼學)이라고 불렀다. 수업 과목은『소학』·『효경』, 사서오경,『문공가례집』(文公家禮集)·『초사』(楚辭)·『문선』(文

62_성균관대학교 교사편찬위원회,「태학의 학제 및 시설」,『성균관대학교 600년사』天, 성균관대학교 출판부, 1998, 806쪽. 성균관 학생들의 학교생활과 공관 등의 현실 대응에 대해서는 이민홍,『韓文化의 源流』, 제이앤씨, 2006에서 "III. 한문화와 역대 왕조의 대학 정책" 참조.

選) 등등이었다.

지방 관학인 향교는 고려조에서는 처음에는 3경 10목에만 설치되었다가 1127년에 각 군현에까지 설치하게 되었고 조선 초에 모든 군현으로 확대되었다. 향교는 성균관을 축소해 설치한 학교로 양반뿐만 아니라 일반 양인들까지 입학할 수 있었다. 향교에 입학하면 교생이라고 하는데, 일단 교생이 되면 군역 면제나 과거 시험 등에 있어서 양반들과 똑같은 대우를 받았다. 향교에 양반들의 자제만 입학해야 한다는 주장도 간혹 제기되었지만 받아들여지지 않았다. 입학 정원은 대도호부와 목에는 90명, 도호부에는 70명, 군은 50명, 현은 30명이었다. 군역 대상이 아닌 16세 미만은 정원에 관계없이 학교에서 교육을 받을 수 있었는데, 이들을 동몽(童蒙)이라고 했다.

서원(書院)은 대표적인 사학이다. 서원은 선현에 대한 사묘(祠廟)를 설치하여 제향(祭享)을 하고 유학을 교육했다. 최초의 서원은 1534년에 설립된 백운동서원(白雲洞書院)인데, 1550년에 군왕에게 '소수서원'(紹修書院)이라는 편액을 하사받아 최초의 사액서원(賜額書院)이 되었다. 이후 서원은 급속도로 늘어서 한 도(道)에 80~90개의 서원이 난립하는 상태까지 이르렀다. 결국 국가에서 서원을 몇 차례 철폐해 1872년에는 47개만이 남게 되었다.

서원의 입학 자격은 성균관의 입학 자격에 준했으며 그 교육 수준도 매우 높았다. 서원의 목적은 국가에서 필요한 인재를 기르는 것이었지만, 과거 시험에 합격해 관리가 되는 것은 부차적인 목적이었고 유학의 이념에 맞는 참된 선비를 양성하는 것이 주목적이었다. 조선 후기로 갈수록 강학보다는 선현에 대한 향사(享祀)를 더 중요시하는 경향을 보이기도 했다.

(3) 양국 사신의 학교 방문

대학은 국가의 중요한 교육 기구였기 때문에 종종 외국인들의 관심의 대상이 되기도 했다. 명과 조선의 사신들도 사신으로서의 공식일정이 끝나면 관광을 했는데, 그 주요 관광지 가운데 하나가 바로 대학이었다.

명의 사신은 대부분 환관이었는데, 간혹 중요한 일에 있어서는 조정에서 근무하는 문관 사신을 보내기도 했다. 조선은 전술했듯이 모두문관 사신이며 환관은 이런 일에 관여할 수 없었다. 그러므로 사신들이 문관인 경우는 당연히 문관이기에 앞서 유자였으므로 상대국 대학에 있는 문묘(文廟)를 방문하는 것이 관례였다. 그리고 대학의 학생들을 만나보고 이들과 대화를 나누기도 했고, 또 예물을 주기도 했다.

명의 문관 사신들은 조선의 수도 한양에 머물며 문묘를 알현하고성균관을 방문했는데, 특히 과거제도와 성균관의 학제에 대해 많은 관심을 가졌다. 1457년에 조선으로 온 한림원(翰林院) 수찬(修撰) 진감(陳鑑)과 태상(太常) 박사(博士) 고윤(高閏)은 신선한 생선 두 쟁반과 기장쌀한 쟁반을 선물로 주었다. 그리고 의제(義題)와 시제(詩題)를 내어 유생들에게 제술하게 하고, 다음날 하루 종일 시험지를 채점해 순위를 매기기도 했다.[63] 1488년에 온 명 효종(孝宗)의 스승이자 당상관인 우춘방우서자(右春坊右庶子) 겸한림원시강(兼翰林院侍講) 동월(董越)은 성균관의 학령을 써달라고 요청한 뒤, 이를 읽어보고 감탄하기도 했다.[64]

63_(조선)『세조실록』3년(1457 정축 / 명 天順 1년) 6월 5일(정유).

64_(조선)『성종실록』19년(1488 무신 / 명 弘治 1년) 3월 19일(계미).

성균관을 방문한 사신은 존경을 받기도 했지만 비웃음을 당하기도 했다. 첫 번째 문관 사신인 예겸(倪謙)은 별생각 없이, "많고 많은 선비들이 좌우로 나누어 섰고[濟濟青衿分左右], 빽빽한 푸른 측백나무는 줄을 맞추어 심었네[森森翠柏列成行]"라고 읊었다가 뒤에서 비웃음을 당했다. 이런 조롱을 의식했는지 이후 예겸의 시는 점점 빛을 발하여 결국 문인들의 감탄을 자아내기도 했다.[65]

조선의 사신들도 명의 북경에서 공식 일정이 끝나면 관광을 했다. 사신들이 반드시 찾아갔던 곳은 바로 국자감과 그곳에 있는 문묘였다. 공자의 묘(廟)를 명에는 '선사묘'(先師廟)라고 했고 조선에서는 '문묘'(文廟)라고 했다. 위패도 명에서는 '지성선사공자지위'(至聖先師孔子之位)라고 했고, 조선에서는 '대성지성문성왕'(大成至聖文聖王)이라고 했다. 조선의 사신들은 큰 감회에 젖어 평소 흠모했던 공자를 찾아 선사묘를 알현하고 국자감을 둘러보며 그 규모와 시설에 감탄하곤 했다. 하지만 이런 감흥도 잠시, 불행하게도 많은 사신들이 곧바로 실망하곤 했다.

김일손(金馹孫: 1464~1498)은 1490년(성종 21) 11월부터 다음해 3월까지 사신으로 명에 다녀온 적이 있다. 김일손은 국자감을 방문했는데 불행하게도 국자감의 감생들에게 크게 실망해 돌아왔다. 김일손이 적어 준 시를 보고 감생들이 외국인도 글을 안다고 신기해하며 구경거리로 삼았기 때문이다.

허봉(許篈)은 1574년(선조 7) 8월 20일에 관복을 갖추어 입고 국자감을 방문했는데, 그의 『조천기』(朝天記)에 소상하게 그 당시 국자감의

65_成俔, 「慵齋叢話」, 『詩話叢林』, 아세아문화사, 1973, 41쪽.

모습이 기록되어 있다. 허봉은 선사묘에서 문성왕의 위패와 그곳에 함께 배향된 선현들의 위패, 그리고 영종황제(英宗皇帝)의 어제비(御製碑)의 내용을 기록했으며, 그곳에서 만난 감생들과 나눈 이야기도 자세히 기록하며 많은 관심을 가졌다. 하지만 허봉은 곧 실망하고 말았다. 감생들에게 예물로 붓과 먹 등을 주었는데, 서로 갖겠다고 다투어 빼앗느라 정신이 없었기 때문이다. 허봉은 국자감의 규모와 교육 환경이 매우 뛰어남에도 불구하고, 선생과 학생 모두 학문에 뜻이 없고 관직만을 탐하며, 또 예의와 염치가 없을 정도로 학교가 쇠락했다고 탄식하며 슬퍼했다.[66]

　　명말인 1624년 북경을 방문한 홍익한(洪翼漢)은 해를 넘겨 1월 28일에 국자감의 문묘를 방문했는데, 망국의 어두운 그림자가 그곳에도 드리워져 있었다. 공자와 십철(十哲)의 위패에는 먼지만 뽀얗게 쌓여 있었고 강당과 재사(齋舍)도 텅 비어 있을 뿐이었다.

　　양국의 학생들이 직접 교류하지는 못했지만 과거에 급제해 벼슬을 한 뛰어난 문관들이 상대국의 대학에 대해 많은 관심을 가진 것은 사실이다. 이들의 방문이 이미 성립되어 운영되는 학교 제도에 큰 영향을 줄 수는 없었겠지만 서적이 아닌 사람들끼리 직접 접촉했다는 점만으로도 큰 의미가 있다고 본다. 이런 교류를 통해 서로 같은 문화를 가지고 있다는 동질감을 확인하고, 더 나아가 양국 우호를 다지는 데도 큰 기여를 했으리라 생각한다.

66_許筠, 『朝天記』, 갑술년 8월 20일(신유).

2. 학문과 문예

1) 유학

공자가 창립한 유가 학설은 중국의 서한(西漢) 시대부터 명·청 시대에 이르기까지 줄곧 중국 정통 사상의 지위를 차지했다. 유학은 또한 한반도로 전래된 이후 계속 확장되어 조선의 주요 사상 체계로 자리 잡았다. 유학의 한반도로의 전파는 크게 3단계로 구분해 볼 수 있다. 13세기 이전, 즉 한과 당의 유학에 의해 전파되던 시기이다. 유학과 불교는 한반도의 토속 문화와 자리를 다투면서 아직까지 주요 사상의 지위를 확립하지 못했다. 13세기 이후는 바로 정주이학(程朱理學)의 전파 단계였다. 조선왕조의 숭유억불 정책의 실시로 인해 유학 사상은 조선에서도 차츰 그 지위를 확대해 절대적인 통치 사상으로 자리 잡았다. 본 절에서는 정주이학의 한반도에서의 전파 양상에 대해 집중적으로 살펴보고자 한다.

중국 송대에 정주이학은 유학 사상의 주요 사상으로 자리를 잡았다. 정주이학은 유학의 기본 토대 위에서 불교의 여러 사상을 흡수하여 형성된 하나의 새로운 학술 사상으로, 흔히 "신유학"(新儒學)으로 불린다. 북송 때의 주돈이(周敦頤: 1017~1073)·장재(張載: 1020~1077)·정호(程顥: 1032~1085)·정이(程頤: 1033~1107)는 이학(理學)의 창설자이며, 남송의 주희(朱熹: 1130~1200)는 완정한 이학의 체계를 세워, 이학을 '관학'(官學)이라는 통치 사상의 지위로 확립시켰다. 이 때문에 이학은 주자학(朱子學) 또는 성리학(性理學)으로도 부른다.

한편 성리학의 학설과는 다르게, 남송의 육구연(陸九淵: 1139~1192)

은 심즉리(心即理)를 주장해, 이학의 다른 학파를 성립했다. 이 학파는 명대 때 왕양명(王陽明: 1472~1529)에 의해 계승되어 심학의 체계를 창립했는데, 이 학파는 역사적으로 주자학과 더불어 끊임없는 학술 논쟁을 일으켰다. 사람들은 이 학파를 '심학(心學)·왕학(王學)·양명학(陽明學)'으로 부르고 있다. 그러나 실제로 한반도에 전파된 주류는 바로 주자학이었다.

역사 기록에 의하면 가장 먼저 정주이학을 고려에 수입한 사람은 고려 집현전 학자였던 안향(安珦: 1243~1306)이었다. 1289년 안향이 원(元)에 사신으로 파견되었을 때 원나라 수도(지금의 북경)에서 새로 출판된『주자전서』(朱子全書)를 읽고 공맹 유학의 정통을 계승했다고 한다. 그는 주자의 저작들을 필사하고 주자의 초상을 모사한 후 귀국 후에 성균관에서 주자학을 강의하기 시작했다.

당시 고려는 불학이 흥성하고 유학이 쇠퇴하던 시기였다. 그는 불교를 "집을 떠나면 인륜을 멸시하게 되니 도의를 거스르는 것이다"라고 하며 그 잘못을 비판하고, 학생들에게 "반드시 온전한 일상의 생활로 돌아가야 한다"라고 교육했다. 그리고 "가까운 곳에서 진리를 구해야 한다"는 입장을 취함과 동시에 "성인의 도는 일상의 윤리에서 벗어나지 않는다. 자식된 자는 마땅히 효도하여야 하고 신하된 자는 마땅히 충성하며, 예로써 집안을 다스리고 신으로써 교우하며, 경으로써 수신하고 성으로써 일을 처리해야 한다"라고 말해,[67] '성인의 도'가 바로 '진리'임을 역설했다. 그의 엄청난 노력 덕분에 이미 오랫동안 쇠퇴

67_『高麗史』105권,「安珦列傳」.

했던 고려의 유학은 다시 부흥기를 맞을 수 있었다.

안향의 제자였던 백이정(白頤正)은 원나라 수도에서 십여 년을 머물며 정성을 다해 주자학에 대해 깊이 연구하고, 귀국 후에는 주자학을 이제현(李齊賢: 1288~1367) 등에게 전파했다. 『고려사』(高麗史)에 따르면, "이때 정주이학이 비로소 중국에서 행해졌으나 우리나라에는 아직 미치지 못했다. 이정이 원에 있을 때 이를 배워 우리나라에 들여왔다"[68]라고 했다. 비록 이학이 전파되기는 했지만 고려인들이 완전히 이해한 것은 아니었다. 주자학 전파의 주요 인물 중 하나인 우탁(禹倬: 1262~1342)은 "한 달이 넘도록 문을 걸어 잠그고 깊이 참고하고 궁구하여 생도들을 가르쳤으니, 이학이 이때에 비로소 행하여졌다"[69]라고 했다. 이 외에도 이제현의 장인인 권부(權溥: 1262~1346)는 주희의 『사서집주』(四書集注)를 판각해 학자들에게 제공하는 등 주자학의 초기 전파에 많은 공헌을 했다. 동방 성리학은 권부로부터 성행하게 되었던 것이니, 정주이학의 한반도로의 전파는 안향과 백이정에서 시작해 우탁에서 일어났고 권부에 의해 유행하게 되었다고 할 수 있다.

고려 말, 주자학은 이미 학자들에게 광범위하게 퍼졌다. 성균관은 주자학을 전파하는 중심이었다. 그중 매우 뛰어나고 저명한 주자학자였던 이색(李穡: 1328~1396)은 성균관 대사성을 역임하는 동안 학사를 운영하고 생원을 증가시켰으며, 경학에 정통하고 주자학에 밝은 교관을 뽑아 일시에 주자학의 명유들을 배출했으니, 정몽주(鄭夢周: 1337~

68_『고려사』 106권, 「白文節列傳」.

69_『고려사』 109권, 「禹倬列傳」.

1392)·정도전(鄭道傳: 1342~1398)·권근(權近: 1352~1409) 등의 인물이 바로 그 문하에서 배출되었다. 이 세 사람은 조선 건국 초기 국가의 기틀을 마련하던 시기에 큰 역할을 담당했으니, 주자학의 조선 발전사에 있어서 가장 큰 영향을 미치는 인물들이었다.

그러나 사회 현실의 문제에 대한 관점과 입장이 달랐기 때문에, 고려 말기의 이학가들은 분열되었고 조선 초에 양대 파로 갈라졌다. 정몽주를 대표로 하는 학파는 의리 사상을 근본으로 삼아야 할 것을 강조했다. 특히 '충효'의 의미를 강조하고 강상의 논리를 주장해 고려왕조에 대해 죽음으로써 충성을 다하다가 마침내 조선 태종에 의해 죽임을 당했다. 정몽주의 계승자였던 길재(吉再: 1359~1419) 또한 이런 이유로 평생 벼슬을 하지 않았다. 길재의 학문은 후에 김숙자(金叔滋: 1386~1456)와 김종직(金宗直: 1431~1492)에게 이어졌고, 다시 김굉필(金宏弼: 1454~1504)과 조광조(趙光祖: 1482~1519)에게 전해졌다. 그들은 모두 '의리'를 강조한 이학가(理學家)들이었다. 김굉필과 조광조는 경세치용을 강조하고 권력층의 도리에 어긋난 행동을 비판했지만, 결국 목숨을 잃은 재앙을 불러왔다. 그러나 그들의 사상과 행동은 조선 이학의 융성과 발전에 중요하고도 특별한 영향을 끼쳤다.

또 다른 한 학파는 바로 정도전을 영수로 하고 있다. 그들은 적극적으로 정주이학을 이용해 사회 개혁을 실현하고자 했다. 그는 왕명관(王命觀)과 변화론(變化論) 사상을 더욱 강조해 고려왕조를 대체한 조선왕조의 사상적 근거를 마련하고자 했고, 후에 조선왕조의 개국 공신이 되었다. 조선왕조의 건국 초는 정주이학으로 대내외적인 정책의 이론적 기초를 마련했고, 이는 왕조 건국 후 4일째 날에 확정 실행된 사헌부의 소(疏)를 통해 볼 수 있다. 이 소(疏)는 다음과 같이 모두 10조목을 담고 있다.

1. 기강(紀綱)을 세울 것

2. 상벌(賞罰)에 관한 것

3. 군자(君子)를 가까이하고, 소인(小人)을 멀리할 것

4. 간쟁(諫諍)을 받아들일 것

5. 참언(讒言)을 막을 것

6. 편안함과 욕심(逸欲)을 경계할 것

7. 절검(節儉)을 숭상할 것

8. 환관(宦官)을 배척할 것

9. 승려(僧尼)를 도태시킬 것

10. 궁위(宮闈)를 엄하게 할 것[70]

이 열 가지 조목은 유가의 경전인 『서경』에 근거해 제정한 것으로, 조선왕조가 유가의 이학 사상을 치국과 치민의 강령으로 삼은 기본 정신을 발현하여 보여 준 것이다. 사상 문화의 영역 안에서 정주이학을 크게 강조한 명나라는 조선이 유교를 입국의 정치 강령으로 삼은 것을 크게 환영하면서, 조선왕조에 명나라 황제가 흠정(欽定)한 정주이학의 자료를 집대성해 편찬한 『오경대전』(五經大全)·『사서대전』(四書大全)·『성리대전』(性理大全) 등의 서적을 직접 보내 주었다. 이 서적들은 조선의 교육기관에서 교재로 사용했고 과거 시험의 경의(經義)의 표준이 되었다.

70_『太祖實錄』 卷1, 1年(1392, 明洪武 25年) 7月20日(己亥).

권근도 여말선초의 중요한 이학가이다. 유학의 천명관(天命觀)은 조선왕조의 건국의 이론적 도구로 삼았음을 차치하더라도 그는 주자학의 관점에서 오경을 번역하여 『오경천견록』(五經淺見錄)을 저술했다. 그의 『입학도설』(入學圖說)은 조선 최초의 주자학 입문서였다.

조선왕조가 확립되고 차츰 안정화되자 일부 학파는 정치적으로 기득권적 이익을 취하게 되었고 사회변혁의 사상은 점점 빛을 잃어 갔다. 조선 정치권에 정인지(鄭麟趾)·신숙주(申叔舟)·서거정(徐居正) 등이 훈구파(勳舊派)로 자리 잡게 된다. 그들은 정주이학을 통해 역사 연구를 진행하면서 일정 정도의 성취를 이루어 낸다. 정인지 등은 왕명에 따라 『고려사』를 편찬하면서, 이학의 대의명분(大義名分) 사상을 채용해 세가(世家)에 고려 왕조의 사적을 기술했는데, 이는 '본기'(本紀)는 천자를 칭하며 고려는 제후의 신분으로 명국을 섬기는 것이기에 자연스럽게 '본기'에 기록할 수 없다는 것이었다. 이외에 신숙주 등이 편찬한 『국조보감』(國朝寶鑑) 90권, 서거정 등이 편찬한 『동국보감』(東國寶鑑) 56권도 중국의 편년체 사서의 형식을 모방하면서 주희의 사학 사상의 영향을 받아 저술되었다. 정주이학의 전래에 따라 조선왕조의 학풍도 사장(辭章)과 훈고(訓詁) 중심에서 변화하여 경사(經史) 이론 중심으로 전환되었다.

16세기 이후로 조선 이학은 흥성기에 접어들었다. 조선의 의리파(義理派) 학자들은 몇 차례의 사화를 겪은 후, 현실 정치적으로 유학의 이상적 사상을 포기할 수밖에 없게 되자 은일(隱逸)로 돌아서 정주이학의 이론적 연구를 시작했다. 이때부터 조선에는 많은 이학 사상의 흐름이 형성되기 시작했다. 서경덕(徐敬德: 1489~1546)은 조선 이학의 성숙기의 대표적인 학자로, 그의 '기본체론'(氣本體論)은 중국 장재(張載)의 사상을 이어받아 조선 이학사상 독특한 한 학파를 형성했다. 그러나 서경덕의 학설은 조선의 저명한 주자학자인 이황(李滉: 1501~1570)에게 부정되었다. 이황은 그의 학설은 명나라 학자인 나흠순(羅欽順: 1465~1547)의 설을 수용한 것일 뿐 새로운 것이 없다고 비판했다.

이황(李滉)의 퇴계학과 이이(李珥: 1536~1584)의 율곡학은 조선 이학 발전사에 있어서 가장 높은 두 개의 봉우리이다. 이황은 호가 퇴계(退溪)이며 한국의 주자로 불린다. 그는 주자학 사상의 정수가 되는 1,008편의 서신과 절요를 수집하여 『주자서절요』(朱子書節要)를 편찬했다. 이 서적은 본격적으로 사서(四書)를 읽는 기본적인 단계의 저술로 인정받게 되어, 조선 및 일본의 이학사에 큰 영향을 미치었다. 그는 또한 주자를 종주로 삼고 육양명을 배척하는 사상적 경향에 따라 『송계원명이학통록』(宋季元明理學通錄)을 저술했다. 이황은 주자학을 더욱 풍성하게 발전시키는 데 큰 공헌을 했다. 이는 네 가지 면에서 확인할 수 있다.

1. '이'(理)와 '기'(氣)의 관계에 대한 문제에 있어서, 주희가 이 두 가지는 떨어질 수도 섞이지도 않으나 이가 선이며 기가 후라는 논리적 모순을 해결하여, 이와 기는 "합하여지나 섞이지 않고"[合而不雜] "분리되나 떨어지지 않는다"[分而不離]라고 인식했다.

2. 동(動)과 정(靜)의 문제에 있어, 그는 주희의 "이는 동정을 포함한다[理含動靜]." "이는 동정이 있다[理有動靜]"를 "이는 스스로 동정한다[理自動靜]"로 발전시켰다.

3. 심(心)과 성(性)의 문제에 있어, "사단은 이가 발하여 기가 따르는 것이며[四端理發氣隨], 칠정은 기가 발하고 이가 타는 것[七情氣發理乘]"이라는 개념을 만들어 내었는데, 본체론적 관점에서 정(情)과 이(理)의 관계를 명확히 한 것이다.

4. 지(知)와 행(行)의 관계에서, 그는 주희의 "지가 먼저이고 행이 나중[知先行後]"이라는 것과 "지는 가볍고 행은 무겁다[知輕行重]"라는 학설을 수정하여, 창조적으로 "지와 행은 서로 선후가 되며 서로 경중이 된다[知行互爲先後, 相爲輕重]"는 관점을 제시했다.[71]

이와 같은 이황의 학설을 '퇴계학'(退溪學)이라고 부른다.

이이는 호가 율곡(栗谷)이며, 「천도책」(天道策)과 『성학집요』(聖學輯要) 등의 저술이 있다. 그는 젊은 시절 퇴계학설 중의 '이발기수'(理發氣隨)의 관점에 이의를 제기했다. 그가 보기에 이와 기는 세상의 근본이며 처음부터 끝까지 서로 의존적 관계이다. 그의 학설은 이와 기를 이원론적으로 보는 것이기 때문에 서경덕이나 이황과는 달랐다. 또한 그는 동정(動靜)·심성(心性)·지행(知行) 등의 문제에 있어서도 이학의 각 범주 간의 관계를 확대 발전시켰다. 이런 그의 학설을 '율곡학'(栗谷學)이라 부른다.

퇴계학과 율곡학은 후에 영남학파와 기호학파로 나뉘어 발전되며, 이 두 학파는 이기(理氣)·성정(性情)·지행(知行) 등의 문제를 둘러싼 끊임없는 논쟁을 벌이다가, 후대에 정치적 붕당의 싸움으로 변모하여 마침내 조선의 주자학은 쇠락의 길로 들어섰다.[72]

한·중 양국 주자학 이론의 체계 및 그 발전 과정을 종합해 보면, 양국 모두 덕치(德治)와 민본(民本)과 수신양성(修身養性) 등의 방면을 창도했다는 점은 같으며, '학술적 영향력'과 '가치의 지향성'과 '실제에 힘쓰

71_陳尙腥, 『中韓交流三千年』, 中華書局, 1997, 141쪽.

72_진상성, 『중한교류삼천년』, 중화서국, 1997, 136-142쪽.

고자 했던 정신' 등의 방면에서는 서로가 매우 비슷했음을 알 수 있다.

첫째, 양국에서 주자학은 전통 문화 사상이라는 측면에서 볼 때 매우 선도적인 위치를 점하고 있으며, 이런 점은 조선에서 더욱 확연하게 드러난다. 비록 조선왕조 이전에 중국의 유·불·도를 이미 접했고 여기에 토속 문화의 영향을 받았지만, 정치·경제·문화·윤리 등 각 방면에서 통치적 지위를 시종일관 유지하고 있었던 것은 주자학이었으며, 주자학은 이미 매우 깊숙하게 조선 민족문화의 영혼과 핏속에 젖어 들어 있었다.

둘째, 양국의 주자학자들은 모두가 공자와 맹자가 중시했던 교육의 중요성에 대한 전통을 이어받았다. 유학 교육은 관리 교육의 유일한 내용이었으며, 유학의 대가는 동시에 우수한 교육자였다. 중국 주자학의 시조인 주희 또한 철학가이며 교육가로서의 면모를 가지고 있다. 저술뿐 아니라, 교육 활동에도 매진해 강학 활동을 쉬어 본 적이 없었다. 지방 교육을 정리하고 스스로 학교를 건설하는 것 뿐 아니라, 직접 학규를 제정하고 교과서를 편찬하기에 이르렀다. 백록동서원(白鹿洞書院)이나 악록서원(嶽麓書院) 등과 같이 수많은 서원을 다시 복원하는 데 앞장서 송·명대 이후로 근대에 이르기까지 교육에 있어 매우 중요한 영향을 끼쳤다.[73]

조선 주자학자들 또한 열성적인 교육적 특징을 이어 받았다. 이색과 이이 등은 주희처럼 사상가이자 동시에 걸출한 교육자였다. 그들은 교육의 여러 방면을 발전시키고 개혁하는 데 있어 많은 부분을 주희와

73_方彦壽,『朱熹書院門人考』, 華東師範大學出版社, 2000, 2-8쪽.

같은 사람들의 업적을 본받았다. 이색이 지방 관원으로 재직할 당시 백운동서원(白雲洞書院)에 편액을 하사해 줄 것을 조정에 요청했으며, 지방 교육을 진작하기 위해 『통문사학유지』(通文四學論志)와 『답황거서론백록동규집해』(答黃擧書論白鹿洞規集解) 등을 집필했다. 이이의 교육 저서는 매우 풍부해, 『소아수지』(小兒須知)·『격몽요결』(擊蒙要訣)·『향약해설』(鄕約解說)·『성학집요』(聖學輯要)·『동거계』(同居戒)·『학교규범』(學校規範)·『학교사목』(學校事目) 등이 있다.

셋째, 양국 주자학자들은 유가의 경세치용(經世致用)의 이념과 무실정신(務實精神)을 이어 받았다. 이 또한 주자학의 특징적 이론 중 하나이다. 주자학은 불가의 만리구공(萬理俱空)과 도가의 만리개허(萬理皆虛)를 비판하면서, 동시에 이(理)는 만물의 앞에 있으며 물(物)이 존재한 이후에 음양의 밖이 존재하고 또한 음양의 가운데에 실재의 '이념'(理念)이 존재한다고 주장한다.

주자학이 조선에서 광범위하게 전파될 수 있었던 이유는 바로 그 무실정신에 있었다. 조선 주자학의 특징은 바로 순수한 도덕성을 중시하는 동시에 이상적인 제도와 정치권력의 실현을 추구함을 중시했다는 데 있다. 이런 이유로 실천주의적 색채가 매우 농후하게 나타난다. 그들은 주자학의 이론을 이용해 사회 실천 중 접하게 되는 여러 문제들을 분석하고 해결하려 했으며, 이것이 조선 사회에서 사(士)가 조선이 나아가야 할 바를 입안하고 추진하는 주요 인재들로 취급되어야 한다는 인식에 매우 중요한 연관성을 가지게 되었다. 예를 들어, 조선 개국의 핵심 인물이었던 이색·정몽주·정도전·권근 등은 모두 비교적 큰 영향력을 발휘했던 유학의 권위를 갖추고 있었으며, 그들은 정주이학의 사상에 근거하여 조선왕조의 기본 틀을 계획했고 국가정책의 제정에도 참여했다.

임진왜란 이후 조선왕조 내부에서 훈구파와 사림파의 권력 구조가 대체되면서 주자학의 사회화는 더욱 촉진되었다. 그러나 조선 주자학은 절대 중국 주자학의 단순한 이식이 아니다. 그들은 본국의 문화 전통과 실제 사회의 요구에 기반을 두고 주자학을 선택적으로 수용하고 변화시키며 창신함으로써, 본국의 상황에 가장 적합한 주자학 체계, 즉 성리학을 마련했다. 유학의 발전을 통해 자국의 민족 지혜를 발전시키는 데 큰 공헌을 했다고 할 수 있다.

양국 주자학의 다른 점은 크게 다음과 같은 세 가지를 들 수 있다.

첫째, 중국의 주자학은 봉건사회 후기에 발생되었다. 주자학자들은 기본적으로 통치 계급의 요구에 순응하여 이미 발전되어 성숙한 봉건 통치 질서를 유지하고 보호하는 데 힘을 다했다고 할 수 있다. 때문에 그 출현부터 줄곧 기득권의 이익을 보호하는 역할을 담당했다고 할수 있는데, 주자학의 선구자였던 주돈이와 정호와 정이 등은 하(夏)·은(殷)·주(周) 삼대를 숭상해 전통적인 사회질서를 보호하는 동시에 왕안석의 변법(王安石變法) 등을 반대했다는 것이 그 좋은 예이다. 주희 또한 왕안석의 변법에 대해 비판적 태도를 견지하고 있다.[74]

그러나 주자학이 한반도에 수용될 당시는 봉건사회의 전기에 해당되며, 주자학은 도리어 조선의 지배계급인 사(士) 층이 보수에 맞서 개혁을 주도하는 이론적 무기가 되었다. 따라서 고려 구왕조를 뒤엎고 이성계에 의한 신왕조를 창건하는 변혁의 시기에, 옛 것을 변혁해 새

74_張立文 主編,『中外儒學比較硏究』, 東方出版社, 1998, 154쪽.

로운 질서를 확립하는 데 중요한 역할을 담당했다.

조선 주자학자는 사회 모순에 대한 인식에 있어서도 중국의 주자학자들과 같지 않았다. 이는 농민 봉기를 대하는 태도의 문제에 있어서 확연히 드러난다. 중국 주자학자인 정호와 정이는 "천리를 보존하고 인욕을 제거한다[存天理, 滅人欲]"는 도덕 수양의 목표를 제시했는데, 이는 마음속의 천리를 보존하고 사람의 욕망을 제거한다는 의미이다. 그들은 농민 봉기를 '인욕'이 넘쳐 드러난 결과로 보고 엄하게 토벌해야 한다고 주장했다. 그러나 조선의 이이는 농민 봉기의 원인을 분석할 때 정곡을 찌르고 있다. "적미(赤眉)와 황건(黃巾) 등이 어찌 천성 거스리기를 좋아하는 자이겠는가? 이들은 모두 보통 백성들로서 도탄에 빠진 것을 견뎌 내지 못한 자들일 뿐이다."[75] 이 관점으로 본다면, 조선의 주자학자들은 '백성을 근본으로 삼는[以民爲本]' 사상을 갖추고 있어, 근대 서양의 민주 사상과 실질적인 정신적인 면에서 매우 근접해 있다.

둘째, 양국 주자학은 불교와 도교, 그리고 기타 학파를 대하는 태도에 있어서 매우 뚜렷한 차이를 보이고 있다. 정주이학은 유교·불교·도교 이 세 가지의 융합 산물이다. 중국 주자학은 비록 불교를 반대하지만 그 풍부한 사변의 성과를 매우 잘 수용했기 때문에 그 이론에 있어서는 절대적으로 부정할 수 없었다. 예를 들어, 주희는 불교의 문제점을 "그들은 군신과 부자를 모두 허망하고 쓸모없는 것으로 보고 있다"[76]라고 했다.

75_李珥,「諫院陳時事疏」,『栗穀全書』3권. 張立文 主編,『中外儒學比較硏究』, 東方出版社, 1998, 154.

도교를 대하는 태도에서도 중국의 주자학은 그 형이상적인 '도'(道)와 그 사유 방식에 있어서 많은 수용을 했다. 중국 송·명 시기 도교는 주자학의 강성으로 인해 치명적인 재난을 입지는 않았다. 마찬가지로 주자학은 당시의 다른 학파에서도 비판과 겸용의 태도를 수용했다.

송·원·명·청의 긴 역사적 시간 속에서 주자학이 줄곧 의식 형태의 통치적 지위를 유지했지만, 진량(陳亮)을 대표로 하는 영강학파(永康學派)나, 엽적(葉適)을 대표로 하는 영가학파(永嘉學派), 육구연(陸九淵)과 왕양명(王陽明)으로 대표되는 심학(心學) 등의 학파들이 병존하면서, 한 쪽이 잦아들면 다른 한 쪽이 일어나면서 교대로 서로 발전했다. 각 학파들은 학술적인 측면에서는 많은 충돌이 있었으나 정치적인 측면으로까지 상승하여 당쟁으로 격화되지는 않았다.

이이 비해 조선의 주자학은 불교와 도교에 대해 근본적으로 부정했다. 예를 들어, 여말선초의 저명한 성리학자인 정도전은 주자학을 전파하고 발전시키기 위해 힘을 다해 불교를 배척했다. 고려 귀족 문화 사상의 지주였던 불교에 대해 전대에 없었던 비판과 청산을 시도한 것이다. 정도전은 『불씨잡변』(佛氏雜辨)을 저술해, '윤회'(輪回)로부터 '인과(因果)·심성(心性)·시비(是非)·훼기(毁棄)·진가(眞假)·화복(禍福)·이동(異同)' 등 19개 방면에 대해 불경의 폐단과 위해를 하나하나 조목조목 비판했다.[77] 그의 행동은 당시 주자학자들에 의해 높이 평가되어, "(정도전)은 공맹정주의 도학을 널리 떨쳐 불교의 오랜 허황된 유혹을

76_黎靖德 編, 王星賢 點校, 『朱子語類』6, 中華書局, 1988, 2367쪽.

77_韓國哲學會編, 『韓國哲學史』中, 社會科學文獻出版社, 1996, 106-111쪽.

깨치고 삼한이 천고의 미혹됨에서 벗어나게 했다. 이단을 배척하고 사설(邪說)을 멈추게 하고, 천리를 밝히고 인심을 바로 잡았으니, 우리 동방에 진정한 유자는 이 한 사람일 뿐이다"[78]라고 했다. 이를 통해 볼 때, 조선 주자학자들은 불교를 이단사설로 인식하고 있었으니 반드시 사지에 몰아넣어야 마음이 흡족해지는 것이었다.

조선에서 도교의 상황은 불교와 비교할 수도 없을 정도였다. 도교는 시작부터 불교의 배척에 직면했고, 후에 주자학 또한 비판적인 안목으로만 도교를 바라보았기 때문에, 도교는 조선에서 한 번도 좋은 발전의 기회를 가진 적이 없었다. 조선의 주자학자들은 다른 학파들에 대해서도 계속해 배척과 탄압의 태도를 유지했다.

1558년 양명학이 막 조선에 전래되었을 때에도 이황과 그의 문인들에게 비판을 받았다. 이황은 직접 『전습록론변』(傳習錄論辯)을 저술해 왕수인의 심학에 대해 비판했다. 임진왜란에 참전했던 명나라 관인 송응성(宋應星)과 원황(袁黃) 등이 이미 양명학을 소개하면서 조선에도 이 학설이 받아들여지기를 희망했지만 여전히 배척을 받았다. 이후 양명학은 조선의 정계와 학계 양쪽으로부터 모두 이단으로 취급되어 몇몇 사람들에 의해 가학(家學)으로만 전파되었다. 주자학만이 홀로 출중한 조선시대에 여타의 학문은 모두 다 자유로운 발전의 기회를 가질 수 없었다.

양국의 주자학자들은 다른 학파에 대해 전혀 다른 태도를 가지고 있었는데, 이것은 바로 양국 학자들이 학문을 대하는 자세가 달랐기

78_張立文 主編, 『中外儒學比較研究』, 東方出版社, 1998, 155쪽.

때문이다. 이런 생각의 차이는 결국 양국 주자학이 그 생성의 역사적 배경, 사회문제에 대한 인식의 차이, 정치적 목적의 차이 등으로 인해 발생한 것이라 할 수 있다.

2) 어학

중국어와 한국어는 완전히 다른 두 계통의 언어이다. 한자는 중국어를 기록하는 도구이며, 동시에 중국 문화를 전파하는 도구로 적어도 중국 전국 시기에 이미 한반도에 유입되었다. 한국에서 출토되는 중국 전국 시대 화폐의 명문(銘文)은 이를 증명하고 있다.

한반도의 고구려는 가장 먼저 한자를 사용하기 시작해 통치자는 이미 한문으로 시를 지어 감정을 표현했다. 기원전 17년 유리왕이 지은 황조가는 다음과 같다. "훨훨 나는 저 꾀꼬리, 암수 서로 정답구나, 나만 홀로 됨을 생각하니, 누구와 함께 돌아갈고?"[(翩翩黃鳥, 雌雄相依. 念我之獨, 誰其與歸)]라는 시에서 유리왕은 왕비 치희에 대한 깊은 사모의 정을 표현하고 있다.

『삼국사기』에 따르면, 백제의 최초의 사서인 『서기』(書記)는 한자를 이용해 만들어졌다고 한다. 신라는 고구려나 백제보다는 비교적 늦게 한자를 사용했다. "신라"(新羅)의 함의는 곧, "신(新)은 덕업이 날마다 새로워짐이며, 라(羅)는 사방을 망라한다[新者, 德業日新, 羅者, 網羅四方]"는 뜻이다." 이 구절로 신라라는 명칭이 한자의 자의에 근거해 형성된 것임을 알 수 있다. 통일신라 시대에 문서의 필요성이 크게 대두되어 한자어가 대량 유입됨에 따라 신라 신문왕(神文王: ?~691) 때 설총(薛聰)이 한자의 음과 뜻을 차용해 한민족의 언어를 표기하는 이두법을 발전시켜, 한반도 국가의 정치·문화생활에 매우 중요한 영향을 끼쳤으니, 이는 양국 문화 교류사에서 하나의 큰 사건이었다. 그러나 이두법은 일정한 한계를 가지고 있었기 때문에 보급에 어려움이 있었다.

15세기 중엽 조선왕조 시대에 문자 문제는 날마다 조선 문화와 경제 발전의 질곡이 되어 갔다. 조선 세종은 한자와 한민족의 언어가 일치되지 않은 문제를 해결해 일반 백성들이 자신의 말을 기록할 수 있는 문자를 갖도록 하기 위해, 집현전 학자 정인지·최항·신숙주·성삼문·박팽년 등과 함께 조선어를 기록하는 문자를 만들어 낼 수 있다는 희망 아래 조선어 음과 중국어 음을 연구하기 시작했다. 중국 음운학의 성과를 충분히 흡수하고 한자의 어음을 정확히 기록하는 표기를 마련한 후, 세종은 신숙주 등을 13차례나 요동 지방으로 파견해 그곳에서 귀양살이하던 명나라 한림원 학사 황찬(黃瓚)에게 음운학을 가르쳐 줄 것을 청했다.

이리하여 1444년, 새로운 형태의 조선 문자 체계를 완성해 공포했으니, 이것이 조선 민족의 독자적인 문자 체계인 훈민정음(訓民正音)이다. 훈민정음은 언문(諺文)이라고도 하는데 조선 민족의 언어 문자 발전사에 한 획을 긋는 대 사건이었다. 훈민정음은 조선 민족의 언어와 문자가 과학적으로 하나로 결합되어 비교적 정확히 다른 나라 언어를 기록할 수 있었을 뿐만 아니라, 필획이 비교적 간단해 쉽게 표기할 수 있었다. 이로써 조선인들에게 본 민족의 언어와 문화를 보존하고 발전하는 데 매우 큰 편리를 제공해 영구한 조선 민족의 문자가 되었다.

훈민정음은 조선과 중국의 언어 문자 교류의 결정체이다. 훈민정음은 중국 음운학의 지식을 두루 취해 음운학을 매우 높은 수준으로 발전시켰다. 그것은 하나의 자모문자로 모음(원음)이 11개, 자음(보음)

이 17개로, 모두 28개 자모로 되어 있으며, 후에 40개의 자모로 확대되었으니, 표의문자인 한자와는 다른 것이었다.

그러나 어음과 구조에서는 한자의 영향을 받았다. 훈민정음은 중국 전통의 음운 분류법을 사용했다. 청(淸)과 탁(濁)으로 기준을 삼았으며, 조선어음을 오음과 두 개의 반음으로 구분했다. 순음(脣音)·치음(齒音)·아음(牙音)·설음(舌音)·후음(喉音)의 구분은 중국의 궁(宮)·상(商)·각(角)·치(徵)·우(羽)와 대응되며, 동시에 중국어 음운에서 1개의 음절을 성모(聲母)·운모(韻母)와 성조(聲調)로 나누는 방법에 근거해 조선어음을 초성과 중성, 종성으로 구분했다. 초성은 중국어 음절 중의 성모 부분에 해당하며, 중성과 종성은 중국어 음절 중의 원음(元音)과 보음(輔音)의 요소에 해당한다.

문자의 서사 방법에 있어서 자음과 모음을 혹은 횡으로 혹은 종으로 결합해 완성하는데, 자형은 한자의 이른바 "상형이면서 고전(古篆)을 따른다"는 방형 자형의 특징을 가지고 있다.

조선 문자의 창제는 중국 서적을 번역하고 정리함에 있어 매우 순조롭게 진행될 수 있도록 했다. 조선은 이로 인해 하나의 새로운 직업, 즉 역통(譯通)을 형성했는데, 번역자는 조선의 문자를 이용해 역외 문화를 소개하여 조선과 주변 국가 간의 문화 교류의 사자(使者) 역할을 했다.

중국어 통역 인재를 양성하기 위해 역대 조선 국왕은 조선인의 중국어 학습에 큰 관심을 가지고 있었다. 조선 태조는 개국 초에 사역원(司譯院)을 설치했다. 사역원에는 중국어·몽골어·일본어·여진어의 사학(四學)을 설치했고, 그중 중국어를 매우 중요하게 생각했다. 1394년 11월, 태조는 또한 사역원의 시험 제도를 상세하게 규정했다. 조선의

『태조실록』에 따르면, 사역원에서 사용했던 교재는 『노걸대』(老乞大)·『박통사』(朴通事)·『전후한서』(前後漢書)·『소학직해』(小學直解)였다.[79] 조선 사역원의 중국어 교육에서 가장 중시한 것은 중국어 발음의 정확성이었다. 그래서 사역원의 학생들도 『홍무정운』(洪武正韻)을 학습해야 했는데, 이는 이 책이 조선인이 중국어 발음을 훈련하는 데 도움이 되기 때문이었다.

그 후 조선왕조는 조선에서 중국어 학습을 하는 데 가장 확실한 방법, 예를 들어 요동으로 보내어 학습하게 하는 것과 같은 방법을 찾아 효과적으로 진행했다. 1434년 2월, 첨지승문원사(僉知承文院事) 이변(李邊)과 이조정랑 김하(金何) 등을 요동으로 파견해 천호 오망(鄔望)과 유진(劉進) 등에게 『직해소학』(直解小學)을 배워 오도록 했다. 이변(1391~1473)은 중국어 학습에 열정을 다했으니, 중국어에 능한 자가 있으면 반드시 찾아가 물었다. 집안사람들과 이야기할 때 항상 중국어를 사용했고 친구들과 만날 때도 먼저 중국어로 말을 하고 난 후에 본국의 말을 사용했다고 할 정도였다.

1488년 조선의 성절사 채수(蔡壽)는 요동에서 관직을 버리고 한거하던 진사 소규(邵奎)가 재덕이 높고 통하지 못한 곳이 없다고 여겨, 성종이 마침내 신숙주의 예에 따라 채수·이창신·권오복(權五福) 등을 소규에게 보내어 『직해소학』(直解小學)을 번역하도록 했다.[80] 또 사람들을 요동에 파견하여 전문적으로 중국어를 학습하도록 했다. 1587년,

---

79_(조선)『태조실록』3년(1394 갑술 / 명 洪武 27년) 8월 8일(을해).

80_(조선)『성종실록』20년 (1489 기유 / 명 弘治 2년) 12월 6일(기축).

특진관(特進官) 윤근수(尹根壽)가 요동(遼東) 압해관(押解官)이 돌아갈 때, 연소한 문신을 같이 보내어 중국어를 학습하도록 했다.

중국에 입조질정(入朝質正)할 기회를 이용해 중국어를 학습하기도 했다. 조선은 항상 명에 사신을 보낼 때마다 중국어와 중국 문화에 대해 질문하도록 했는데, 이것을 입조질정이라고 한다. 한편으론 전문적인 질정관(質正官) 제도를 두어 사신을 파견할 때 반드시 박문(博文)·상아(詳雅)한 선비로 충원했다.[81] 조선 정부는 중국에 들어가 질정하는 일을 상당히 중시했는데, 중국어에 정통하기 위해서는 "반드시 모름지기 자주 들어가 전심해서 익히고 질정을 해야 통할 수 있다"[82]라고 여겼다. 주량우(朱良佑)는 이로 인해 여러 번 입명 질정관의 신분으로 북경으로 파견되었다.

또한 명나라 사신을 통해 궁금한 사항을 물어보기도 했다. 1450년 1월, 명나라 한림원 시강 예겸(倪謙)과 형과급사중 사마순(司馬恂)이 사신으로 왔다. 세종은 집현전 성삼문(成三問)과 응교 신숙주(申叔舟), 봉례랑 손수산(孫壽山)에게 명하여 운서(韻書)를 사신에게 묻게 했다.[83] 1455년 4월에는 예조 정랑 강희맹(姜希孟)에게 명하여 명나라 사신에게 예(禮)를 물어보게 했다.[84] 1459년 4월에는 명 사신 진가유(陳嘉猷)가 이르자, 세조는 주문(奏文)의 초고를 보여 주고 고쳐 줄 것을 요청하

81_(조선)『선조수정실록』 7년(1574 갑술 / 명 萬曆 2년) 11월 1일(신미).

82_(조선)『중종실록』 31년(1536 병신 / 명 嘉靖 15년) 2월 5일(경인).

83_(조선)『세종실록』 32년(1450 경오 / 명 景泰 1년) 윤1월 3일(무신).

84_(조선)『단종실록』 3년(1455 을해 / 명 景泰 6년) 4월 1일(병자).

자 진가유가 몇 글자를 고쳐 주었다고 한다. 박원형(朴元亨)과 김하(金
何)가 말하기를, "우리나라 사대문서의 문자는 예로부터 모황운(毛晃韻)
을 사용합니다. 지금 『홍무정운』(洪武正韻)을 사용하고자 하지만 갑자
기 바꾸기가 어렵습니다"라고 했다. 그러자 진가유는 "글자의 획이 바
르다면 『홍무정운』이 아니어도 무방합니다"[85]라고 했다. 1503년 4월,
김보(金輔)와 이진(李珍)이 조선에 사신으로 왔는데, 사역원의 대신 두
사람이, "사신이 두어 달 머무르니, 배울 만한 사람으로 최세진(崔世
珍)·송평(宋平)·송창(宋昌) 같은 사람을 선택하여 배우게 하면 반드시
모두 정통할 것입니다"라고 청하자 연산군이 이 건의를 받아들였다.[86]

조선은 가능한 모든 기회를 이용해 명나라 사람들에게 중국어를 배
우려고 노력했다. 그리고 조선 본국에서 중국어 인재의 활용을 발전시
켰다. 실제로 1515년 11월, 영의정 유순(柳洵)은 문신 가운데 나이 젊고
침착하며 성질과 도량이 서로 합당한 자를 선택해 최세진과 함께 중국
어를 학습시킬 것을 건의하자 중종은 이를 받아들였다.[87] 최세진(崔世珍:
1468~1542)은 중국어에 정통한 조선의 저명한 언어학자로, 중국어와 중
국 문화에 대한 수준이 매우 높아 일찍이 어떠한 준비도 미처 이루어지
지 않은 상황에서도 명조 예부의 공문과 명나라 무종(武宗) 조서 중, 의
문 나는 어휘들에 대해 하나하나 정확한 해석을 진행해 "거의 일천 가지
나 되는 일을 최세진이 하나하나 해석하면서 읽었다"라고 했으니,[88] 그

85_(조선)『세조실록』5년(1459 기묘 / 명 天順 3년) 4월 11일(임술).

86_(조선)『연산군일기』9년(1503 계해/ 명 弘治 16년) 5월 8일(계유).

87_(조선)『중종실록』10년(1515 을해 / 명 正德 10년) 11월 14일(병신).

가 중국어 교사가 되는 데 아무런 어려움이 없었음을 알 수 있다.

이외에 조선은 평양과 의주에 문적으로 번역을 학습할 수 있는 기관인 역학훈도(譯學訓導)를 설치했다. 통역을 할 수 있는 사람이 매우 적었기 때문에 양국의 사신이 왕래하는 길목인 의주에 역학훈도를 증설해 학생들에게 중국어와 한문을 학습하도록 한 것이다. "본 주(州)와 인근 각 고을의 자원하는 생도를 모아서 한문과 중국어를 가르쳤다"[89]는 기록에서도 이를 확인할 수 있다.

조선은 또한 조선에 오는 중국인들을 이용해 중국어와 중국 문화를 학습했다. 명대에는 중국인들 가운데 조선으로 흘러들어 오는 사람들이 많았다. 조선은 수단과 방법을 가리지 않고 그중 학문을 한 사람들을 남겨서 조선인들에게 중국어를 가르치도록 했다. 1437년(조선 세종 19년, 명 정통 2년), 원래 요동 철령위군(鐵嶺衛軍)이었던 이상(李相)은 "문자를 자못 알고 어음이 순정(純正)"했는데, 조선에 유랑하다가 남아서 어음(語音)을 가르치게 되었다. 이후 조선의 승문원은 "이문(吏文)을 배우는 생도로서 문리(文理)에 밝게 통하는 자를 골라 매일 이상에게 가서 『지정조격』(至正條格)과 『대원통제』(大元通制) 등을 배우게 하고, 본원 관원 두세 명을 차례로 보내 이문을 질문하게 하고 또 강습생 여섯 사람을 보내 글을 읽게 하소서"라고 청했다. 다음해 2월, 조선은 이상에게 "승문원 박사(承文院博士)를 겸하게 하고, 의복·갓·신·모대(帽帶)·안마(鞍馬)·노비·집 등을 주어 사역원 주부(司譯院主簿) 장준(張俊)의 딸에

88_ (조선) 『중종실록』 16년(1521 올해 / 명 正德 16년) 7월 6일(을묘).

89_ (조선) 『세종실록』 10년(1428 무신 / 명 宣德 3년) 12월 9일(병술).

게 장가들였다"[90]라고 했으니, 은총을 모두 베풀었다고 할 수 있다.

1423년 망명한 명나라 사람 장청(張淸)은 초서에 능하고 독서량이 많은 유인(儒人)이었는데 고향에 돌아가기를 희망했으나 조선에서는 "그 자산(資産)과 양곡을 후히 주고 노비를 주며, 아내를 얻게 하고 벼슬을 제수"하는 방식을 사용해 조선에 영구히 머물러 있기를 바랐다.[91] 조선에서는 현자를 애타게 찾아서 인재를 모집하는 데 모든 수단을 동원했다. 이런 것으로써 조선이 중국어와 중국 문화의 학습에 대한 절박한 심정을 알 수 있으며, 이는 당시 조선인 중에 중국어 인재가 절대적으로 부족했던 상황을 반영한 것이다.

조선은 과거 시험에 역과(譯科)를 설치하고, 당시에 유행하던 중국어 교재였던 『노걸대』와 『박통사』를 암송하도록 했다. 『노걸대』와 『박통사』는 고려 시대의 중국어 교과서로, 이 책의 출현은 조선인의 중국어 학습에 매우 큰 의의를 지닌다. 이 두 책이 채용한 것은 당시의 순정한 북경 구어이며 내용은 당시 사람들의 실제 생활이었으니, 이는 요즘의 중국어 교재와 그리 다르지 않다. 조선인들은 이전에는 유가의 경전과 중국의 시문을 중심으로 학습 교재로 사용했으나 그 학습 효과는 미미했다. 이 두 책의 출현은 조선인이 중국어 학습의 인식에 있어 질적인 비약이 있었음을 설명해 준다.

1434년 6월, 조선은 『노걸대』와 『박통사』를 다시 간행했다. 중종 때 최세진은 이 두 책의 언해본 곧, 『번역노걸대』와 『박통사언해』를

90_(조선)『세종실록』 24년(1442 임술 / 명 正統 7년) 2월 30일(신유).

91_(조선)『세종실록』 5년(1423 계묘 / 명 永樂 21년) 12월 27일(임신).

제작했다. 이른바 '언해'라는 것은 한자 발음을 표기하기 위해 전통적으로 사용하던 반절법 대신 『훈민정음』을 사용한 것으로, 조선인들의 중국어 학습을 편리하게 했다. 1483년 9월 명나라 사신단 중 방귀화(房貴和)와 갈귀응(葛貴應)은 조선의 청으로 이 두 책을 교정했다. 1444년 9월 세종은 다시 최항·박팽년·신숙주·성삼문 등에게 계속 명하여 원대의 운서인 『운회』(韻會)를 조선말로 번역하도록 하고, 『홍무정운역훈』(洪武正韻譯訓)이라고 제목을 붙였다.

1449년 중국어 학습이 편리하도록 조선 학자들은 다시 『홍무정운』의 형식을 이용해 『동국정운』을 편찬했다. 『동국정운』은 "사성(四聲)으로 조절하여 91운(韻)과 23자모(字母)를 정하여서 어제(御製)하신 『훈민정음』으로 그 음을 정"[92]한 것이다. 이 책은 조선의 한자 독음을 기준으로 삼아 양국의 언어 문자 간의 소통이 편리하도록 했다. 조선은 이 외에도 적지 않은 중국어와 조선의 대역사전을 편찬했는데, 1487년 『역어지남』(譯語指南), 1690년 『역어류해』(譯語類解), 1748년 『동문류해』(東文類解), 1775년 『역어류해보』(譯語類解補), 1778년 『방언집석』(方言集釋) 등이 있다.[93]

『노걸대』와 『박통사』 이외에 한문과 중국어 교재로 꼭 언급해야 할 것으로 이변(李邊)이 편찬한 한문 소설인 『훈세평화』(訓世評話)이다. 1473년 한학의 대가인 이변(李邊: 1391~1473)은 82세의 고령으로 『훈세평화』라는 한문 소설을 완성했다. 이변은 『맹자』(孟子)·『사기』(史記)·

92_(조선) 『세종실록』 29년(1447 정묘 / 명 正統 12년) 9월 29일(무오).

93_진상성, 『중한교류삼천년』, 중화서국, 1997, 129쪽.

『열자』(列子)·『후한서』(後漢書)·『유명록』(幽冥錄)·『고금인물지략』(古今人物志略)·『삼국지』(三國志)·『진서』(晉書)·『수신기』(搜神記)·『수신후기』(搜神後記)·『남옹주기』(南雍州記)·『속수기문』(涑水紀聞)·『광이기』(廣異記)·『하동기』(河東記)·『소림』(笑林)·『전등신화』(剪燈新話)·『경계록』(儆戒錄)·『학림옥로』(鶴林玉露)·『환원기』(還冤記) 등 20여 종의 중국 고대 전적과 조선 세종 때 간행된『삼강행실록』(三綱行實錄)과 영조 때 번역된『여범』(女範)의 조문본(朝文本)에서 모으고 발췌해 편집한 60여 개의 고사와 조선 민간의 고사 가운데 채집한 5개를 모아 모두 65개로 구성하고, 당시의 중국어로 이름을 '평화'(評話)로 고쳐『훈세평화』로 이름했다. 조선인들은 이를 한문과 중국어 교육의 교재로 삼았다. 이 것은 조선과 중국의 문화 교류사와 조선 소설사에서 모두 큰 사건이었다. 1473년, 성종은 활자로 간행하도록 명령했고, 1480년에 다시 출판을 명했다. 1518년 이유의 외증손 윤희인(尹希仁)이 강원도 관찰사 겸 병마수군절도사로 부임했을 때 목각판으로 출판했다.

책의 내용면에서 볼 때, 한국과 중국의 고대 전적의 일부분을 보존했기 때문에 사료적 가치가 매우 높다. 그러나 이 한문 소설은 조선의 전쟁으로 인해 유실되었다가, 근래 노르웨이 오슬로 대학의 할버 에이프링(Halvor Eifring) 교수가 일본 나고야에서 이 한문 소설을 발견하고 색인을 만들었다. 1997년 여름 프랑스 국가과학원에서 중국 고대 소설을 연구하던 화교 학자 진경호(陳慶浩)가 한국을 방문해 이 소식을 한국 선문대학교의 박재연 교수에게 알려주고, 후에 박 교수에게『훈세평화』의 복사본을 보내 주었다. 선문대학교의 번역 문헌 연구소는 가장 빠른 속도로 1997년 10월 박재연 교수의 교점본을 출판했다. 이로써 이번 편저의 한문 소설인『훈세평화』가 바야흐로 국내외 한학 연구자와 소설 연구자에게 알려지게 되었다.

조선 학자들의 중국어 연구는 『훈민정음』의 창제로 인해 멈춘 것이 아니라, 그로 인해 적지 않은 성과를 거둘 수 있었다. 1449년 신숙주와 성삼문이 연구해 번역한 『홍무정운』을 토대로 『사성통고』(四聲通考)를 만들었으며, 1517년 최세진의 『사성통해』(四聲通解)가 세상에 나왔다. 최세진의 『사성통해』는 16세기 초기의 중국어 발음에 대한 상세하고도 확실한 기록으로, 책 가운데 '정음(正音)·속음(俗音)·금속음(今俗音)' 등을 기록했다. 그리고 중국 역사상 각기 다른 시기의 운서, 즉 『광운』(廣韻)·『집운』(集韻)·『몽고운략』(蒙古韻略)·『고금운회거요』(古今韻會擧要)·『중원음운』(中原音韻)·『홍무정운』(洪武正韻) 등을 보존했을 뿐만 아니라, 한국 역사상의 운서 즉 『홍무정운역훈』·『사성통고』 등을 보존해, 근대 중국어 연구에 있어 중요한 자료가 된다.

조선 시기는 한문학자와 번역가 인재들이 대량으로 배출되어 그 예를 다 들 수 없다. 신숙주와 최세진 외에도 원민생(元閔生)·이자영(李子瑛)·계장수(契長壽)·김청(金聽)·이변(李邊)·김하(金何)·이흥덕(李興德)·김유례(金有禮)·장유성(張有誠)·황중(黃中)·김자정(金自貞)·이창신(李昌臣)·숙해(宿瀣)·안팽수(安彭壽)·주량우(朱良佑)·윤개(尹漑) 등이 있다. 조선의 가장 많은 중국어 인재는 당시 명나라와 빈번하게 교류를 하는 데 필요한 수요를 충족시켜 주었을 뿐만 아니라, 넓은 범위의 중국 문화를 접하고 조선 사회 발전의 원동력이 되며, 조선 한문학 발전을 촉진하여 조선의 문인 학자들은 두말할 필요도 없고 소수의 무장(武將)과 교육의 혜택을 받은 부녀자 또한 중국어를 학습하고 한문에 통달해 시부를 지을 수 있었다.

『훈민정음』이 제정되고 상당히 긴 시간 동안 한자는 여전히 조선의 공식 문자이자 독서가들의 통용 문자였다. 조선왕조의 공식 문헌과 동시기에 창작되었던 대부분의 문학작품과 학술 저작 등은 기본적으로 한자를 사용하고 있었다. 또 이 시기에 하나의 작품 속에 양국의 문자를 병용하는 현상이 나타났는데, 당시 윤선도·성삼문 등 수많은 저명한 문인들의 시집과 『홍길동』·『춘향전』 등과 같은 희극 작품에서 양국 문자를 병용하고 있다. 이 또한 조선 문화의 특색 중 하나이다.

명대(明代) 수백 년간 조선은 사신을 파견해 끊임없이 중국을 방문했고, 특히 임진왜란 이후 조선의 백성들은 전화를 피해 대량으로 중국으로 유입되었다. 그들은 새롭게 제정된 조선 문자를 가지고 중국으로 들어갔으며, 이에 따라 조선 문자도 중국에서 사용되어 중국의 조선족이 보전하고 발전시킨 문화 매체의 하나가 되었다. 그러나 조선 학자들이 중국어와 중국 문화를 학습하고 연구하는 열정과 그로 인해 성취했던 풍부한 성과와 비교해 본다면, 중국학자들이 조선어의 학습과 연구는 매우 엷었으며 성과 또한 비교적 적다고 할 수 있다.

현존하는 최초의 고려어 저작물에 대한 기록은 북송 말년의 손목(孫穆)의 『계림유사』(雞林類事)이다. 손목은 1103년 고려에 사신을 갔었는데 귀국 후 고려의 제도와 풍속과 언어 등을 내용으로 『계림유사』를 완성했다. 이 책의 현존 판본은 원말 도종의(陶宗儀)의 절록본(節錄本)으로, 그 안에는 고려의 제도와 풍속과 관련된 몇 십 항목만이 들어 있는데, 대부분 언어에 관한 내용들이다. 한국에는 고려의 언어에 대해 전문적으로 기록한 서적이 없기 때문에 이 책은 한자를 이용해 고려 언어를 기록한 유일한 자료로서 고려 시대의 언어를 연구하는 데 매우 중요한 가치를 지닌다.

이 외에 명대에 북경에 사이관(四夷館)을 세웠는데, 번역에 종사할 번역 인재를 양성하는 전문 기관이었다. 그러나 청나라 때 편수한 『명사』(明史) 속에서는 사이관에 조선어과가 설립되어 있었다는 기록이 보이지 않는다. 일본과 영국에서 소장하고 있는 명나라 후기에 출판된 『화이역어』(華夷譯語)를 보면 그 안에 '조선역어'(朝鮮譯語)가 있다. 이를 통해 볼 때 늦어도 명나라 후기로부터 시작해 이미 양국 언어의 대역 사전이 출현했고, 조선어 번역 인재를 양성하기 시작했음을 알 수 있다. 청대의 사이관에 조선어 통사 8인을 두었는데 후에 16인으로 증가되었으며, 조선어 번역을 학습하는 학생이 20여 명이었다. 그러나 명·청 시대는 조선어에 대해 음성 대화만을 학습했을 뿐 관련된 연구 저술이 나타나지는 않았다.

3) 천문학

하늘의 별은 사시사철 그 위치가 다르다. 지구가 태양의 주위를 공전하고 태양도 우리 은하 주위를 돌기 때문에 지구에서 바라보는 별의 위치는 매번 다를 수밖에 없다. 하지만 그 변화는 점진적인 것이어서 짧은 인간의 생애로는 큰 변화를 감지하기 어렵다. 다만 하늘의 별자리가 조금씩 움직이며 달라진다는 것은 알고 있었다. 그래서 별자리의 위치를 측정하고 이를 기록했으며 이 기록을 토대로 규칙을 발견하고 미래의 별자리를 예측하려고 했다. 즉 관측과 이를 위한 관측의기, 그리고 미래를 예견하기 위한 역법이 천문학의 주요 영역이 된다. 천문학사를 다룬다면, 여기에 천문 관측 업무를 담당하는 부서와 주요 관원 등도 추가된다.

한국과 중국의 천문학은 매우 오랜 역사와 전통을 가지고 있으며 그 학문적 수준 또한 뛰어났다. 특히 이 두 나라는 세계에서 그 유례를 찾아볼 수 없을 정도로 오래된 천문 관측 기록을 가지고 있다. 중국은 기원전 8세기경부터 천문 관측 기록을 남기기 시작했고, 한국은 기원전 1세기 전부터 남기기 시작했다. 이에 비해 일본은 기원후 7세기경부터 기록을 남겼다. 갈릴레오가 망원경을 발명하기 이전까지의 기록 가운데 약 90%가 이 두 나라의 기록이라 할 정도로 천문 관측 기록에 있어서 한국과 중국은 단연 독보적 위치에 있다.

기록의 양뿐만 아니라 질적인 측면에서도 매우 우수했으니, 이것은 천문도를 통해서 확인할 수 있다. 가장 오래된 천문도는 고구려 평양에서 1세기경에 관측해 제작한 「천상열차분야지도」(天象列次分野之圖)이다. 하지만 서양에서 이에 상응하는 천문도는 1776년에 나온 플램스티드(John Flamsteed : 1646~1719)의 『플램스티드 천구보도』(天球圖譜, Atlas Celeste De Flamsteed)로, 연대가 거의 1700년이나 차이가 난다.[94]

이집트와 그리스·로마의 라틴 천문학은 아랍으로 들어가 이슬람 과학으로 발전했고, 이는 다시 송과 원으로 들어가 발전하다가 명으로 왕조가 바뀌면서 정체되었다. 원나라 시대에는 중국과 이슬람 천문학자의 협력으로 중국 천문학에 많은 발전을 가져왔다.[95] 하지만 이후로 예수회 선교사들이 서양의 천문학 성과를 가져오기까지 큰 발전은 없었던 것으로 보인다. 원의 위대한 천문학자인 곽수경(郭守敬)이 1281년

94_나일성, 『한국천문학사』, 서울대학교출판부, 2000, 58-60쪽.

95_조지프 니덤 저, 김영식 역, 『중국의 과학과 문명: 수학, 하늘과 땅의 과학, 물리학』, 까치, 2000, 100쪽.

에 완성한 수시력(授時曆)이 최고의 성과였다.

곽수경은 이슬람의 천문의기를 모방해 많은 장비를 만들었다. 하지만 명나라 시대로 들어와서는 이슬람의 천문학자들이 여전히 활약했고 또 중국 전통 천문학의 계산을 보완하기 위해 이슬람의 계산법을 사용하기도 했지만 더 이상 중국의 천문학에 영향을 주지는 못했다.[96] 곽수경의 수시력을 명은 '대통력'(大統曆)이라고 이름만 바꾸어서 200여 년간 사용했을 뿐이다.[97] 명에 들어와 천문학 발전이 주춤했던 것은 원나라 때 이미 큰 도약을 했으므로 다음 도약까지는 시간이 필요했기 때문일 것이다. 원이 이룩한 성과는 다시 조선으로 전해졌는데, 당시 조선 세종 대(1418~1450)의 천문학은 이슬람의 성과와 동양 전통의 성과를 흡수해 세계 최고 수준으로 발전했다.

흔히들 한국이 중국의 학문을 많이 받아들여 이를 소화하고 다시 재창조했기 때문에 천문학도 중국을 통해 들어왔다고 생각하기 쉽지만, 사실 본격적으로 중국의 학문이 들어오기 이전부터 한국의 천문학은 독자적으로 발전해 오고 있었다.

한국에는 세계에서 가장 많은 고인돌이 있다. 한국에 있는 고인돌만 5만여 기에 이르는데, 이는 전 세계 고인돌의 2/3에 해당한다. 일본은 규슈 지방에 500여 기, 중국은 요령성에 300여 기, 절강성에 50여 기가 있는데, 이들 지역은 모두 한반도 이웃에 있다. 즉 아시아의 고인

96_야부우치 기요시 저, 전상운 역, 『중국의 과학문명』, 민음사, 1997, 136-141쪽.

97_중국의 천문학에 대해서는, 조지프 니덤, 『중국의 과학과 문명』; 錢偉長의 『중국역사 속의 과학발명』, 전파과학사, 1998(원제는 『我國歷史上的科學發明』, 重慶出版社, 1989) 참조.

돌은 한반도를 중심으로 분포되어 있는 것이다.

그런데 이 고인돌에는 성혈(性穴)이라 불리는 홈이 파여 있고, 홈과 홈이 직선으로 연결되어 있는 경우도 있다. 유럽에 비해 한반도의 고인돌에 새겨진 성혈은 매우 다양한 모습을 하고 있는데, 이 성혈 중에는 북두칠성·남두육성(궁수자리)·심수(전갈자리)·삼수(오리온자리) 등이 자주 보인다. 즉 고인돌에 천문을 관측해서 기록했던 것이다.

고인돌에 주로 나타났던 별자리는 고구려의 고분벽화에서도 등장한다. 고구려의 고분 중 벽화가 있는 것은 90개가 넘는데, 4세기 중엽부터 벽화가 본격적으로 그려진 것으로 보인다. 이에 비해 중국 고분에서 별 그림이 나타나는 것은 6세기 무렵으로 526년에 만들어진 북위(北魏)의 원예묘(元乂墓)가 시초이다. 그러나 원예묘의 별자리는 대부분 장식적인 요소가 강해 북두칠성 이외의 별자리는 확인하기 어렵다. 571년에 만들어진 북제(北齊)의 도귀묘(道貴墓)에는 북두칠성과 남두육성이 그려져 있는데, 이것은 고구려 고분의 영향을 받은 것이다.[98]

별자리는 고구려와 중국의 것이 서로 다르며, 천문도 제작 개념 자체가 아예 다르다. 고구려의 별자리는 고인돌에 주로 새겨졌던 별자리로 중국에서 28수가 성립되기 이전 시기부터 나타난다.[99] 중국에서 28수가 처음으로 확인되는 유물은 하북성 증후을묘(曾侯乙墓)에서 출토된 칠기 상자로 기원전 5세기 후반의 것으로 추정된다. 1세기경에

98_김일권, 「고구려 위진 수당대 고분벽화의 천문성수도 고찰」, 『한국문화』 24, 1999.

99_고구려의 별자리와 벽화에 대해서는 김일권의 『고구려 별자리와 신화』, 사계절출판사, 2008 참조.

평양에서 관측해 만든 「천상열차분야지도」와 같은 우수한 천문도는 그 당시까지도 중국은 물론 전 세계 어디에도 없었다.[100]

현재 우리가 볼 수 있는 천문도로 가장 오래된 것은 「천상열차분야지도」이다. 이 천문도는 1395년인 조선 태조 4년에 돌에 새겨서 만든 것인데 그 원본은 고구려에서 만들어진 것이다. 고구려가 멸망할 때 천문을 새긴 비석이 대동강에 빠져 없어졌는데, 조선이 개국하자 그 인본(印本)을 바치는 자가 있었다. 하지만 너무나 오래된 천문도여서 별의 위치가 맞지 않았다. 그래서 수년을 더 연구해서 옛 천문도를 사용하되 당시 사정에 맞게 일부 수정하여 완성했던 것이다.

지구의 자전축은 25,800년을 주기로 회전하면서 하늘에 원을 그리는데, 이런 현상을 세차운동이라고 한다. 그러므로 천문도에 그려진 별자리의 위치를 북극과 적도의 위치와 비교하면 그 천문도가 그려진 시기를 알 수 있고, 또 별자리를 통해 관측자의 위치도 알 수 있다. 그 결과 이 천문도는 원래 고구려의 수도 평양에서 서기 1세기경의 하늘을 관측해 기록한 것임을 알 수 있었다.

이 「천상열차분야지도」에는 1,467개의 별이 밝기에 따라 크기를 달리하며 그려져 있다. 그리고 그 밝기를 표현한 정확도가 그 이전의 어떤 성도보다도 더 정확했다. 송의 「소송성도」(蘇頌星圖)(1188)나 「순우천문도」(淳祐天文圖)(1247)에는 별이 모두 같은 크기로 표시되어 있다. 또한 중국에는 없는 '종대부'(宗大夫)라는 조선 고유의 별자리도 있다.[101] 즉 기존의 천문도를 베낀 것이 아니라 직접 관측해서 기록했다

100_나일성, 『한국천문학사』, 서울대학교출판부, 2000, 76쪽.

는 증거이다.[102]

이런 몇몇 사실만으로도 한국의 천문학이 그 기원이 유구하며 중국의 천문학과는 다르게 독자적으로 발전해 왔다는 것을 알 수 있다. 물론 중국과 본격적으로 교류하게 되는 중국 당나라 이후에는 중국의 발전된 지식과 기술을 대폭 받아들였다.

조선과 명의 중심 학문인 유교에서는 제왕은 하늘의 명을 대신해 백성을 다스린다고 여기었다. 그러므로 제왕은 하늘의 이치를 이해하기 위해 천문을 관찰했고, 그 관찰 기록을 바탕으로 역법을 연구해 책력을 만들었으며, 이 책력으로 정확한 시간을 알아내어 백성들에게 알려 주는 것을 제왕의 중요한 일로 여겼다. 곧 천문학은 바로 제왕의 학문인 것이다. 그러므로 역대 왕조들은 안정기에 접어들면 너나없이 천문을 연구하기 위해 해당 부서를 만들고 관원을 배치했으며 막대한 예산을 들여 천문 관측 기기나 시설을 만들었다.

이에 비해 서양에서는 국가적 차원이 아니라 개인적 차원에서 천문을 관측하고 연구했다. 따라서 천문 관측 방법이나 자료의 축적 및 그 해석에 있어서 한국과 중국이 유럽을 압도한 것은 당연한 결과라

101_「천상열차분야지도」는 나일성에 의해 1996년에 복원되었다. 「천상열차분야지도」에 대해서는 나일성, 『한국천문학사』, 서울대학교출판부, 2000, 82~88쪽; 박창범, 『하늘에 새긴 우리 역사』, 김영사, 2002, 113-122쪽 참조.

102_조선의 천문도에 대해서는 나일성, 『한국천문학사』, 서울대학교출판부, 2000, 92-103 쪽; 조지프 니덤, 「18세기 한국의 병풍천문도」, 『조선의 서운관』, 살림, 2010, 237-272쪽 참조. 중국의 천문도에 대해서는 조셉 니덤, 『중국의 과학과 문명: 수학, 하늘과 땅의 과학, 물리학』, 까치, 2000, 145~148쪽 참조. 다만 여기서는 조선의 「천상열차분야지도」에 대한 최신 연구 성과가 반영되지 않아, 이에 대한 다소 부정확한 기술이 보인다.

할 것이다.[103]

　명은 원의 뛰어난 천문학적 성과를 계승했다. 하나의 탁월한 도약이 있으면 다음 도약을 위해서는 일정한 시간이 필요한 법이다. 명이 다음 도약을 위해 쉬는 사이에 조선에서 도약이 이루어졌다. 조선의 과학이 그러하듯이 천문학도 세종 시대에 비약적으로 발전했다. 그리고 이 과정에서 수많은 과학 서적이 저술되었다. 짧은 기간 동안 이루어진 괄목할 만한 성과는 물론 명과의 교류에서 이루어진 것이다. 명에 파견된 조선 사신들은 학술 서적을 대대적으로 구입했으며, 이렇게 구입한 서적을 통해 새로운 학문과 기술을 배울 수 있었다.

　세종 3년 신축년(1421)에 남양 부사 윤사웅(尹士雄), 부평 부사 최천구(崔天衢), 동래 관노(官奴) 장영실(蔣永實)을 서운관(書雲觀)으로 불러서 선기옥형(璇璣玉衡) 제도를 토론하여 연구하게 했는데 임금의 뜻에 맞지 않는 것이 없었다. 임금이 크게 기뻐하며, "영실은 비록 지위가 미천하기는 해도 그 민첩한 재주는 따를 자가 없다. 너희들은 중국에 들어가서 각종 천문 기계의 모양을 모두 눈으로 익혀 와서 빨리 만들도록 하라" 했다. 그리고 또 이르기를, "이들이 중국에 들어갈 때 예부에 자문을 보내 『조력학산(造曆學算)』과 각종 천문 서책을 무역하고, 보루각(報漏閣)과 흠경각(欽敬閣)의 혼천의도식(渾天儀圖

103_이러한 과거의 기록을 바탕으로 새로운 시각으로 역사를 이해하는 움직임이 있다. 이태진은 '외계 충격설'(Theory of Terrestrial Impact: 외계에서 날아온 혜성이나 소행성이 지구 대기권에서 공중 폭발하거나 지구와 충돌하는 현상)이 인류의 역사에 어떠한 영향을 미치었는지를 연구해 『새한국사』(까치, 2012)를 저술했다. 이태진은 『조선왕조실록』처럼 자연재해에 대한 치밀한 기록이 있었기 때문에 이런 연구가 가능했다고 밝혔다.

式)을 가져오도록 하라" 하고, 필요한 물품을 많이 주었다.[104]

서운관(書雲觀)은 천문과 기상을 관측하고 역서를 제작하는 일을 맡은 부서인데, 고려 시대에 설치된 것이 조선에도 그대로 이어졌다. 이후 1466년에 관상감(觀象監)으로 이름을 바꾸었다. 조선의 주요 천문학적 성과는 이곳에서 이루어졌다.[105] 서적만으로 천문 기구를 만들어 사용하기에는 많은 한계가 있었으므로, 세종은 천문에 뛰어난 윤사웅·최천구·장영실 등을 명에 보내어 천문 기계를 직접 보고 오도록 한 것이다.

세종은 이후 양각혼의성상도감(兩閣渾儀成象都監)을 설치해 윤사웅에게 감독을 맡기고, 여러 천문 기계들을 만들게 했다. 명에서 직접 기계들을 보았고 또 여러 책을 가져왔지만, 새로운 기계를 모방해 만드는 것은 그리 쉬운 일이 아니었다. 천문 기술은 국가 기밀에 속했기 때문에 비록 명나라에 가서 천문 기계들을 보는 것은 가능했지만 그 기술을 배워 올 수는 없었다. 따라서 이 기계를 다시 만든다는 것은 초보적인 관측부터 다시 시작해 여러 실험을 거쳐야 했으므로 매우 어려운 일이었다.

조선에서 천문 기계를 본격적으로 만들기 시작한 것은 이보다 후대인 1432년이었다. 이때부터 1438년까지 7년 동안 집중적으로 천문

104_『연려실기술 별집』 15권, 「天文典故·瞻星」.

105_서운관에 대해서는 조선 정조 때 성주덕(成周悳)이 지은 『서운관지(書雲觀志)』 참조.
  서운관의 성과에 대해서는 조지프 니덤, 『조선의 서운관』, 살림, 2010 참조.

관측기구를 만들었다. 즉, 1422부터 1432년까지는 각종 천문 기록을 모으고 관측 자료를 다시 측정해 재확인하고 연구하는 일종의 준비 기간이었던 셈이다.

1432년에 천체의 위치를 측정하는 기구인 간의(簡儀)를 만들었다. 간의를 처음 만든 사람은 원나라 곽수경이라고 한다. 곽수경의 간의는 이슬람 지역에서 사용하는 토키텀(Torquetum)을 이용해 보다 간편하고 실용적으로 개선한 것으로 1279년에 완성되었다고 한다. 명에서도 곽수경의 간의를 복원하여서 1437년에 황보중화(皇甫仲和)가 완성했다.

조선의 간의는 지름이 약 1.24미터에 이르러 이동이 불가능했기 때문에 휴대할 수 있는 소간의(小簡儀)를 만들어 사용했다. 소간의는 간의에서 핵심 장치만을 떼어 내어 더욱 간략하게 만든 것이다. 이 외에도 1437년에는 일성정시의(日星定時儀)라는 시계를 만들었는데, 소간의처럼 적도의식 장치만을 떼에 내, 낮에는 해를 측정하고 밤에는 제성(帝星)을 측정해 시간을 알 수 있었다. 즉 소간의 원리를 이용한 전용 시계였다. 이 소간의와 일성정시의는 곽수경의 천문 기구에는 없는 조선의 발명품이다.

1433년 혼천의(渾天儀)를 완성했다. 혼천의는 천체의 운행과 그 위치를 측정하는 기구로, 혼의(渾儀)·선기옥형(璇璣玉衡)이라고도 한다. 삼국시대 이후로 만들어졌을 것으로 추측되지만 기록상으로는 이때가 처음이다. 혼상(渾象)은 지구의처럼 만든 천구의이다. 남극과 북극을 축으로 적도 좌표계를 긋고 여러 별을 그렸다. 이 혼천의와 혼상은 물을 이용해 회전시켰는데, 하루에 한 바퀴를 돌고 1도를 더 돌도록 만들었다.

1434년에는 자격루(自擊漏)를 만들고 이를 설치한 보루각(報漏閣)을 만들었다. 1421년에 명에 가서 보루각과 흠경각을 보고 오도록 했는데, 무려 13년이나 지나서 결실을 본 것이다. 이보다 앞서 1398년에 경루(更漏)라는 물시계를 만들어 사용했었다. 자격루는 물과 구슬을 이용해 시간을 쟀고 매 시마다 나무 인형이 스스로 종을 쳐서[自擊] 시간을 알려주는 장치였다. 시간을 알려주는 3신(神)의 인형이 있는데, 하나는 시(時)를 맡아 종을 치고, 하나는 경(庚)을 맡아 북을 쳤으며, 나머지 하나는 점(点)을 맡아 징을 쳤다고 한다. 또 12신이 자신의 시간이 되면 솟아 올라왔다고 한다. 이 자격루는 천문시계와 비교해도 조금도 오차가 없을 정도로 정교한 장치였다.

조선의 물시계는 중국의 것보다 더 발전된 것이다. 중국은 수수호 (受水壺: 물을 받는 항아리)는 배출구를 통해 하루 4번 가득 찬 물을 빼내고 시간을 재는 잣대를 갈아 끼워야 했는데 가장 큰 문제점은 이 사이에는 시간을 측정할 수 없다는 점이었다. 하지만 조선은 갈오(渴鳥: 사이펀)를 사용해 물을 빼내었고 수수호의 용량도 중국 것보다 4배나 커서, 하루에 한 번만 배수를 하면 되었다. 또 수수호 2개를 설치해서 배수하는 동안에도 시간 측정을 계속할 수 있었다. 그리고 중국 것과 달리 수온의 변화에 따른 유속을 일정하게 유지하기 위해 저수 용량을 크게 하고 수질 관리에 많은 노력을 기울였다. 중국의 물시계는 각(刻: 현대의 15분) 단위 측정이 가능했지만, 조선의 것은 이보다 10배나 더 세분화된 분(分) 단위까지 측정이 가능했다.[106]

이 해에 앙부일구(仰釜日晷)라는 해시계를 만들어서, 10월 2일에 글

106_남문현, 『한국의 물시계』, 건국대학교 출판부, 1995, 240-241쪽.

을 모르는 일반 백성들도 사용할 수 있도록 혜정교와 종묘 앞에 설치했다. 이 해시계는 그림자가 비치는 부분이 평평한 것이 아니라 오목하게 만들어져서 마치 솥과 비슷했고, 시간뿐만 아니라 24절기까지 알 수 있었다. 앙부일구는 서울을 기준으로 한 북극고 37도 20분을 기준으로 만들었는데, 휴대용으로 작게 만들어진 것도 있다. 앙부일구는 곽수경이 고안한 앙의(仰儀)에서 착안해 만든 것이지만 그 원리와 형태가 달랐다. 앙부일구는 시침이 뾰족한 바늘 모양이지만, 앙의는 네모난 판의 중심에 겨자씨만 한 구멍을 뚫었던 것이다. 더군다나 앙의가 제작되었다는 기록은 없다. 또 앙의는 일식과 월식을 측정할 수 있는 탁월한 기구였다지만, 앙부일구에는 이런 기능이 없이 시간 측정만을 위한 대중적인 기구였다.

1438년에는 옥루(玉漏)라는 새로운 물시계를 만들어 흠경각(欽敬閣)에 설치했다. 옥루의 작동 원리에 대해서는 상세한 기록이 없지만 보루각의 자격루와 기본 원리가 같았을 것으로 추측한다. 자격루처럼 시간을 알려주는 인형이 있었는데, 이 외에도 7척 높이의 산을 만들어서, 밤에는 금으로 된 태양이 산속에 있다가 낮이 되면 산 밖으로 나와서 하루에 한 바퀴씩 돌았다. 김돈(金墩)의 흠경각기(欽敬閣記)에 의하면, 중국의 물시계는 모두 사람의 손이 조금씩 필요했지만 이 옥루는 사람의 힘이 전혀 필요 없이 스스로 작동했다고 한다.

자격루와 옥루에서 주목해야 할 부분은 물과 구슬을 이용했다거나 인형이 시각을 알려준다는 점이 아니라 바로 작동 원리이다. 구슬이나 인형은 아랍의 물시계에서 그 전부터 사용되었다. 이 아랍의 기술을 이용해 경과 점까지 측정할 수 있었던 기술, 즉 아날로그를 디지털로 변환하는 기술이 세종의 시대에 개발되었다는 점이다.[107]

1438년에 간의대를 세워 대간의(大簡儀)를 설치했다. 대간의대는 높이 31척(9.5미터), 길이 47척(14.4미터), 넓이 32척(9.8미터)이였다. 이 대간의대 위에 혼천의와 혼상, 규표(圭表) 등의 천문 관측기구를 설치하고 천문을 연구하도록 했다.

조선 세종의 시기에 편찬된 대표적인 천문서로는 이순지(李純之)의 『천문류초』(天文類抄)를 들 수 있다. 상하 두 권으로 이루어져 있는데, 상권에서는 28수와 태미원(太微垣)·자미원(紫微垣)·천시원(天市垣)의 3원의 별자리를 차례대로 소개하고 해설을 붙였으며, 하권에서는 천문과 기상 현상을 재해와 관련지어 설명했다. 이 책은 관상감(觀象監)에서 관원을 선발할 때 쓰는 시험 교재로도 널리 사용된 조선 초기의 대표적인 천문서다.

세종은 천문 관측기구 외에도 조선의 실정에 맞는 역법을 개발하기 위해 노력했다. 1423년 당의 선명력(宣明曆)과 원의 수시력을 연구하라고 지시했다. 이후 1430년에 수시력을 정확하게 계산할 수 있었고, 드디어 『칠정산내편』(七政算內編)과 『칠정산외편』(七政算外編)을 편찬하라고 명했다. 이후 상당한 시간을 거친 끝에 1442년에 이 두 역법서가 완성되어 1444년에 편찬되었다.[108]

『칠정산내편』은 수시력을 연구해 편찬한 것이고 『칠정산외편』은

107_조지프 니덤,『조선의 서운관』, 살림, 2010, 82쪽. 자격루에 대해서는 53~83쪽, 옥루에 대해서는 129~136쪽 참조. 이외 물시계 전반에 대해서는 남문현,『한국의 물시계』, 건국대학교 출판부, 1995 참조.

108_『칠정산내편』의 편찬과 내용에 대해서는 이은희,『칠정산내편의 연구』, 한국학술정보, 2007 참조.

특히 이슬람의 회회력(回回曆)을 연구해 편찬한 것이다. 원나라 때는 이슬람의 천문학자를 초빙해 회회사천감(回回司天監)에서 직무를 보도록 했고 명나라에서도 이를 계승했다. 중국 전통 역법만으로는 일식과 월식을 정확히 예측할 수 없었기 때문에 회회력을 참조했던 것이다. 조선이 참조한 회회력은 아라비아 천문학자인 마사역흑(馬沙亦黑, Mashayihei)이 1384년에 번역해 편찬한 『회회역법』(回回曆法)이다. 명에서도 1477년에 『회회역법』을 참조해 『칠정추보』(七政推步)를 편찬했다.

『칠정산내편』은 수시력처럼 1280년을 동지로 삼고, 1년을 365.2425일로 계산하되, 기준년에서 100년이 지날 때마다 한 해의 길이가 0.0002일이 짧아지도록 했다. 기존의 수시력은 1년을 365.25로 계산했다. 『칠정산외편』에서는 1년의 길이가 365.242193일로 어느 역법보다도 정확했다.

세종 시대 천문학의 발전 양상은 이순지가 쓴 『제가역상집』(諸家曆象集)의 발문을 통해 짐작할 수 있을 것이다. 『제가역상집』은 1445년에 이순지가 세종의 명을 받아 편찬한 것으로 고금의 천문·역법·의상(儀象)·구루(晷漏)에 대해 간략하게 정리한 4권의 책이다. 이순지의 발문으로 세종 시대의 천문학 성과를 대신하기로 한다.

제왕의 정치는 역법과 천문으로 때를 맞추는 것보다 더 중요한 것이 없지만, 우리나라 일관(日官)들이 그 방법에 대해 잘 알지 못한 지가 오래되었다. 계축년(1433) 가을에 우리 전하께서 거룩하신 생각으로 모든 의상(儀象)과 구루(晷漏, 시계) 등의 기계와, 천문과 역법의 서적을 연구하지 않은 것이 없으셨으니, 모두 다 매우 정묘하고 치밀했다.

의상은 대소간의(大小簡儀)·일성정시의(日星定時儀)·혼의(渾儀) 및 혼상(渾

象)이 있다.

구루는 천평일구(天平日晷)·현주일구(懸珠日晷)·정남일구(定南日晷)·앙부일구(仰釜日晷)·대소규표(大小圭表) 및 흠경각루(欽敬閣漏)·보루각루(報漏閣漏)와 행루(行漏) 등이 있다.

천문은 칠정(七政)을 본받아 중외(中外)의 관아에 별의 자리를 배열하여서, 들어가는 별의 북극에 대한 몇 도(度) 몇 분(分)을 다 측정하게 하고, 또 고금의 천문도를 비교·참고하고 직접 측정하여 올바른 것을 취하게 했다. 28수의 도수(度數)·분수(分數)와 12차서의 별의 도수로『수시력(授時曆)』에 따라 수정하고 고쳐서 석판으로 간행했다.

역법에는『대명력(大明曆)』·『수시력(授時曆)』·『회회력(回回曆)』과『통궤(通軌)』·『통경(通徑)』등 여러 책을 비교·교정하여『칠정산내외편(七政算內外編)』을 편찬했다.

그래도 오히려 미진하게 여기어서 또 신에게 명하시길, 천문·역법·의상·구루에 관한 글이 여러 전기(傳記)에 섞여 나온 것들을 찾아내, 중복된 것은 없애고 중요한 것을 취하여 부문을 나누어 모아서 1질로 만들어 열람하기에 편리하게 하라고 하셨다. 진실로 이 책에 따라 이치를 연구하면 예상보다 얻는 것이 많을 것이며, 더욱이 전하께서 하늘을 공경하고 백성에게 힘쓰시는 정사가 극치에 이르지 않은 것이 없음을 알 수 있을 것이다.[109]

불행하게도 세종 시대에 이루어 놓았던 수많은 유물들이 일본의 침략과 약탈로 거의 대부분 파괴되었다. 그리고 그 복원은 무려 200여

109_(조선)『세종실록』27년(1445 을축 / 명 正統 10년) 3월 30일(계묘).

년이 지난 정조 대에서야 가능했다. 그러나 17세기 이후 전래되기 시작한 서양 천문학의 영향으로 과거 전통적인 천문학은 그 힘을 잃기 시작했고, 그 대신 서양의 천문학 성과를 수용해 더욱 새로운 모습으로 발전하기 시작했다.

천문 관측 기계나 정밀한 시계, 역법 계산법 등은 국가 기밀에 속할 정도로 중요한 학문이었기 때문에 쉽게 외부에 전수해 주지 않았다. 조선에서 장영실 등의 뛰어난 과학자를 명에 파견했지만 역시 쉽게 배워 모방할 수 없었던 것도 그런 이유에서였다. 만약 원과 명이 이런 기술을 조선에 전해 주었다면 기술 개발을 위해 그렇게 많은 시간이 소요되지는 않았을 것이다.

세종 시대의 위대한 성과가 모두 훌륭한 군주와 탁월한 과학자들이 있었기 때문만은 아니었다. 이슬람의 발전된 학문이 있었고, 이것을 받아들여 발전시킨 원나라의 학문적 성과가 있었기 때문이다. 문화가 발전하기 위해서는 무엇보다 문화의 '교류'가 중요하다는 사실을 다시 한 번 확인할 수 있을 것이다.

4) 농학

명대는 중국 농업이 가장 발전한 시기였으며, 조선과 중국의 농업 기술이 대규모로 교류되던 시기이기도 했다. 조선 건국 후, 치국에 있어 가장 중요한 것은 본국의 농업 생산을 발전시키는 것이었다. 조선 태종·세종·세조는 농업 경작 기술과 농작물 생산품을 개량하기 위해 경험이 풍부한 중국 농업의 경험을 습득할 것을 제창하며, 중국 원대의 『농상집요』(農桑輯要)를 확산시켰다. 이 책은 주로 농업의 경작·재배·목축·양잠·사육의 기술에 대해 논술했고, 명나라에서도 이미 대량으로 간행된 적이 있다. 이 책은 백성들이 농사의 때를 제대로 알아 생산을 늘리고 품종을 다양화하는 데 중요한 참고가 되었다.

1416년 5월, 조선 태종은 『농상집요』로 지도해 사육 기술을 발전시키도록 하며, "전구서(典廐署)와 예빈시(禮賓寺)에서 기르는 염소·양·당저(唐猪: 중국산 돼지)·기러기·오리·닭 등을 사육하는 쌀과 콩이 너무 많으니, 이제부터 한결같이 『농잠집요』의 법에 의하여 기르라"[110]라고 명하여 가축 사육 기술을 발전시키는 동시에, 적극적으로 명나라의 양잠 기술을 도입해 양잠업을 크게 발전시킴으로써 조선의 농업과 수공업을 진흥하여 그 기초를 단단히 했다.

1415년 12월, 조선은 잠실채방사(蠶室采訪使)를 설치하고, 명나라 누에알을 구해 오도록 했다. 『태종실록』의 기록에는 "이적(李迹)을 채방사(採訪使)로 삼아 가평(加平)의 속현 조종(朝宗)에서 양잠하게 하고, 이사흠(李士欽)을 채방 별감(採訪別監)으로 삼아 양근(楊根)의 속현 미원(迷原)에서 양잠하게 했다"[111]라고 했다. 그 다음해 5월, 이적이 누에친 고치 98석 10두, 생사 22근, 종련(種連) 200장을 바쳤다. 이사흠은 숙견(熟繭) 24석, 생사 10근, 종련 140장을 받쳤다.[112]

이적은 또 "누에치는 이익은 천하 고금이 함께 중하게 여깁니다"라고 하며, 조선에는 누에치는 방법을 몰라 곳곳에서 뽕나무를 베어 버

110_(조선)『태종실록』16년(1416 병신 / 명 永樂 14년) 5월 7일(무술).

111_(조선)『태종실록』15년(1415 을미 / 명 영락 13년) 12월 10일(계유).

112_(조선)『태종실록』16년(1416 병신 / 명 영락 14년) 5월 26일(정사).

160

리니 명을 내려 채벌을 금지해 "누에치는 이로움을 널리 펼치소서"라고 했다.[113]

조선은 잠실(蠶室)을 다시 세우고 전문적인 양잠인들을 파견해 사육을 책임지도록 했다. 그리고 궁녀에게 누에고치에서 실을 뽑도록 명하여 대량의 잠견(蠶繭)과 잠사(蠶絲)를 빠른 시간 동안 수확할 수 있었다. 8월 각 도에 뽕누에를 기르도록 명하여 전국적으로 대대적인 운동이 일어났다. 동시에 조선 예문관대제학 이행이 『농상집요』의 양잠 방법에 따라 친히 양잠을 시도해 일반적인 방법보다 배의 수확을 얻게 되자, 『농상집요양잠방』(農桑輯要養蠶方)을 즉시 간행했다. 조선 조정 또한 백성들이 쉽게 배우게 하기 위해 책 속의 어려운 부분을 절에 따라 주를 달고 양잠을 하는 사람들에게 각종 우대 정책을 시행했으니, 이로써 조선의 양잠 기술은 조선의 전통 농업의 한 부분이 되었다.[114]

양국은 농작물의 종자·농기구·농서, 그리고 농경 방법 등등 여러 방면에서 교류했다. 중국 학술계는 일반적으로 한반도의 벼농사는 중국의 벼농사 기술이 전파된 결과라고 인식하고 있다. 벼농사가 전래된 이후 중국의 여러 철제 농기구, 예를 들어 쇠로 된 낫이나 삽 등과 화경수누(火耕水耨)와 같은 경작법도 한반도로 전래되었다. 조선의 『농사직설』(農事直說)에 기록된 화경수누법과 중국 동남연해지역의 고대 농업 기술은 완전히 동일하다.

양국은 벼농사 재배 기술이 발전함에 따라 서로 볍씨 종자에 대한

113_(조선)『태종실록』16년(1416 병신 / 명 영락 14년) 2월 24일(정해).

114_(조선)『태종실록』17년(1417 정유/ 명 영락 15년) 5월 24일(기유).

정보를 교환하기도 했다. 1423년 8월, 명나라 사신 해수(海壽)가 조선에 사신으로 왔을 때, 조선에 볍씨를 구해 줄 것을 요청하자, 세종은 평안도 감사에게, "지금 사신 해수가 벼 종자를 구하니 올벼 종자 10석과 늦벼 종자 5석을 가려서 미리 의주(義州)에 운반했다가 사신이 돌아갈 때를 기다려서 주도록 하라"라고 했다."[115]

1463년 1월, 조선의 "강이관(講肄官) 노삼(魯參)이 중국의 함지(鹹地: 바닷물이 섞여 짠 땅)에서 경작하는 벼 종자를" 바친 적이 있다."[116] 1479년 3월에는 조선 사신단이 명나라에서 중국 볍씨 20두를 사왔는데, 호조에서 "경기 연해의 여러 고을에서 때맞추어 씨 뿌리게 했다가 그것이 농사짓기에 적당한지를 살펴서 다른 도에 옮겨 심도록 하소서"라고 하자, 성종이 그대로 따랐다.[117] 중국으로부터 들여온 새로운 품종의 볍씨로 육십일도(六十日稻)·심수홍도(深水紅稻)·향자만도(香仔晚稻) 등이 있다.[118]

조선의 면화 또한 중국으로부터 전래된 것이다. 중국 면화가 한반도에 전래된 것은 고려 왕조 시기이며, 전래자는 문익점(文益漸: 1329~1398)이다. 『고려사』에서는 "문익점은 …… 공민왕조에 벼슬을 했는데 자주 정언(正言)에 천거되었다. 원나라에 사신을 갔는데 …… 면화씨를 얻어서 돌아왔다"라고 했다. (조선)『태조실록』에도 이와 비슷한 기록으로 "문익점은 …… 공민왕 경자년(1360)에 과거에 올라 김해부 사록

115_(조선)『세종실록』5년(1423 계묘 / 명 영락 21년) 9월 2일(경진).

116_(조선)『세조실록』9년(1463 계미 / 명 天順 7년) 1월 28일(무오).

117_(조선)『성종실록』10년(1479 기해 / 명 成化 15년) 3월 13일(기사).

118_(조선)『헌종실록』4년(1838 무술 / 청 道光 18년) 6월 10일(기묘).

(金海府司錄)에 임명되었으며, 계묘년에 순유박사(諄諭博士)로써 좌정언(左正言)에 승진되었다. 계품사(計稟使)인 좌시중(左侍中) 이공수(李公遂)의 서장관(書狀官)이 되어 원나라에 갔다가 돌아올 때에 길가에 있는 목면 나무를 보고 그 씨 10여 개를 따서 주머니에 넣어 가져왔다"라고 했다.[119]

문익점은 면화씨를 가지고 고려에 돌아온 후 그의 장인인 정천익(鄭天益)과 함께 씨를 뿌렸다. 『고려사』에는 "문익점이 돌아올 때 목면 씨를 가지고 오는데, 장인 정천익에게 씨를 뿌리도록 했다. 처음에는 재배하는 법을 몰라서 거의 말라죽었고 단지 한 줄기만 살았다. 그 후 3년 만에 드디어 크게 번식시켰으니, 그 씨아와 물레는 모두 다 정천익이 창안한 것이다"라고 했다.[120] 정천익은 면화를 재배하는 데 성공했을 뿐만 아니라, 이후 다시 씨아와 물레 등의 면화 생산 기구를 발명한 것이다. 이후 조선은 온 힘을 다해 면화 재배를 추진해 면화는 조선 남부(특히 전라도)의 주요 생산품의 하나가 되었다.

1396년 면포는 이미 조선의 대외 무역품이 되어 명나라 동북쪽의 여진족에게 수출했고, 1423년에는 일본에 면화를 수출하기 시작했다. 면화의 전래는 조선인의 의복 문제를 해결했다는 점에서 큰 의의가 있다. 조선인은 이때부터 마의(麻衣)를 입고 겨울을 지내던 역사를 종식시킬 수 있었다. 이것은 조선 농업사의 일대 사건이었으며 동시에 양국 농업 교류의 일대 사건이기도 하다. 조선의 유명한 학자인 이이는 문익

119_(조선)『태종실록』 7년(1407 정해 / 명 영락 5년) 6월 13일(정사).

120_『고려사』 111권, 「文益漸列傳」.

점의 공적을 크게 평가해, "신농(神農)이 백성들에게 밭가는 것을 가르쳤고 후직(后稷)이 심는 것을 가르쳤지만, 충선공(문익점)이 우리 백성들에게 옷을 입혔으니 그 큰 공덕은 예전의 배나 되었다"라고 말했다.[121]

조선은 또한 명나라의 흰 기장조[白秬]와 채소의 씨앗을 수입했다. 1431년 9월, 조정은 "전농시(典農寺)에서 바친 중국의 흰 기장조 18석을 호조에 내려서 종자가 끊어지지 않도록 했다"[122]라고 했고, 명나라도 조선에 채소의 씨앗을 보내 주었다. 1521년, 명나라 태감 김의(金義)와 진호(陳浩)가 명나라 수도인 북경에서 조선의 사신 신상(申鏛)에게 여러 채소의 씨앗을 주고, "이것을 태평관에 심고 기다리시오. 만일 심는 법을 모르거든 내가 갈 때까지 기다렸다가 심으시오"[123]라고 부탁한 적도 있었다.

이 시기에 조선은 명나라의 "홍귤나무"[柑子]와 "유자"(柚子)를 들여왔다. 1489년, "내전에서 제주의 당감자(唐柑子)와 유자를 내어 승정원에 내리고 전교하기를, '이 물건을 누가 우리 땅에 적당하지 않다고 하는가? 내가 듣기로, 제주 백성으로 감귤 나무를 가진 자가 있으면 수령이 열매가 열렸는지 안 열렸는지 따지지 않고 가혹하게 징수하기 때문에 백성들이 살 수가 없어서 나무를 베고 뿌리까지 없애는 자까지 있다고 한다. 이것은 해로움만 있고 이로움이 없기 때문이다. 만약 이런 나무를 심는 자가 있으면 그 집에 조세를 면제해 주기도 하고 혹은 상

121_진상성,『중한교류삼천년』, 중화서국, 1997, 92쪽.

122_(조선)『세종실록』13년(1431 신해 / 명 宣德 6년) 9월 11일(임신).

123_(조선)『중종실록』16년(1521 신사 / 명 正德 16년) 1월 24일(정축).

하게 주기도 한다면 백성들이 반드시 나무 심기를 기뻐할 것이다"라고 했다.[124] 이외에도 여러 다른 농작물, 예를 들어 깨[芝麻]·오이[黃瓜]·마늘[大蒜]·수박[西瓜]·옥수수[玉米]·고구마[番薯]·땅콩[花生]·담뱃잎[煙草]·감자[馬鈴薯]·고추[辣椒] 등이 명나라를 통해 조선으로 전래되었다.

조선과 중국의 농기구 방면의 교류 역사 또한 매우 길다. 중국 농기구 중 조선에 전래된 가장 대표적인 것으로 수차(水車)가 있다. 수차는 중국 당나라 때 발명되었다. 1430년 9월 세종은 "우리나라 백성들은 다만 제방에서 물을 받을 줄만 알지 수차로 물을 대는 유익한 방법을 모른다"라 하고, 마침내 호조에 교지를 내려 각도에서 수차를 모방해 만들도록 명했다.[125] 이것은 조선이 이때부터 관개(灌漑)에 도움을 주기 위해 수차를 제조하기 시작했음을 말해 주지만, 이 수차를 만드는 기술이 명나라에서 수입되었다는 것에 대해서는 명확하게 말하지 않았다.

1488년 조선 관원인 최부(崔溥)가 제주도에서 육지로 가던 중 풍랑을 만나 명나라 절강성 태주 임해현에 표류했는데, 농민들이 수차를 이용해 농지를 관개하는 것을 보고 당시 농민 부영(傅榮)에게 수차를 제작하는 기술을 배웠다. 귀국 후 최부는 왕명에 의해 그가 명나라를 기행한 기록인 『표해록』(漂海錄)을 편찬하게 되고 왕명에 의해 명나라 수차를 모방해 제작했다. "듣건대, 최부가 중국에 이르러 수차 제도를 보고 왔다 하니, 정교한 목공에게 최부의 지시를 듣고 수차를 만들어

124_(조선)『성종실록』 20년(1489 기유 / 명 弘治 2년) 2월 24일(임자).

125_(조선)『세종실록』 12년(1430 경술 / 명 宣德 5년) 9월 27일(을축).

올려 보내도록 하라"[126]라는 『성종실록』 기사를 통해 수차의 양식을 알 수 있다. 최부가 모방해 제작한 수차는 명나라 남방 지역에서 유행하던 수차로, 이른바 '용골차'(龍骨車)라 불리던 것이었다. 후에 박지원(朴趾源)이 청조에 연행을 가 여행하던 중 중국 북방의 "수통을 서로 이어서 물을 대는" 수통차(水桶車)를 주목하고, 『열하일기』(熱河日記) 안에 이 수차를 조선에 소개했다.

한국과 중국 농업 교류의 또 하나의 중요한 방식은 농서를 통한 교류였다. 중국은 농업으로 근본을 삼았으며 생산 경험이 풍부해 농서의 종류가 매우 많았다. 중국의 많은 농서는 다양한 경로를 통해 앞을 다투어 한반도로 유입되었다. 가장 먼저 수입된 것은 『사승지서』(氾勝之書)이다. 사승은 중국 한 성제(제위: 기원전 32 ~기원전 7) 때의 사람으로, 이 책은 중국의 첫 번째 농업 저작이기도 하다. 농업과 뽕나무 심기, 과수를 돌보는 방법 등의 농업 기술을 기술했다. 이 책은 송나라 때 이미 유실되었으나 당시 고려 왕조가 『사승지서』 3권을 소장하고 있어서, 1091년 송나라가 고려로부터 필사해 가지고 왔다.

그 후 중국의 『제민요술』(齊民要術)·『농상집요』(農桑輯要)·『농서』(農書)·『농정전서』(農政全書)·『천공개물』(天工開物) 등의 농서가 한반도로 전래되었다. 그중 『제민요술』은 6세기 중국의 유명한 농학가인 가사협(賈思勰)이 전 시대 사람들의 160여 종의 농서를 종합 정리하고 자신과 당시 사람들의 생산 경험을 결합해 만든 것으로, 한반도로 전래된 이후 많은 주목을 받았으며 그중 많은 내용이 『농가집성』(農家集成)

126_(조선)『성종실록』 19년(1488 무신 / 명 홍치 1년) 6월 24일(병진).

과 같은 조선 농서에 인용되었다.

원나라 때 편찬된『농상집요』는 고려에 전래되어, 고려의 농업 생산기술을 한 단계 발전시키는 데 중요한 촉진제 역할을 했다. 조선 건국 후, 1414년 유신들에게 중국의 농업 생산기술을 더욱 확대시키는 데 용이하도록 이두로『농상집요』를 주해할 것을 명했다. 이와 같은 기초 위에서 조선 세종 때 편집된 조선의 첫 번째 농서인『농가집성』과 정초(鄭招)가 본국의 실제 상황에 맞추어 편찬한『농사직설』(農事直說), 강희맹(姜希孟)이 편찬한『사시찬요』(四時纂要) 등이 편찬되었다. 이 서적들은 대부분이 왕정(王禎)의『농서』(農書) 속에 있는 다양한 중국 농학 저서들의 내용을 포괄해서 편성한 것이다.

명대에는 농학 저서들이 대량으로 증가했다. 서광계(徐光啓)가 엮은『농정전서』(農政全書)처럼 종합적 성격을 가진 농서들이 있었으며, 또한 특정 지역의 농업 생산기술을 소개하는 지역적 특성의 농서와 특정 농산물 재배를 소개하는 전문적인 서적, 예를 들어『도품』(稻品)·『감서록』(甘薯錄)과 같은 것들, 전문적으로 병충해를 방지하는 것을 소개하는『포황고』(捕蝗考) 등과 같은 서적들, 전문적으로 구황 때 사용되는『구황본초』(救荒本草)·『야채보』(野菜譜) 등과 같은 서적들이 있었으며 이런 서적 대부분이 조선으로 전래되었다.

특히『농정전서』는 조선 실학가의 많은 관심을 받았는데, 이 책은 중국 전통 농학을 집대성한 저작으로 모두 16권 50여 만자이며, 농본(農本)·전제(田制)·농사(農事)·수리(水利)·농기(農器)·수예(樹藝)·잠상(蠶桑)·종식(種植)·목양(牧養)·제조(制造)·황정(荒政) 등 12항목으로 구성되어 있다. 이 책은 다양한 중국 고대와 명대의 농업 관련 문헌들을 집록했을 뿐만 아니라, 많은 전문적 논설도 포함되어 있다.

예를 들어, 간전(墾田)과 수리(水利)에 있어, 치수(治水)와 치전(治田)의 결합을 주장하고 있다. 이 책은 또한 목화의 재배 기술을 소개하고, 방거(紡車)의 개선 방법과 품종 개량의 방법 등을 소개하고 있어 내용이 해박하며 과학적인 가치가 매우 높다. 조선 실학가인 박지원은 이 책을 읽고서 『천공개물』·『농정전서』는 사람들이 차분히 살피고 궁구해야 할 가치가 있으니 만일 이러하다면 우리나라 백성들이 가난함과 병으로 인해 죽을 일이 없을 것이라 했다.

　『농정전서』를 포함해 이시진의 『본초강목』(本草綱目), 송응성(宋應星)의 『천공개물』(天工開物) 등과 같이 명나라의 기타 농업과 관련된 서적들은 후에 조선 실학가 서유구(徐有榘: 1764~1848)가 편찬한 『임원경제십륙지』(林園經濟十六志)에 인용되는데, 이 책의 『관휴지』(灌畦志)는 『농정전서』 속의 수리 관개 기술을 충실히 싣고 있다.[127]

　중국 전통의 농업 기술은 한반도 농업의 발전과 생산에 절대적 영향력을 미쳤으며, 조선 농서의 시작 또한 기본적으로 중국 농서의 내용에서 옮겨 온 것이다. 그러나 1429년에 만들어진 『농사직설』을 시작으로 조선 농학은 중국 농학에서 벗어나기 시작해 스스로 체계를 완성해 갔다. 오래 기간 동안의 농업 경험으로 인해 조선은 중국의 여러 농서가 조선의 실상과 부합하지 않는다는 사실을 알았다. 예를 들어, 조선 농업에서 고려 시대에 실행했던 휴한법(休閑法)은 고려 말과 조선 초기에 '연작법'(連作法)으로 바뀌게 되는데, 이는 휴한법이 중국 화북 지역에나 적합하다는 것을 알았기 때문이다.

127_진상성, 『중한교류삼천년』, 중화서국, 1997, 92-95쪽.

『농사직설』은 충청·전라·경상 3도를 중심으로 각 지역의 노인들을 방문해 조사한 결과를 엮어서 만든 것으로, "사방의 풍토는 서로 다르므로 심고 가꾸는 방법은 각각 적당한 방법이 있다. 그러니 모두 다 옛 서적과 똑같을 필요는 없다"라고 했다.[128] 조선 농업에 적용되기 위한 농서를 편찬해야만 했다. 『농사직설』은 벼의 재배 기술을 매우 강조하여 그 내용이 3분의 1에 달하고 있어, 15세기 초 벼농사가 이미 조선 농작물의 중심이 되었음을 보여 주고 있다. 이는 현재까지 이어져 지금 한반도의 농작물은 여전히 벼농사 위주로 이루어지고 있다.

1610년 조선의 농서 『한정록』(閑情錄)에는 면화의 재배 방법이 기록되어 있다. 위에서 말한 바와 같이 한반도에 1364년 이미 면화가 수입되었고, 1610년까지 계속하여 농서 중에 구체적으로 면화의 재배 기술 문제를 논하고 있다. 면화 수입에서 이를 재배하는 이론의 형성까지 이미 250년의 역사를 지니고 있으니, 이것이 조선 농서가 기계적으로 중국의 농서를 옮겨온 것이 아니라 본국의 실정에 따라 선택적으로 수용했음을 말해 주는 것이다.

5) 의학

중국은 세계적으로 의학 문화가 비교적 발달한 국가 중의 하나였다. 춘추전국 시대에 이미 『편작내경』(扁鵲內經)과 『황제내경』(黃帝內經) 같이 여러 의학 저작들이 나타나기 시작했는데, 이것은 중국 의학

128_(조선)『세종실록』 11년(1429 기유 / 명 선덕 4년) 5월 16일(신유).

이론의 초보적 형성을 보여 주고 있다. 2천여 년의 발전을 통해 독립적이며 독특한 중의(中醫) 문화를 형성했고, 중의 문화는 한반도에 전래되었으니 그 최초는 기자 시대로 추정할 수 있다. "기자는 5천명을 거느리고 조선으로 들어갔다. 그 시서예악(詩書禮樂)과 의약복서(醫藥葡筮)도 모두 이를 따라서 갔다"[129]라는 말에서, 의약 문화가 포함되어 있는 것을 볼 수 있다.

한반도 삼국시대에는 이미 의학의 발전이 일어났다. 그중 여러 약물이 중국으로 전래되기 시작했다. 남조(南朝) 도홍경(陶弘景)의 『명의별록』(名醫別錄)에는 오미자(五味子)·곤포(昆布)·무의(蕪薑)·관동화(款冬花)·조선계(朝鮮雞)·토사자(菟絲子)·인삼(人蔘) 등 한반도에서 수출한 약물이 기록되어 있다. 그중 백제와 고구려인의 인삼을 비교한 것과 국산 당삼의 냄새와 약성을 비교한 것이 있으니, "백제의 것은 모양이 가늘고 머리가 희며 맛이 상당삼(上堂蔘)보다 약하다. 그 다음은 고구려의 것인데, 모양이 크고 허연(虛軟)하여 백제 것만 못하다"라고 했다. 도홍경은 또한 고구려인들이 조제한 금설(金屑)은 복용할 만하다고 지적한 바 있다. 이는 중국의 영향 속에서 고구려가 이미 연단가(煉丹家)를 배출하고 있었음을 설명해 준다.

고려 시대의 약재는 당시의 송나라로 계속 수출되었다. 고려 문종 시기(1046~1083) 인삼 1천 근 정도가 수입되었다. 그러나 전체적으로 볼 때 송대 의학이 고려로 전래된 것이 주류였다. 의서와 의료 제도 이외에도 송대의 의학 관련 인재들이 고려로 가는 숫자가 명확히 증가한 것

129_韓致奫, 『海東歷史』.

은 주목을 요한다. 의약의 대량 유입은 고려 의학의 발전을 촉진했고, 의학가들은 본국의 의학 경험과 결합해 중국 의학의 정수를 골라내어 김영석(金永錫)의 『제중립효방』(濟衆立效方)(약 1146~1166), 최종준(崔宗峻)의 『어의촬요방(禦醫撮要方)』(1226) 등과 같은 한민족의 의학 서적들을 편찬했다. 원나라에서 간행된 『무원록』(無冤錄)(1308)은 명나라 초기에 고려에 전래되어 이과(吏科)와 율과(律科)의 시험 과목이 되었다.

조선은 조선 의학에 있어 전례 없는 성과를 이룬 시기였다. 의학 연구의 수준과 의약 제도, 의료 기구, 의학 교육 등의 방면에도 모두 큰 발전을 이루어 냈다. 양국의 의학 교류 또한 더욱 빈번해 조선과 중국의 의학가는 서로 왕래하는 풍조가 이루어졌다. 홍무 때부터 명나라 태의는 조선 국왕의 진료를 위해 항상 파견되었다. 홍희(洪熙) 원년(1425)에는 중국의 태의 장본립(張本立)이 조선 세종의 질병을 치료하기 위해 칙령으로 조선에 오기도 했다. 명나라 명의 장경악(張景嶽)도 한반도에서 여러 해 동안 의술 활동을 폈다. 중국 의사들의 의사 윤리는 높고 고상했으며 의술 또한 매우 높아, 마음에는 인애(仁愛)를 품고 있었으며 중의(中醫) 이론이나 의술, 중약 제조 방법 등을 모두 조선의 의사들에게 전수해 주었다.

의술을 배우고자 하는 자는 먼저 『본초강목』을 학습하는 동시에 조선 또한 자질이 훌륭한 조선 의사를 중국에 보내어 살피고 학습하며 의원들에게 약을 물어, 중국의 의사들과 공동으로 의술을 닦아 교류하는 경험을 가지게 하는 것을 엄격히 규정했다. 명나라 영락·선덕 연간에 조선 세종은 여러 차례 전의감정(典醫監正) 노중례(盧仲禮) 등을 중국으로 보내어 중약(中藥)을 물어보게 하고, 중의에게 조선의 약초를 감정해 줄 것을 청하며 약초를 제작하는 방법을 학습하도록 했다. 1423

년 조선 세종은 사신을 보내어 조선과 중국이 서로 다른 '단삼(丹蔘)·시호(柴胡)·독활(獨活)·경삼릉(京三棱)' 등 14종의 약재를 북경으로 보내 중국의 약과 비교하도록 하여 진짜 종자 6종을 새로 얻었다. 그러자 세종은 중국에서 생산되는 것과 품종이 다른 약재를 "오늘 이후로 사용하지 말라"고 명했다.[130]

1430년에 조선의 사신이 다시 본국에서 생산된 약초를 가지고 중국으로 가서 중국 예부에 "명의에게 진가를 판별해 달라"라고 청하자, 예부는 "아뢰어 보낸 태의원 주영중(周永中)과 고문중(高文中) 등이 사신들이 머물고 있는 관에 이르러 판별했는데, 합격한 약재는 10가지이고 …… 알 수 없는 약재는 10가지입니다"라고 했다.[131] 1617년(조선 광해군 9년, 명 만력 45년) 조선은 최순립(崔順立) 등을 중국에 파견해 명나라 태의 부무광(傅懋光) 등에게 의약 문제에 관해 질의하도록 했다.[132] 부무광은 그 질문에 대해 답한 것을 가지고 『의학의문』(醫學疑問)(37조)으로 정리했으니, 그 주된 내용은 약재에 관한 토론으로 약 60여 종의 약재에 대한 것이다.[133] 이 책은 양국 간에 거행된 의약 토론회의 정리본으로 말할 필요도 없이 귀중한 사료적 가치를 가지고 있다.

조선 의학을 발전시키기 위해 조선의 통치자와 의학가들은 중국의 의약학 이론을 학습하는 데 특별히 집중했다. 이로 인해 널리 중국의

130_(조선)『세종실록』5년(1423 계묘 / 명 永樂 21년) 3月 22日(癸卯).

131_(조선)『세종실록』12년(1430 경술 / 명 宣德 5년) 4월 21일(경인).

132_(조선)『광해군일기』9년(1617 정사 / 명 萬曆 45년) 12월 27일(무오).

133_梁永宣,「〈医学疑問〉과 〈答朝鮮醫問〉의 比較研究」,『中國中醫基础醫學雜誌志』, 2001. 7月 2期.

의서와 약전과 의료 기구 등을 구하는 것이 조선 사신과 그 수행 의관들의 중요한 사명 가운데 하나였다. 명나라는 조선 의학의 요구에 따라 최고의 만족을 주기 위해 노력했고 항상 조선에 의서와 의료 기구를 보내 주었다.

1415년 4월, 조선 태종은 오진인(吳眞人)에게 하천추(賀千秋)의 기회를 통해 명나라에 "우리나라는 해외에 머리 떨어져 있는데다가 침구(針灸)의 방서(方書)도 적고, 또 훌륭한 의원도 없습니다. 그래서 병을 앓게 되면 경락도를 살펴 가며 침도 놓고 뜸도 뜨지만, 대부분 효험을 보지 못합니다. 만약 주문(奏聞)에 힘입어 동인(銅人)을 내려 주어 이를 본받아 시행할 수 있다면, 대단히 편리하고 도움이 될 것입니다"라고 제안했다.[134] 명나라는 조선에 침구동인(鍼灸銅人)을 보내 주고, 송대 왕유일(王唯一)의 『동인수혈침구도경』(銅人腧穴針灸圖經)도 함께 보내 주었다.[135] 12월에 조선 태종은 곧 『침구동인경』을 전국에 내려 주도록 명했다.[136]

1433년 조선 의과의 침구 시험 중에 중국의 침구 시험법이 적용되었으니, 곧 먼저 동인의 바깥에 한 층의 납을 칠하고 몸 안에는 물을 가득 채운 후 위에 다시 옷을 입히어서, 침을 찔러 혈자리가 맞으면 물이 바깥으로 흘러나오며, 그렇지 않으면 침이 들어가지 않도록 했다. 중국 침구술은 이때부터 조선에 전파되었다. 16~17세기 조선은 중국의

134_(조선)『태종실록』15년(1415 을미 / 명 영락 13년) 4월 22일(기축).

135_(조선)『태종실록』15년(1415 을미 / 명 영락 13년) 10월 23일(기축).

136_(조선)『태종실록』15년(1415 을미 / 명 영락 13년) 12월 14일(정축).

침구술과 본국의 임상 경험을 종합해 『침구경험방』(針灸經驗方)과 『여암침구결』(餘岩針灸訣) 등의 의학 저작을 편찬했다.[137]

『조선왕조실록』의 관련된 기록을 통해 조선 본국의 의학이 장족의 발전이 있었음을 알 수 있다. 1433년 고려약전인 『향약간역방』(鄕藥簡易方)의 기초 위에서 조선 의관이 증보해 『향약집성방』(鄕藥集成方) 85권을 편찬해 전국적으로 간행했다. 이 책은 "향약방(鄕藥方)에 대해 여러 책에서 빠짐없이 찾아내고 종류를 나누고 더 보태어 한 해가 지나서야 완성되었다. 이에 따라 구증(舊證)은 3백 38가지였는데 이제는 9백 59가지가 되고, 구방(舊方)은 2천 8백 3가지였는데 이제는 1만 7백 6가지가 되었다. 또 침구법(針灸法) 1천 4백 76조와 향약본초(鄕藥本草) 및 포제법(炮製法)을 붙여서 합해 85권을" 만든 것이다.[138] 이 책에서 수집한 처방은 10,700여 조에 이르며, 조선과 중국의 처방의 정화가 하나로 융합해 조선에서 가장 중요하고 가장 상용되는 전통 약전(藥典)이 되었다.

1445년 세종은 다시 집현전 부교리, 의관 김례몽(金禮蒙), 저작랑 유성원(柳誠源), 사도 민보화(閔普和) 등에게 명하여 중국과 조선 양국의 의약 처방을 모아 분류해 편집할 것을 명했고, 그 후 3년의 시간이 흘러 대형 의방 전문서인 『의방유취』(醫方類聚) 365권이 편찬되었다. 양국의 의서 153종을 정리하고 송나라의 『태평성혜방』(太平聖惠方)의 체제를 모방하고, 각 과의 병증에 따라 처방을 분류하고 모아 놓았으니,

---

137_ 진상성, 『중한교류삼천년』, 중화서국, 1997, 100~101쪽.

138_(조선) 『세종실록』 15년(1433 계축 / 명 선덕 8년) 6월 11일(임진).

이것은 임상의학에 있어서 매우 큰 가르침의 역할을 했다는 데 큰 의의가 있다. 이 책은 또한 40여 개의 중국에서 이미 유실된 의서의 내용을 인용했기 때문에 중의 문헌을 보존하는 데도 큰 의의를 지닌다고 할 수 있다.

1613년 조선에서 가장 중요한 의학서인『동의보감』(東醫寶鑑)이 세상에 나왔다. "동의"(東醫)는 곧 조선 의학이다. 이 책은 임상의학을 집대성한 저작이다. 전부 23권으로 내경과 외경, 잡병·탕액·침구 등 다섯 부분으로 구분되어, 각 부분마다 각 병증에 따라 구분되고, 병증에 따라 처방을 붙여 놓아 임상의가 사용하기에 편리하도록 했다. 이 책에서는 중국 의학 서적 83종을 인용했는데, 위로는『황제내경』으로부터 아래로는 금원사대가, 곧 류완소(劉完素)·장종정(張從正)·이고(李杲)·주진형(朱震亨) 등 네 명의 유명한 의학가와 명대의 왕륜(王綸)·이정(李梴)·공신(龔信)·공정현(龔廷賢) 등의 의서와 조선의 의서 3종을 인용했다. 이 책은 청나라 때에 중국에 전래되어, 1763년, 1766년, 1796년 광동과 강소 등지에서 간행되었는데, 이는 양국 의학 교류의 결정체이다.

이 외에도 유명한 법의전적인 송나라 주자(朱慈)의『세원집록』(洗冤集錄)이 조선에 유래된 이후로 법의학의 기준으로 받들어져 조선 법의학계의 기초가 되었다. 그 후 조선 법의학은 본국에서 수집한 사건들을 결합해 여러 차례 보증과 주석·번역을 진행하여『신저무원록』(新著無冤錄)·『증수무원록』(增修無冤錄) 등 법의학 저서들이 세상에 나와 전국적으로 퍼져 300여 년간 계속 사용되었다.

약재는 명나라가 조선에 계속 수출하는 중요 물품이었다. 명나라 역대 황제는 항상 사향(麝香)·주사(朱砂)·수오(首烏)·향부(香附) 등 이름난 귀한 약재를 조선 국왕에게 하사했다. 1372년 사신이 태조가 고려 국왕에서 하사한 약재와 비방을 가지고 돌아갔다.[139] 1401년 명나라 사신이 조선에 올 때 또한 황제가 내려 준 대량의 약재, 목향(木香) 20근, 정향(丁香) 30근, 유향(乳香) 10근, 진사(辰砂) 5근을 가지고 왔다.[140] 1403년 조선 국왕이 약재가 부족하다고 하자, 명 성조는 한 차례 조선에 "약재 18매(모두 82근 8량)를 내려 주고, 조선에게 포필(布匹)로 가져와서 바꾸어 가도록" 했다.[141] 1425년 조선 사신들이 돌아오자, 용뇌(龍腦)·소합유(蘇合油)·주사(朱砂)·사향(麝香)·부자(附子)·노회(蘆薈) 등을 내려 주어 가지고 가게 했다.[142] 명나라 사신이 조선에 갈 때는 항상 이름난 귀한 약재를 선물로 마련해 조선 국왕의 환대를 받았다.

조선 정부는 중국 의학을 숭상하여 의서를 받아들이는 동시에 중국 약재를 수입할 것을 독려했다. 세종은 "약재 등의 물품은 중국에 의뢰해 갖추어 놓아야 하며, 무역이 끊어져서는 안 된다"라고 말했다.[143] 중국에 들어와 약을 구매하는 것은 조선이 중국 약초를 얻는 주요 방법이었으며, 이는 심지어 조선 사회에 큰 사건이 되었다. 궁중으로부터 지방에 이르기까지 모두 약재를 전문적으로 경영하는 기관과 약방이 설립되었고, 매년 중국으로 약재를 구매하러 가기도 했다. 『조선왕조실록』의 기록에 따르면, 조선 정부는 중약을 들여오는 것에 매우 큰 관심을 가지고 있었으며, 악기와 서적 등과 마찬가지로 사무역의 3종

139_『고려사』 공민왕 21년(1372 임자 / 명 洪武 5년) 9월 17일(임술).

140_(조선)『태종실록』 1년(1401 신사 / 명 建文 3년) 9월 1일(정해).

141_(조선)『태종실록』 3년(1403 계미 / 명 영락 1년) 6월 18일(갑자).

142_(조선)『세종실록』 7년(1425 을사 / 명 洪熙 1년) 11월 7일(갑오).

143_(조선)『세종실록』 14년(1432 임자 / 명 洪熙 년) 4월 17일(기사).

상품으로 윤허하여 주었다.[144] 국왕은 사신을 보내면서 중국에서 약재를 구매하는 임무를 주기도 했다.

　명나라는 조선의 약재 수요를 충족시키기 위해 조선 사신에게 중국에서 약재를 무역할 수 있도록 시장을 개방해, 조선 의관이 자유롭게 중국에서 그들이 필요로 하는 약재를 구매할 수 있도록 했다. 영락 연간에 이렇듯 사신들이 자신들이 휴대한 각종 물품으로 약재를 구하는 활동은 이미 고정화되었다. 1406년 조선 국왕은 이조에 "이제부터 사신이 입조할 때마다 의원 1인을 압물(押物: 사신 일행의 모든 물건을 운송하는 관원)과 타각부[打角夫: 사신 일행의 모든 물건을 감수(監守)하는 관원] 중에 차임해 보내서 약재를 무역하도록 하라"라고 명했다.

　1421년 조선은 사람을 중국에 파견해 조선에서 생산되지 않는 약을 구했다.[145] 1423년 조선 호조는 "이제 사은사의 행차에 흑마포(黑麻布) 5필을 보내 중국의 약재와 무역하게 하고, 이제부터 명나라에 사신을 보낼 때의 항식(恒式)으로 하소서"라는 계를 올렸다.[146] 약을 좀 더 편리하게 구매하기 위해, 조선 국왕은 여러 차례 약의 이치에 정통한 좌군총제 황자후(黃子厚)를 중국에 들어가게 하고, "본국에서 생산되지 않은 약을 광범위하게 구해 오도록"했다.[147] 조선 사신이 귀국할 때 중국 약재를 받치는 것을 영광으로 알았다.

144_(조선)『세종실록』14년(1432 임자 / 명 洪熙 년) 4월 17일(기사).

145_(조선)『태종실록』6년(1406 병술 / 명 영락 4년) 1월 28일(기미).

146_(조선)『세종실록』5년(1423 계묘 / 명 영락 21년) 4월 6일(병진).

147_(조선)『세종실록』3년(1421 신축 / 명 영락 19년) 10월 7일(병신).

양국의 약재 교류는 매우 활발했으며 조정은 항상 있는 것과 없는 것을 서로 융통하여 민간 무역의 중요 물품 중 하나로 만들었다. 매년 인삼과 오미자 등 조선 약초의 수입이 있었으며, 특히 인삼은 중국 의사들에게 없어서는 안 될 약재였다. 조선 사신과 상인들은 매년 대량의 인삼을 가지고 와 무역을 했다. 1434년 1월, 명나라에 큰 개를 바치는 틈을 이용해 조선 사신이 "인삼 1천 근을 가지고 경사로 가서" 무역했다.[148]

토목지변(土木之變)[149] 후 조선과 중국의 무역길은 잠시 막혀 약재의 구입이 매우 어려워지자 귀중한 약재인 전갈을 얻을 수 없었다. 1498년 9월 조선의 의원인 이맹손(李孟孫)이 중국으로 사신가는 기회를 이용해 살아 있는 전갈을 잡아서 "궤 속에 넣고 진흙으로 그 바깥을 발랐다. 흙이 마르면 물을 뿌리고 그 속에 먹을 것을 넣어 주었으며 철망으로 그 바깥을 얽어서 빠져 나오지 못하게 했다." 귀국 후 성종은 즉시 내의원과 대내에서 나누어 기르게 했다.[150] 국내의 수요가 비교적 많았기 때문에 정부는 중약을 가지고 오는 것을 독려했고, 또 중약 무역의 이윤을 많이 남길 수 있도록 했다. 그래서 사신과 의원, 사인들이 적극적으로 여러 기회를 이용해 중약을 구매하여 오느라, 늘 이를 "수송하느라 역로(驛路)가 쇠잔하고 피폐"해 질 정도였다.[151] 그래서 조선 정부도 약물을 제한하지 않을 수 없었다.

148_(조선)『세종실록』16년(1434 갑인 / 명 선덕 9년) 1월 23일(신축).

149_1449년 영종이 50만 대군을 이끌고 오이라트군을 토벌하러 갔다가 오히려 군대 대부분을 잃고, 土木堡에서 포로가 된 일을 말한다.

150_(조선)『성종실록』20년(1489 기유 / 명 홍치 2년) 9월 10일(을축).

151_(조선)『연산군일기』8년(1502 임술 / 명 홍치 15년) 12월 9일(정미).

6) 문학

(1) 시가

중국 고시(古詩)는 중국 문학 중 가장 먼저 나타난 예술형식의 하나로, 고도로 발전해 가장 완성된 체제를 갖추고 있다. 한반도의 한시와 중국 고시는 형식의 변화, 창작의 풍격, 시가의 주제, 가치 관념 등 여러 방면에서 매우 많은 유사점을 가지고 있으며, 이로부터 중국 고시가 한반도의 한시 창작에 영향을 미쳤음을 알 수 있다.

조선시대, 한문 시인과 작품은 모두 현저한 증가를 보인다. 조선 말년 장지연(張志淵)이 편찬한 『대동시선』(大東詩選) 12권 중 조선시대의 시는 11권을 차지하고 있다. 이 시기 양국 시인들의 접촉과 교류는 더욱 빈번했다. 양국 사신들의 왕래는 길에서 끊이지 않고 이어졌으며 대규모의 시문 창작과 이를 향유하는 활동이 나타났다. 양국의 시가 교류의 규모는 이전에 볼 수 없을 정도로 증가했는데, 양국 시가 교류의 최고 성취로 대표되는 『황화집』(皇華集)이 나오게 되었다. "황화"(皇華)라는 말은 『시경』(詩經) 「소아(小雅)・황황자화(皇皇者華)」에서 온 것으로 여기서는 명나라 사신을 가리킨다.

1450년 명나라 문관 사신 예겸(倪謙)과 사마순(司馬恂)이 조선으로 갈 때부터 시작해, 조선 정부는 특별히 시문에 능한 관원을 원접사(遠接使)나 관반(館伴)으로 삼아 사신들을 대접했다. 쌍방이 주연을 가질 때 서로 시를 지어서 시예(詩藝)를 연마해 대량의 시가를 창작하도록 하고, 조선 정부는 이것을 수집・간행하여 이름을 『황화집』(皇華集)이라고 했다. 1633년까지 모두 24집 50권이 발간되어[152] 조선과 중국 양국의 우호의 상징이 되었고 시가 교류의 진귀한 문헌이 되었다.[153]

시가 교류가 빈번해짐에 따라 명조 시단의 흐름과 문학 사조의 변화는 매우 빠르게 조선 시인들에게 알려졌고, 이로부터 조선 한시 창작의 심미 취미와 발전 방향에 영향을 미쳤다. 당시 조선의 한시 창작은 이미 매우 높은 수준에 올라 있었다. 명나라 사람 오명제(吳明濟)는 임진왜란 기간에 신라 이래 100여 명의 시인들의 작품을 수집해『조선시선』(朝鮮詩選)을 편찬했는데, 이것이 중국인이 편찬한 첫 번째 한반도 한문시가 작품집이다. 이후 청대의 전겸익(錢謙益)과 주이준(朱彝尊)은『조선시선』을 기초로 50여 조선 시인의 시를 뽑아『열조시집』(列朝詩集)과『명시종』(明詩綜)을 편찬했으니, 이는 중국 학계가 한반도의 시가를 중시하는 태도를 반영한 것이었다. 청대에도 양국의 시가 교류는 여전히 빈번해, 조선의 시인인 이덕무(李德懋)·박제가(朴齊家)·유득공(柳得恭)·이서구(李書九) 등 4인이 작품을 모아『사가시선』(四家詩選)(일명『한객건연집』(韓客巾衍集))으로 묶었는데, 청나라 이조원(李調元)은 그것에 대해 매우 높은 평가를 내렸다.

고도로 발달한 조선 한시는 독특한 표현을 가지고 있다. 조선 한시는 서사 능력이 매우 뛰어나며 내용은 더욱 풍부하고 예술 표현 능력이 강해, 이로부터 시인 창작의 개성이 잘 드러났으며 동시에 선명한 민족

152_한국에서 통용되는『황화집』의 판본은『御製序皇華集』으로 조선 영조의 서문이 있기 때문에 이렇게 부른다. 도합 50권으로 拾遺 1권이 부록으로 있다. 그중에는 1621년(조선 광해군 13년, 명 天啓 원년)에 사신으로 온 劉鴻訓과 楊道寅의『황화집』6권이 수록되어 있지 않다. 본 장에서는 중국 趙季가 輯交한『足本皇華集』(鳳凰出版社, 2013)을 참조했는데 모두 57권이다.

153_『皇華集』에 대해서는 신태영의『황화집 연구: 明나라 사신은 朝鮮을 어떻게 보았는가』(다운샘, 2005.) 참조.

문화의 특색이 구현되어 있었다. 조선 한시는 조선 사회의 진실한 모습을 형상화했으며 특히 민중의 고통에 큰 관심을 기울이고 있다.

조선의 유명한 문학가인 허균(許筠: 1569~1618)이 임진왜란 중 쓴 「노객부원」(老客婦怨)은 기본적으로 두보의 「석호리」(石壕吏)를 바탕으로 지은 것이다. 시인은 동주(경기도 철원의 옛 명칭)에서 우연히 이곳을 유랑하는 경성 출신 늙은 아낙을 만나 그녀가 겪었던 비참한 실상에 대해 듣는다. 임진왜란 중 그는 어린 자식을 품에 안고 남편과 시어머니와 함께 도망을 갔는데, 낮에는 숨고 밤에는 걸어 천신만고를 겪었지만, 결국 남편과 시어머니는 산적에게 죽임을 당하고 아이는 뺏겨, 지금은 그녀 혼자 고독하고 처량하게 타향을 떠돌게 되었다는 것이다. 시의 후반 부분은 그 부인이 아이에게 "장가들고 집 마련해 생계가 풍족하니, 타향에 떠도는 제 어미 생각이나 하겠소[娶婦作舍生計足, 不念阿孃客他州]"라고 애원하며, "이 늙은 몸 죽는 건 상관없지만, 어찌해야 네 술을 아비 무덤에 올릴 수 있으랴[老身溝壑不足言, 安得汝酒澆父墳]"의 우수로, 임진왜란 이후 조선 사회의 혼란한 상태와 불안한 사회 풍조를 반영하고 있다.

인생이 고통과 애원으로 가득 찬 시들과 달리, 조선 한시 중 군민들이 왜족의 침입에 항거한 시들은 대부분 강개한 격양으로 쓰여 졌다. 가장 유명한 것으로 임억령(林億齡)의 「송대장군가」(宋大將軍歌), 송영구(宋英耉)의 「김장군응하만」(金將軍應河挽), 김창흡(金昌翕)의 「홍의장군가」(金將軍應河挽), 홍량호(洪良浩)의 「임명대첩가」(臨溟大捷歌), 유득공(柳得恭)의 「운암파왜도가」(雲岩破倭圖歌), 황현(黃玹)의 「이충무공귀선가」(李忠武公龜船歌) 등이 있으며, 이들은 모두 조선 한시에 있어 장편 걸작에 속한다.

조선 시인들은 본토의 산수 풍광을 묘사할 때에도 역시 마찬가지로 낭만과 격정으로 가득 차 있다. 한시 속에서 조선 삼천리의 강산은 자태가 아름답고 우아한 전개에 도달한다. 김종직(金宗直: 1431~1492)은 「등금강산간일출」(登金剛山看日出)에서 다음과 같이 말한다. "금강산이 하늘에 높이 솟아, 흰 돌은 우뚝우뚝 가을 뼈 드러냈네[金剛之山高揷天, 白石亭亭露秋骨.] …… 푸른 바다는 눈 아래 술잔처럼 보이고, 팔극에서 불어오는 바람에 정신이 훨훨[滄溟眼底小如杯, 八極風來神橫逸]." 금강산은 거대한 백색 암석들이 놓여져 산세가 뛰어나고, 구름 속으로 높이 솟았으며 기세가 웅장하다. 산속의 경치는 순식간에 만변하여, 일출의 그 찰나는 "붉은 빛이 수천 길을 솟아오르고, 만 리의 어룡굴이 놀라 흔들리는 듯.[紅光騰起數千丈, 萬里驚蕩魚龍窟]"이라 하여, 경치의 장관의 아름다움은 비할 바가 없다고 했다. 시인은 이런 웅장한 자연경관을 보고 경관의 아름다움에 탄성을 질렀다. 그리고 "평생의 뛰어난 경관 이 것으로 충분하니, 대종의 놀이를 어찌 견줄 수 있겠는가[平生偉觀此已足, 岱宗之遊豈相埒]. 엄자(崦嵫: 해 지는 곳)에서 해 지는 것 볼 것 없구나, 목말라 죽은 과보를 지금도 비웃는다네[不須崦嵫看入處, 至今冷笑誇父渴]"라고 했다. 이와 같이 충만한 자신감을 과시하는 묘사는 조선의 한시 중에 적지 않게 보인다.

이처럼 조선 시인들은 나약한 심리 상태를 보이기를 좋아하지 않았으니, 조선과 중국 양국 시인들이 함께 시를 화답하는 속에서 더욱 뚜렷하게 보인다. 조선은 시를 짓는 것을 중요하게 생각하여 국가의 대사로 보았고, 조선을 방문한 명나라 사신들의 시가에 대해 추호도 양보하지 않았다. 이런 심리 상태와 관련된 것이 바로 산수를 묘사할 때 산수의 아름다운 경치 중 비현실적인 요소를 강조하는데 나타나 농후한 낭만주의적 색채를 갖추고 있다. 위에서 말한 김종직의 『등금강산간일출』에도 이런 요소가 담겨 있다.

　　조선 한시의 성공은 중국 시가의 유구한 전통을 계승했기 때문이지만, 이보다 더 중요한 것은 조선 시인들이 중국 시가의 매우 눈부신 전통에 매몰되지 않았다는 것이다. 당시(唐詩)와 송사(宋詞)의 위대한 예술 앞에서 그들은 독자적으로 새로운 풍격이나 방법을 창조해 내려는 노력을 계속했다. 비록 한시의 형식을 사용했지만 표현만큼은 조선 사회생활을 그 내용으로 삼았다. 하지만 이에 비해 한시의 형식을 발전시키는 데에 있어서는 그다지 힘을 쏟지 않았다.

　　권순구(權純久)는 『대동시선』(大東詩選) 「발어」(跋語)에서, 각국의 풍속이 동일하지 않기 때문에 시가도 자연스럽게 차이가 있다고 여기었다. 그는 조선 산천의 특색을 강조하면서 조선 한시의 독자성을 중시하여, "우리나라의 성조(聲調)가 절로 한 나라를 이루었다"라며 "비록 중국 작자의 반열에 우리 시인들을 놓더라도 상하를 다툴 수 있다"라고 확신했다. 이처럼 높은 자신감은 동아시아 한시 문화권에서 많이 보이지 않는다.

　　시가의 발전에 따라 조선과 중국에는 모두 시화(詩話)와 시평(詩評) 등 여러 시가의 평론 형식들이 나타났는데, 그중 시화가 대부분을 차지한다. 고려에는 모두 4편의 시화집이 전해지는데, 이인로(李仁老: 1152~1220)의 『파한집』(破閑集), 최자(崔滋: 1188~1260)의 『보한집』(補閑集), 이규보(李奎報: 1169~1241)의 『백운소설』(白雲小說), 이제현(李齊賢: 1288~1367)의 『역옹패설』(櫟翁稗說)이 그것이다. 이 네 편의 시화는 그들이 구양수(歐陽修: 1007~1073)의 『육일시화』(六一詩話)와 동일한 목적에서 나온 것이라는 것을 어렵지 않게 알 수 있다. 곧 구양수가 『육일시화』의 자서(自序)에서 말한 "한담(閑談)의 자료로 삼는다"는 것이다.

1474년 마찬가지로 구양수의 『육일시화』의 영향 아래, 조선에서 서거정의 『동인시화(東人詩話)』가 나타나는데, 이것은 조선의 첫 번째 전문 시화집이었다. 이후 조선에서 시화는 빈번하게 나타나 그야말로 대성황을 이루었다. 『동인시화』는 조선 초기의 각종 시화 중에서 가장 대표성을 지니게 된다. 김수온(金守溫)은 「서동인시화후」(書東人詩話後)에서, 『동인시화』는 "듣고 기억한 것이 해박하며, 식견이 높아서" 다른 시화와 비교할 수 없었고, 이로부터 "시의 나쁜 점을 안 연후에야 시의 올바른 점을 알 수 있고, 시의 올바른 점을 안 연후에야 시의 도를 말할 수 있다"라고 했다. 강희맹은 서문 중에서 "『총구집』(總龜集)·『초계총화』(苕溪叢話)·『시인옥설』(詩人玉屑) 등은 논의가 엄정하고 시격이 구비되었으니 실로 시가(詩家)의 좋은 처방전이라 할 것이다"라고 했다. 여기서 중국 송대 완열(阮閱)이 편찬한 『시화총구』(詩話總龜)와 호자(胡仔: 1110~1170)가 편찬한 『초계어은총화』(苕溪漁隱叢話)와 위경지(魏慶之)가 편찬한 『시인옥설』(詩人玉屑) 등 세 편의 시화가 조선에서 높은 관심을 받았음을 지적하고 있다.

이 시기 조선 시화의 작법은 기본적으로는 위에서 말한 중국 시화들과 체제 면에서 일치한다. 곧 시인의 잘 알려지지 않은 일들과 시가의 평가를 주로 삼고 거기에 문장의 요점을 더하고 있다. 조선 시화는 대체적으로 네 개로 분류할 수 있다. 첫 번째는 『어우야담』(於于野談)과 『용재총화』(慵齋叢話)처럼 말하지 않은 것이 없는 '총집류'(總集類)이며, 두 번째는 『소화시평』(小華詩評)과 『호곡시화』(壺谷詩話)처럼 비교적 포폄에 치중하는 '시평류'(詩評類), 세 번째는 『지봉유설』(芝峰類說)처럼 우열을 구분하는 '비교류'(比較類), 네 번째는 『서포만필』(西浦漫筆)과 『청창연어』(晴窓軟語)와 『호곡만필』(壺谷漫筆)처럼 가능한 많은 것들을 모아 놓는 '박식류'(博識類)이다.

총집류는 대체적으로 중국 송대의 장보신(張寶臣)이 편찬한『산호구시화』(珊瑚鉤詩話)와 양만리(楊萬裏)가 편찬한『성재시화』(誠齋詩話) 등과 동일하다. 시평류는 대체적으로 중국 당대 사공도(司空圖)가 편찬한『시품』(詩品)과 송대 엄우(嚴羽)가 편찬한『창랑시화』(滄浪詩話) 등과 같으며, 비교류는 실질적으로 시평류의 일종이다. 박식류는 조선 한시와 시평에 국한되지 않고 중국의 시와 시평도 폭넓게 모았는데, 만든 방법은 여전히 시평류와 총집류와 기본적으로 같다.

시학 사상적인 측면에서 볼 때,『파한집』·『보한집』·『백운소설』은 가장 먼저 시의 자연(自然)과 명의(命意)를 중시했고, 그 다음으로 어휘와 성율을 중시했다. 이것은 중국 유협(劉勰)이『문심조룡』(文心雕龍)「명시」에서 "애물음지(愛物吟志)는 자연(自然) 아님이 없다"라고 말한 관점과 종영(鍾嶸)의『시품서』(詩品序)에서 주장한 "음영성정"(吟詠性情)과 "글에 구기(拘忌)가 많으면 그 진미(真美)를 손상시킨다"는 말과, 승교연(僧皎然)이『시식』(詩式)에서 말한 "시는 고심하는 것을 구하지 않으니, 고심은 천진(天真)을 손상시키기 때문이다" 등의 말과 이론적으로 연관성이 있다.

『역옹패설』과『동인시화』와『용재총화』는 모두 시경(詩境)을 세우는 것을 주장하고, 함축(含蓄)과 고일(高逸)과 표일(飄逸)을 중시했다. 사실 이 또한 종영의『시품서』에서 말한 자미설(滋味說)인데, 후에 구양수가『육일시화』에서 진일보한 발전을 이루어 냈다. 조선 초기의『송계만록』(松溪漫錄)·『청강시화』(清江詩話)·『청창연담』(晴窗軟談)·『오산설림』(五山說林) 등과 조선 중기의『지봉류설』에서 모두 '시귀기력'(詩貴氣力)을 주장했다. 이 또한 중국 사공도의『시품』과 엄우의『창랑

시화』와 강기(姜夔)의『백석시설』(白石詩說)에서 제기한 것과 맥락이 같다. 그리고 조비(曹丕)가『전론』(典論)「논문」(論文)에서 말한 "문(文)은 기(氣)를 위주로 한다"는 구절에서 유래했다.

조선 중기와 말기의『어우야담』(於于野談)·『성수시화』(惺叟詩話)·『숙곡만필』(熟谷漫筆)·『소화시평』(小華詩評)·『호곡만필』(壺谷漫筆)·『서포만필』(西浦漫筆)·『농암잡지』(農岩雜識)·『종남총지』(終南叢志)·『수촌만록』(水村漫錄)·『현호쇄담』(玄湖瑣談) 등도 시를 논하면서 여전히 기력을 주로 하고 웅장을 중시했으며, 창작을 논하면서 '자연감응설'(自然感應說)과 '천기설'(天機說)에 대해 많이 말하고 있다.

예를 들어,『어우야담』에서는 "시라는 것은 성정(性情)에서 나오는 것이니 무심히 지었다 해도 결국은 여기에 있는 것이다"라고 했는데, 이것은 중국 육기(陸機)의『문부』(文賦)의 "응하여 느낄 때 통하기도 하고 막히기도 하는 법은, 오는 것은 막을 수 없고 가는 것은 그치게 할 수 없다"라는 말과, 유협의『문심조룡·명시(明詩)』의 "사람은 칠정(七情)을 타고 나는데, 외부 사물의 자극을 받아 감응을 일으키고 이런 감응을 통하여 뜻을 읊조리게 되니, 이런 과정은 자연스럽게 이루어지지 않은 것이 없다"는 말과, 강기의『백석시집』(白石詩集) 자서(自序)에서 "『시경』삼백 편은 모두 다 천지만물의 소리가 절로 울린 것이다"라고 말한 것과 거의 일치한다. 조선의『홍재전서』(弘齋全書)와『소호당집』(韶濩堂集)에서 말하고 있는 신운설(神韻說)·성조설(聲調說)·성령설(性靈說)·격률설(格律說) 등은 확실하게 청나라 시화가 조선에 유입된 것과 관계가 있다.

조선 시평체(詩評體)의 대표작은 이식(李植: 1584~1647)의「강서행」(江西行)이다. '강서학파'(江西學派)와 '강서시파'(江西詩派)의 독특한 특징을 분석하면 조선 시인들이 중국 시학 사상과 문화를 받아들일 때의 분명한 태도가 드러난다. "후대에 강서학(江西學)이 있었고, 전대의 강서시(江西詩)가 있었다네. 강서시는 정음(正音)이 못 되나니, 항아리 질장구 치며 서로 다투어 떠들어대네. …… 황정견 진사도가 한 번 선창하자 천명이 화답하고, 수백 년간 다투어 패거리 이루었네. 강서학은 정통이 아닌데도, 눈썹 치켜 올리고 눈 깜작이며 '할' 고함만 지르네. …… 육구령과 육구연이 잘못을 저질러 오징(吳澄)이 따라 죽으니, 정자 주자의 도학이 흙처럼 버려졌도다. …… 강서시와 강서학이여, 지혜로운 자는 좋아하고 어리석은 자는 현혹되네. 그 마음부터 잘못되어 일에 해만 끼치니, 기(氣)를 종재로 삼고 리(理)를 하인으로 삼는구나. 한 마디로 단언컨대 중용이 아니어서, 강서시는 그래도 읽을 수 있지만, 강서학은 중히 여기서는 안 될지니, 강서학을 배우면 나라가 흉할 것이다."

이 시평은 중국 송대와 명대의 강서학파와 강서시파의 역사적 고찰을 진행해 예리한 분석을 행했으니, 동아시아 시평사에 있어 다시 얻기 어려운 걸작이다. 시에서 말한 강서시는 "황정견 진사도가 한 번 선창하자 천명이 화답하고, 수백 년간 다투어 패거리 이루었네"라는 구절처럼 강서시파를 가리키는데, 송대에서 명·청에 이르기까지 시단에 매우 큰 영향을 끼쳤다. 시에서 말한 강서학은 "육구령과 육구연이 잘못을 저질러 오징이 따라 죽으니, 정자 주자의 도학이 흙처럼 버려졌도다"라는 구절처럼 명대 중엽 이후에 일어났던 심학(心學)을 가리킨다. 심학은 개성을 표현하고 첩경을 추구하며 불교를 융합하여 유학과 하나가 되지만, 경전을 포기하고 유불의 기본 교의에 위배되었다. 그래서 사람의 마음이 이단과 사설에 미혹되니, 학자의 수양과 사회의 풍조에 매우 큰 해로움이 있었다.

시가의 또 하나의 중요한 형식은 "사"(詞)로 당대(唐代)에 시작되어 오대(五代) 때에 정형화되고, 송대(宋代)에 성행했다. 송사는 중국 고대 문학에서 찬란하게 빛나는 거대한 보석으로, 고대문학의 궁정 속에서 오색찬란하게 빛나는 한 떨기 아름다운 꽃이다. 울긋불긋한 화려함을 가진 천의 얼굴을 가진 풍신(風神)이며, 당시(唐詩)와 기이함을 다투고 원곡(元曲)과 그 고움을 다투어 역대 당시와 함께 쌍절(雙絶)이라 불리며, 한 시대 문학의 흥성을 대표하고 있다. 중국 시가 문화 풍습을 깊이 받은 한반도이기 때문에, 그 사문학의 발생과 발전 상황 또한 주의 깊게 보아야 할 것이다.

하지만 고도로 발달된 한시 창작과 다르게, 한반도에서의 사문학의 발전은 상대적으로 미약했다. 그러나 일본과 베트남과 비교하여 볼 때 그 성취도는 비교적 높다고 할 것이다. 조선에서는 최초의 사가 등장한 이후로 고려와 조선 약 800년의 시간을 지나는 동안 적어도 180여 명의 사인(詞人)들이 약 1400여 편의 사를 남겼다.

조선의 사사(詞史)에 있어 고려의 사는 대단히 중요한 위치를 차지하고 있다. 비록 고려조에서 남겨진 사인들의 사는 많지 않지만, 조선의 사사 발전의 기본 구조에 대한 기초를 세워 후세 사단(詞壇)의 발전에 큰 공헌을 했다. 그중 김극기(金克己: 1379~1463)는 고려의 사사에 있어 개창의 공을 가진 사람이다. 그는 역사를 증거할 수 있는 사를 후대에 전한 첫 번째 사 문인이었기 때문이다. 중국의 사가 조선에 전래되었던 초기에는 궁궐 내에서만 유행했으니, 최초의 사를 지은 사람 몇몇은 선종·예종·의종 등과 같은 군왕들이었으며, 문인들은 대부분 사를 짓는 것을 위험한 일로 보았다. 지금의 자료에 따르면 김극기 전에는 문인이 지은 사 중 전래되는 것이나 혹은 저작했다는 기록이 없다.

김극기가 살던 시대는 중국 남송 후기였다. 당시 유영(柳永)의 「우림령」(雨霖鈴)과 「취봉래」(醉蓬萊), 조단례(晁端禮)의 「황하청」(黃河淸), 완일녀(阮逸女)의 「화심동」(花心動) 등의 만사(慢詞)가 이미 조선에 유입되었다. 김극기의 시대에 문인들에게 있어 사는 아직 시험 단계에 있었던 것으로 보인다. 김극기가 지은 4수의 사는 모두 산수풍광과 연관되어 있는데, 이것은 이 네 편의 작품을 수록한 문헌이 원래는 여지도(輿地志)였기 때문이다.

그러나 이런 창작 경향은 중국에서부터 온 것이 아니다. 중국 사사(詞史)에 있어 북송 중기 이전의 경우 경물 묘사는 대부분 옛일을 더듬으며 오늘을 슬퍼하거나, 남녀의 상사, 이별의 슬픔 등 정서적 결합을 통하여 일어난다. 이에 비해 순수한 산수를 묘사하는 사는 거의 보이지 않는다. 백거이의 「억강남」(憶江南)과 「강남호」(江南好)의 경우 비록 의도를 가지고 "해가 뜨자 강가의 꽃은 불보다 더 붉고, 봄이 오자 강물은 쪽보다 더 푸르네[日出江花紅勝火, 春來江水綠如藍]"처럼 강남의 아름다운 경치를 묘사했지만, 사는 여전히 "어찌 강남을 생각하지 않으리오[能不憶江南]"처럼, 단순히 옛날 아름다웠던 사물을 추억하고 회상하는 심정을 보여 주고 있으니, 김금기의 「채상자」(采桑子)나 「억강남」(憶江南)에서처럼 눈앞의 사물의 경치를 그림처럼 묘사한 것은 아니었다. 더욱 주의해야 할 것은 김극기 이후에 이제현(李齊賢)이 온 힘을 기울여 산수사(山水詞)를 창작하여 조선 사사(詞史)에 있어서 하나의 전통을 형성했고, 산수 묘사를 조선의 사단(詞壇)에 있어 가장 빛나는 특징으로 만들었다는 것이다.

이제현의 사는 모두 53수로, 특히 그의 「무산일단운」(巫山一段雲)은 사경사(寫景詞) 계열로, 조선 고대 사경사의 최고 작품이라고 할 수 있으며, 후세 사인(詞人)들이 앞 다투어 모방하려고 경쟁했던 전범이었다.

이제현의 「무산일단운」 사경사 계열은 모두 31수인데 전체적으로 볼 때, 경치 사물이 매우 다채롭게 장관을 이룬다. 이제현 이후의 조선의 유명한 사인들 또한 모두 「무산일단운」을 사경사의 제목으로 삼는 경우가 많았으며, 특히 '팔경'으로 제목을 삼기를 좋아했다. 유명한 정포(鄭誧)와 이곡(李谷)의 「울주팔영」(蔚州八詠), 정도전(鄭道傳)·권우(權遇)·최연(崔演)의 「신도팔경」(新都八景), 이양오(李養吾)의 「근차익재이선생소상팔경」(謹次益齋李先生瀟湘八景), 강희맹(姜希孟)의 「소상팔경」(瀟湘八景) 등은 모두 운에 따라 화답한 것으로 모두 이 계열에 속한다. 이외에도 안로생(安魯生)·이승소(李承召)·어세겸(魚世謙)·신광한(申光漢)·황준량(黃俊良)·박성임(朴成任)·신즙(申楫)·김휴(金烋)·황윤석(黃胤錫) 등도 모두 유사한 작품을 남겼다.

유기수(柳己洙)의 통계에 의하며, 고려와 조선 양조 동안 「무산일단운」을 이용하여 창작한 사인들은 모두 29명이며 창작된 사는 253수에 이른다. 이를 통해 이제현이 끼친 영향의 한 단면을 볼 수 있다. 조선의 사경사는 이로부터 대대로 성대하게 발전했다. 사경사는 조선의 사단에서 주류적 위치로 확립되었고, 제재 선택, 표현의 수단, 전체의 풍격, 조와 운의 운용, 제목 형식, 구성 형식 등을 포함하여 모든 사경사의 양식이 이로부터 정해졌다.

(2) 소설

중국 고전 소설은 위진남북조 시대의 지괴(志怪)와 지인(志人) 소설에서 그 흔적을 볼 수 있는데, 이 소설들은 편폭이 비교적 짧고 작으며 줄거리도 매우 간단하다. 당대에 출현한 전기(傳奇) 소설은 줄거리가 비교적 잘 갖추어져 있으며 내용의 변화 또한 많다. 송·원 시기에 출현한 민간 소설가들은 화본(話本) 소설을 창작했는데, 소설이라는 문학의 한 양식은 문인들의 많은 관심을 받기 시작했다. 명·청 시대는 중국 고전 소설의 번성기로, 『삼국연의』(三國演義)·『수호전』(水滸傳)·『서유기』(西遊記)·『요재지이』(聊齋志異)·『유림외사』(儒林外史)·『홍루몽』(紅樓夢) 등 불후의 명작들이 출판되었고, 소설 창작은 이미 최고의 수준에 올라와 이로 인해 시문사부(詩文辭賦)가 차지하고 있던 정통 문단의 틀을 깼다.

명대는 소설 창작의 번성기였으며 양국 교류가 빈번하던 시기였기 때문에 중국 고전 소설이 대량으로 조선으로 유입되었다. 조선 사신단이 명나라에 도착하여 대량으로 소설책을 구입했던 것이다. 명나라 진계유(陳繼儒: 1558~1639)의 『태평청화』(太平淸話)에는 당시 조선인들이 중국에서 도서를 구입하던 상황을 이렇게 기술했다.

조선인들은 책을 너무나 좋아했다. 무릇 사신들이 중국에 도착하면, 혹 5~60명이 옛날에 나온 책이든 새로 나온 책이든 패관 소설이든지 저들 나라에 없는 책이라면 시장에서 각자 책 이름을 베껴 쓰고, 조를 나누어서 만나는 사람마다 두루 물어보았으며, 값을 아까워하지 않고 구입해 돌아갔다. 그래서 저들 나라에는 도리어 기이한 서적들이 있었다.

국문 소설의 아버지라 불리는 허균은 1597년, 1614년, 1615년 이렇게 세 차례 명나라로 사신 왔는데, 매번 구매한 대량의 서적을 수레에 가득 싣고 돌아갔다. 허균의 『성소부부고』(惺所覆瓿稿)에 따르면, 그는 수십 종의 중국 통속 소설과 문언 소설을 소장하고 있었다. 중국의 수십

종의 전적에서 관련된 내용을 발췌해서 편찬한 『한정록』(閑情錄)에는 대량의 중국 문언 소설 목록이 나오는데, 그 주요 서적은 이러하다.

『고사전』(高士傳)·『열선전』(列仙傳)·『하씨어림(何氏語林)』·『사문류취』(事文類聚)·『빈사전』(貧士傳)·『선전습유』(仙傳拾遺)·『문기어림』(問奇語林)·『패해』(稗海)·『설부』(說郛)·『장공외기』(張公外記)·『필담』(筆談)·『남촌철경록』(南村輟耕錄)·『미공비급』(眉公秘笈)·『소창청기』(小窗清紀)·『객재수필』(客齋隨筆)·『와유록』(臥遊錄)·『학림옥로』(鶴林玉露)·『명야휘』(明野彙)·『경서당잡지』(經鋤堂雜志)·『패사휘편』(稗史彙編)·『사우재총설』(四友齋叢說)·『임거만록』(林居漫錄)·『염이편』(艶異編)·『이담류림』(耳談類林)·『피서여화』(避暑餘話)·『규차지』(睽車志)·『태평청화』(太平清話)·『현관잡기』(玄關雜記)·『서호유람지위』(西湖遊覽志).

위에서 열거한 중국 문언 소설은 중국의 송·원·명·청의 여러 대를 뛰어넘고 있으나, 그중 반수는 명대의 작품이다. 이 책들은 대부분 만력 연간에 초각되었거나 번각된 것으로 세상에 가장 늦게 알려진 것은 오종선(吳從先)의 『소창청기』이다. 이 책에는 1613년에 오유(吳遺)와 왕우(王宇)가 쓴 두 편의 서문이 있다. 허균이 죽음을 당한 1618년과 비교해 보다면 그 차이가 5년에 불과하다. 당시 중국 명대의 통속소설은 이제 막 정상 궤도에 올라섰고 세상에 알려진 작품도 그리 많지 않았지만, 허균은 이미 수십여 종의 작품을 소장하고 있었다. 이것은 중국 명대 소설이 매우 빠르게 조선에 전래되었음을 충분히 설명해 주고 있다.

그 이전에 중국 통속소설의 전파를 조선인 스스로 방해한 적도 있다. 1569년 기대승(奇大升: 1527~1572)은 조정에서 『삼국연의』(三國演義)

를 비판했다. 다른 통속소설들도 혹독한 비판을 받았다. 그러나 중국 통속소설은 그 독특한 매력으로 인해 조선 국내에서 계속해서 전파되어 널리 퍼졌으며 그 영향력도 커졌다. 이렇게 빠른 전파는 역사에서 전례를 찾아볼 수 없을 정도였다.

중국 통속소설이 조선으로 다시 유입된 것은 풍신수길의 조선 침략에서 시작되었다. 임진왜란 중『삼국연의』는, 김만중(金萬重)이『서포만필』(西浦漫筆)에서『삼국연의』는 "임진왜란 이후 우리나라에서 널리 유행했는데 부녀자들과 어린아이들도 모두 외워 말할 정도였다"라고 했듯이 갑자기 큰 명성과 인기를 얻었다. 각종 판각본과 번역본이 계속해 세상에 나와 "인출되어 널리 퍼졌으니 집집마다 이를 읽었다"라고 할 정도로 새로운 국면을 형성했다. 이처럼 중국 통속소설이 대량으로 전파되었으며, 그 전파는 다시 소설에 대해 매우 유리한 여론 환경을 조정했다.

다른 문헌들의 기록을 보면, 조선에 전래된 중국 소설로는 다음과 같은 것들이 있다.

『세설신어』(世說新語)・『전등신화』(剪燈新話)・『전등여화』(剪燈餘話)・『금병매』(金瓶梅)・『양류랑』(楊六郎)・『무목왕정충록』(武穆王貞忠錄)・『수호전』(水滸傳)・『대명영렬전』(大明英烈傳)・『충렬협의전』(忠烈俠義傳)・『봉신연의』(封神演義)・『열국지』(列國志)・『삼국연의』(三國演義)・『수당연의』(隋唐演義)・『삼국연의』(三國演義)・『포공연의』(包公演義)・『양산백전』(梁山伯傳)・『서유기』(西遊記)・『금고기관』(今古奇觀)・『유세명언』(喻世明言)・『경세통언』(警世通言)・『성세명언』(醒世名言)・『초각박안경기』(初刻拍案驚奇)・『이각박안경기』(二刻拍案驚奇)・『요재지이』(聊齋志異)・『호구전』(好逑

傳)·『홍루몽』(紅樓夢).¹⁵⁴

중국 소설은 주로 다섯 가지 방식으로 전파되었다. 곧 한문 원본, 조선 판각본, 조선 필사본, 그리고 번역본과 구전으로 전하는 설서(說書)와 설창(說唱) 등이다. 중국 소설 가운데 많은 작품들이 깊은 사랑을 받았다. 독자층은 위로는 국왕·왕후·공주·부마·옹주와 왕실 친척 등 귀족 계층으로부터 아래로는 문인·사대부 계층과 민간의 백성들도 모두 중국 소설의 지지자였다. 일부 국왕은 중국 소설 읽기를 매우 좋아해 친히 중국 소설을 구매하거나 판각을 명령하기도 했다. 1506년 연산군은 사은사(謝恩使)들에게 『전등신화』·『전등여화』·『효빈집』·『교홍기』 등을 구매하여 올 것을 명했으니, 조선 왕실이 중국 통속소설 수입에 개방적인 태도를 가지고 있었음을 알 수 있다.

대개의 문인들과 사대부들 사이에서 말하기 꺼려하던 『수호전』과 『홍루몽』도 사실 그들 사이에서 유행했으며, 특히 『홍루몽』이 민간에서 널리 유행하기 이전에 이미 궁중에서 크게 유행했다. 조선 왕실의 중국 소설에 대한 사랑은 중국 소설이 조선에서 널리 보급되는 데 큰 도움이 되었다. 1568년 조선 왕실은 『전등신화』를 영인해 보급했다. 조선 말기에도 이종태(李鍾泰) 등 역관 수십 명에게 약 100종에 달하는 중국 소설을 번역할 것을 명하기도 했다.

한국 창덕궁 장서각 『낙선재도서목록』(樂善齋圖書目錄)에 따르면 『서주연의』(西周演義)·『포공연의』(包公演義)·『삼국연의』·『수호전』·『서유

154_陳尙腥, 『中韓交流三千年』, 中華書局, 1997, 233쪽.

기』·『유세명언』·『경세통언』·『성세횡언』·『홍루몽』 등과 같이 세상에 알려진 중국 고전 소설 번역본은 모두 33종이었다. 조선 독자들이 중국 고전 소설을 편리하게 볼 수 있도록, 일부 문인들은 소설 속의 어려운 어구에 주석을 달기도 했다. 1669년에는 『소설어록해』(小說語錄解)라는 참고 도서가 출판되었으며, 후에 증보를 더하여 이름을 『주해어록총람』(注解語錄總覽)이라 고치고, 다시 증보를 더한 후에 영인 출판되었다. 이런 주석류의 참고 도서 간행은 중국 소설이 조선에서 깊이 전파되는 데 큰 힘이 되었다.

16세기 말의 조선 문인과 사대부들 사이에서 중국의 4대 기서 즉, 『삼국연의』·『수호전』·『서유기』·『금병매』 등과 같은 통속소설이 크게 유행했다. 중국 소설을 좋아했던 이유 가운데 하나는 소설이 사람의 마음을 즐겁게 해주기 때문이었다. 최세진은 "『서유기』를 매우 좋아하는데 심심할 때 읽으면 아주 좋다"[155]라고 했고, 서거정도 "『태평광기』를 읽어보니 골계(滑稽)의 첩경이었다. 종일토록 읽어도 물리지 않았다"[156]라고 했고, 허균도 서유기를 "공부를 하다 지치면 이 책으로 졸음을 쫓았다"[157]라고 했다.

두 번째, 소설은 사람을 감동시킨다. 김만중(金萬重: 1637~1692)은 『서포만필』에서 이렇게 말했다.

155_崔世珍, 『朴通事諺解』(『老乞大朴通事諺解』), 아세아문화사, 1973, 293쪽.

156_徐居正, 「序文」(成任, 『太平廣記詳節』).

157_許筠, 「西遊錄跋」, 『惺所覆瓿稿』.

『동파지림』(東坡志林)에서 말하기를, '골목에서 아이들이 천박하고 못나서 그 집이 골치가 아프면 문득 돈을 주고는 모여 옛날이야기를 듣게 한다. 삼국의 일을 이야기할 때, 유비가 패했다는 말을 들으면 얼굴을 찡그리고 눈물을 흘리기도 하지만, 조조가 패했다는 말을 들으면 좋아서 소리를 지른다'라고 했다. 이런 일은 나관중의 『삼국지연의』가 처음일 것이다. 지금 진수(陳壽)의 『사전』(史傳)이나 온공(溫公)의 『통감』(通鑑)을 가지고 여러 사람을 모아 이야기 한다면 눈물을 흘릴 사람이 없을 것이다. 이것이 통속소설을 짓는 까닭이다.[158]

조선에서 가장 먼저 유행한 것은 중국의 연의 소설이었다. 연의 소설은 조선인들에게 큰 감동을 주었는데, 일부 국왕 또한 예외는 아니었다. 『열성어제』(列聖御製) 선조편에는 "『정충록』(精忠錄)을 읽으면서 일찍이 책을 덮고 눈물을 흘리지 않은 적이 없었다"라고 했다.

문인들이 소설을 좋아하는 세 번째 이유는 바로 "소설로 역사를 보충한다"는 것이었으니, 거짓이 진실을 어지럽히는 경지에 이른 것이다. 심자(沈鋅: 1776~1800)는 『송천필담』(松泉筆譚)에서 "패관 소설에는 사실도 있으니 역사가들이 누락시킨 것을 보충할 수 있다"라고 말했다. 윤근수(尹根壽: 1537~1616)의 『월정별집』(月汀別集)과 김시양(金時讓: 1581~1643)의 『암계기문』(諳溪記聞)에도 이런 관점이 보인다. 윤근수는 "안시성 성주는 당 태종의 정예병에게 항거하여 마침내 고립된 성을 지켜 냈으니 그 공적은 위대했다. 그러나 성명이 전하지 않으니, 우리나라의 서적이 적어서 그런 것일까? 아니면 주씨(朱氏) 시대에 역사

158_金萬重, 『西浦漫筆』.

196

서가 없어서 그런 것일까? 임진왜란 후에 명나라 장수들이 우리나라에 왔는데, 오종도(吳宗道)가 나에게 말하기를 '안시성 성주의 이름은 양만춘(梁萬春)으로『태종동정기』(太宗東征記)에 보인다'라고 했다. 얼마 전 이시발(李時發) 감사가『당서연의』(唐書衍義)를 봤다는데, 안시성 성주는 과연 양만춘이었으며, 또한 다른 장수가 두 사람 더 있었다고 했다" 라고 말했다.

이식(李植: 1584~1647)도『택당별집』(澤堂別集)에서『삼국연의』등의 연의류 소설의 역사적인 진실과 예술적인 진실의 문제에 대해, "연의 역사류의 작품들은 애초엔 어린애 장난 같고 문자도 역시 비속하여 진실을 어지럽히지 않았다. 그런데 오래도록 유전되면서 진실과 거짓이 함께 횡행했고, 그 소설 속의 말들이 자못 유서(類書)에 채록되어 들어갔다. 그리고 문장하는 선비들도 살피지 않고 섞어서 사용했으니, 진수의『삼국지』같은 것은 사마천과 반고의 저서에 버금갈 정도였다. 연의 소설에 진실이 가려졌지만 사람들은 다시 살펴보지 않았다. 지금은 역대로 각각 연의가 있어서 황조의 개국 성전(開國盛典)까지도 허황된 이야기가 섞여 있다. 그러니 자가(子家)들이 엄히 금하여서 진나라 때의 금서와 같이 취급하는 것이 좋을 것이다"라고 했다.

중국 통속소설이 조선 사회에서 광범위하게 유행함에 따라, 역사적 사실이 "진실과 거짓이 함께 횡행하여 문장하는 선비들까지 살피지 않고 혼용" 하는 지경으로 이르렀던 17세기에는, 중국 진시황이 그러했던 것처럼 이식의 건의대로 연의류 소설을 금지하기도 했다.

당시의 과거 시험에서도 연의류 소설의 줄거리가 시제로 출제되기도 했다. 김만중의『서포만필』과 이익(李瀷: 1681~1763)의『성호사설』에 이에 대한 글이 있다. 이익은 "『삼국연의』는 지금 인출되어 널리 퍼졌으니 집집마다 이를 읽었고 과거 시험장에서도 시제로 삼기도 했다. 이렇듯 서로 이어 읽으면서도 부끄러운 줄을 모르고 있으니, 세태가 변했음을 볼 수 있다"라고 했다.

이리하여 18~19세기에 이르면, 『수호전』과 『서유기』는 조선의 문인 사대부 사이에서 더욱 광범위하게 유행했고, 많은 사람들은 이 두 소설을 과거 시험 답안지의 내용에 사용하기도 했다. 박지원(朴趾源: 1737~1805)은 『열하일기』(熱河日記) 「환연도중록」(還燕道中錄)에서 이런 시류를 "천년 후에는 『수호전』을 정사(正史)라고 하지 않을 줄을 어찌 알겠는가? 이렇게 말하고는 서로 크게 웃으면서 일어났다"라고 비판했다. 1791년 조선 정조는 순정한 문풍을 위해 사신단이 소설을 구매해 귀국하지 못하도록 금지시켰으나 그 효과는 극히 적었다.

위에서 말한 『삼국연의』와 『수호전』의 영향력은 매우 커서, 조선의 문학 중 농민 의거를 소재로 한 최초의 소설인 허균의 『홍길동전』도 기록에 의하면, 허균이 "『수호전』을 백번 읽은 이후"에 창작한 것이라 한다. 『수호전』과 비해 『삼국연의』의 영향력은 더욱 커서, 직접적으로 조선 군담 소설의 창작을 촉발했을 뿐만 아니라, 비군사적인 소재를 가지고 있는 여타의 많은 소설에도 영향을 끼쳤다.

조선인은 『삼국연의』 중의 일부 이야기를 『적벽대전』(赤壁大戰)·『산양대전』(山陽大戰)·『화용도』(華容道)·『관운장실기』(關雲長實記)·『강유실기』(姜維實記) 등처럼 하나하나의 단행본으로 엮어 사람들의 독서와 낭송에 편리하도록 했다.

조선의 『임진록』(壬辰錄)·『임경업전』(林慶業傳)·『이순신전』(李舜臣傳)·『김덕령전』(金德齡傳)·『유충렬전』(劉忠烈傳)·『조웅전』(趙雄傳)·『장국진전』(張國振傳)·『권익중전』(權益重傳)·『임호은전』(林虎隱傳)·『대성

룡문전』(大成龍門傳)·『이대봉전』(李大鳳傳)·『서산대사전』(西山大師傳) 등
과 같은 군사 소설들은 모두『삼국연의』인물의 형상과 전쟁 묘사 방
법 등을 나름대로 빌려오고 있다. 예를 들어,『조웅전』에서 조웅을 묘
사하는 "신장이 8척이고 눈이 구리로 된 방울 같았으며 얼굴은 옻칠을
한 듯했다"는 표현도『삼국연의』중 장비가 전쟁터에 나아갈 때의 모
습 묘사와 완전히 동일하다. 그 외에도 "백만 군중 사이를 횡행했으니
마치 무인지경에 들어가는 것과 같았다"라든지 "손으로 칼을 들어 떨어
뜨려 적을 베어 말 아래로 떨어뜨렸다" 등의 전쟁에 관한 묘사도『삼
국연의』의 어구를 습용하고 있다. 그 전술상의 단기법(單騎法)·매복법
(埋伏法)·화공법(火攻法) 등도 모두『삼국연의』에서 일반적으로 사용하
던 전법이었다.

조선의 비군사류 소설 속에서도 대부분 '화설'(話說) 등과 같은 어구
를 사용하는데, '각설'(卻說)과 '선설'(先說) 등은 줄거리나 장면을 전환
할 때의 연결어이며, "뒤의 일이 어찌되었는지 알고 싶거든 하권에서
들으라"라는 방식은 한 장의 끝맺는 마침말이 되었다. 특히『삼국연의』
중 인물들의 언행으로 그 사상과 성격을 표현하는 인물 형상의 방법은
조선 고전 소설의 인물 형상 방법에 매우 큰 영향을 미쳤다.[159]

중국 통속소설의 전래는 조선 문단에 거대한 충격을 안겨 주었고
조선 문인들은 대량으로 소설을 창작했다. 위에서 말한 소설 이외에도
유명한 소설들이 있다. 예를 들어, 15세기『전등신화』가 조선에 전래
된 이후, 등장한 김시습(金時習: 1435~1493)의『금오신화』는 책의 구성

159_진상성,『중한교류삼천년』, 중화서국, 1997, 235쪽.

과 분위기, 주인공의 운명 등의 방면에 있어 『전등신화』의 흔적을 발견할 수 있다. 16세기 말에서 17세기 초까지 『수호전』과 『서유기』 등의 소설이 전래된 이후, 『홍길동전』의 영향을 받아 『심청전』·『흥부전』·『춘향전』의 '3대 명전'이 연속적으로 출현했다. 김만중의 『사씨남정기』와 『구운몽』도 중국을 배경으로 쓰인 소설이라는 데에 가치가 있다. 『구운몽』에는 남자 주인공인 양소유(楊少遊)와 여덟 미녀 사이의 복잡하고도 다양한 사랑이 서술되어 있다. 『구운몽』은 조선 소설의 시작인 동시에 꿈을 제재로 한 소설의 시작이어서 한국판 『홍루몽』으로 평가받고 있다.

『삼국연의』 등과 같은 중국 통속소설은 조선 민간에서도 크게 유행했는데, 민간에서는 주로 '설서'(說書)의 구연의 방식으로 소설 전파가 이루어졌다. 작자를 알 수 없는 『파수록』(破睡錄)[160]에는 이업복(李業福)이라는 이야기꾼이 기록되어 있는데, 그에 대해 "목소리가 혹 노래하는 듯하고 원망하는 듯도 하며, 웃는 듯도 하고 슬퍼하는 듯도 하며, 호탕하게 호설의 모습을 지어내기도 하고 어여쁘게 아양을 떨어 아름다운 자태를 만들어 내기도 한다. 대체로 책의 상황에 따라 각각 그 모습을 드러낸 것이다"라고 설명하고 있다.

7) 회화

명대는 중국 산수화가 가장 번성하던 시기여서, 근서심(僅徐沁:

160_이우성 편역, 『이조한문단편집』(상), 일조각, 1982, 435쪽.

1626~1683)의 『명화록』(明畫錄)에는 400여 명의 산수화가가 기록되어 있다. 명나라 전기에는 원체화(院體畫)와 절파화(浙派畫)가 주를 이루었다.

원체화는 '원체(院體)·원화(院畫)·궁정화(宮廷畫) 등으로 불린다. 이런 종류의 작품들은 제왕과 황실의 수요에 영합한 것으로, 산수(山水)·화조(花鳥)와 궁중 생활과 종교 내용을 제재로 삼은 것이 많다. 그림을 그릴 때 법도를 궁구하며 실제와 정신이 함께 갖추어지는 것을 중시했고 그림의 풍격은 화려하고 섬세했다. 절파화는 그 개창자 대진(戴進: 1389~1462)이 절강성 전당(錢塘: 지금의 항주) 사람이었기 때문에 이렇게 불리게 되었다.

절파화와 원체화는 매우 밀접한 관계를 이루고 있는데, 그들 모두 중국 북종 화풍을 종주로 삼았다. 두 파의 구성원들은 서로 교류했는데 화풍이 매우 비슷해 구분하기가 매우 힘들다. 그래서 회화사에서는 이 두 사람을 '원체파'로 합해 부르기도 한다. 그러나 두 파는 분명 다른 점이 있다. 원체화는 남송 산수화의 전통에 따라 옛 규칙을 지키고 있으며 모방을 진품처럼 하며 풍격이 웅건하면서도 엄정함을 잃지 않고 있다. 절파 또한 남송 원체 화가인 이당(李唐: 1066~1150)·유송년(劉松年: 1155?~1218)·마원(馬遠: 1190~1279)·하규(夏圭)에게서 그 흔적이 보이는데, 용필이 조방(粗放)하고 먹빛이 호쾌하여 거리낌이 없으며, 그림에 강렬한 감동이 있고 비교적 신의(新意)를 많이 가지고 있다.

선덕(宣德: 1426~1435)에서 정덕(正德: 1506~21) 연간에 이르기까지, 절파화와 명대의 원체화(궁정회화)는 함께 화단에 웅거하며 중국 문인화의 주요 경향을 대표했다. 명대 중기, 소주(蘇州) 부근에서 활동하던 오문사가(吳門四家)인 심주(沈周: 1427~1509)·문징명(文徵明: 1470~1559)·당인(唐寅: 1470~1523)·구영(仇英: 1493~1560) 등은 오문화파의 흥기를 대표하는데, 소주는 옛날 오(吳) 땅이어서 그렇게 불렸던 것이다.

명대 후기, 오문화파의 절대적 지위는 송강부(松江府) 화정인(華亭人: 지금의 상해 송강)이었던 동기창(董其昌: 1555~1636)으로 대표되는 '화정파'(華亭派)에게 자리를 넘겨주게 된다. 동기창은 옛 법을 깊이 알고 있었으며, 용필이 세련되고 먹색이 청담하며 풍격이 고아하고 수려하여 화정파의 주요 풍격으로 대표되는데, 오문화파의 매우 섬세한 묘사와 선명한 대조를 이룬다. 동기창은 문인화의 서권기(書卷氣)를 제창하여 남종(南宗) 회화의 정통 지위를 강조해 사회적으로 큰 반향을 일으켰는데, 이는 명말청초와 조선 중기 회화사의 심미관에 영향을 미치었다.

일반적으로 조선 회화, 특히 산수화의 풍격 변화는 전기와 후기의 두 시대로 구분된다. 전기는 주로 곽희(郭熙: 1023~85?)·이성(李成: 919~967)으로 대표되는 북송의 화풍과 마원·하규로 대표되는 남송원체의 화풍과 명대의 원체화와 절파화를 스승으로 삼고 있다. 명대 막시룡(莫是龍: 1539~1587)을 표준으로 삼는다면 화단에 있어 북종이라고 할 수 있다. 조선 후기는 원사가(元四家) 즉, 원대 4명의 유명한 산수화가인 황공망(黃公望: 1269~1354)·예찬(倪瓚: 1301~1374)·오진(吳鎮: 1280~1354)·왕몽(王蒙: 1308~1385)을 종주로 삼고 있다. 그들의 산수화는 필묵을 중하게 하고 의취를 숭상하고 서예와 시문(詩文)을 상호 결합함으로써 중국 산수화사에서 하나의 대표로 형성되어 명·청 양대에 큰 영향을 미쳤다.

조선 후기의 주요 종법은 명말 청초에서 추앙하던 남종 화풍에 속한다. 화단에서는 남·북종 모두 작품을 그릴 때 격조와 풍격이 다르다고 인식하고 있다. 북종은 당대 어용화가였던 이사훈(李思訓: 651~716) 부자로 송대 남송화원(南宋畵院)의 마원과 하규에 의해 계승되었다. 남종의 연원 또한 당대까지 소급될 수 있는데, 시인 겸 화가인 왕유(王維:

701~761)가 창시자이고, 오대 때의 동원(董源: ?~962?)과 송대의 미불(米芾: 1051~1107), 원대 황공망(黃公望) 등 '사가'가 전승하여 명대의 문정명과 심주가 그 맥을 이었다.

화분남북이종(畫分南北二宗)의 설은 동기창의 영향력이 매우 깊으며, 명·청 시대 문인들의 발전 방향이었을 뿐 아니라, 중국 회화사에 있어 하나의 이론 체계를 세웠으며, 스스로 문인 화가였던 동기창의 남종에 대한 존숭와 포양(襃揚)이 드러나 보이는 것이다. 명대 이후 문인화는 이미 남종과 같았으며, '돈오(頓悟)·사기(士氣)·허화소산(虛和蕭散)'을 강조한 것 이외에도 신분이 관직에 있으면서 뜻은 은일한 문인 사대부의 정조에 있음을 표방함으로써 그 인격의 우월상을 다른 사람들에게 드러내 보이고자 했다.

조선시대 회화 예술은 중국 명대 화풍의 유행의 영향 아래, 안견(安堅: 1400?~1470)·최경(崔涇)·강희안(姜希顔: 1419~1464)·이상좌(李上佐: 1465?~?)·신사임당(申師任堂: 1504~1551)·김제(金禔: 1524~1593)·이경윤(李慶胤: 1545~1611)·이정(李禎: 1578~1607)·김명국(金明國: 1600~1662?)·정선(鄭敾: 1676~1759)·윤두서(尹斗緖: 1668~1715)·진재해(秦再奚: 1691~1769)·김홍도(金弘道: 1745~1816)·신윤복(申潤福: 1758~?)·김정희(金正喜: 1786~1856) 등등 유명한 화가들이 줄지어 나타나 적지 않은 명화를 만들어 냈다.

앞에서 말한 바와 같이, 조선 전기 화단은 중국 북종의 화풍을 종주로 삼았는데, 예를 들어 조선 15세기 화단의 거장인 안견의 〈몽유도원도〉(夢遊桃源圖)는 중국 도연명(陶淵明)의 「도화원기」(桃花源記)에서 소재를 취했을 뿐만 아니라, 화풍은 북송 산수화가 곽희의 풍격을 따르고 있음을 알 수 있다. 최경은 산수화에 있어 북송의 마원을 계승하고 있으며 인물화는 이공린(李公麟: 1049~1106)의 풍을 따르고 있다. 강희안은 명나라 북경에 사신 온 적이 있는데, 그의 회화는 명나라의 원체파와 절파의 화풍을 계승하고 있다. 이상좌(李上佐)의 〈송하보월도〉(松下步月圖)·〈우중맹호도〉(雨中猛虎圖)·〈나한도〉(羅漢圖) 등의 작품은 구도와 화법에 있어서 또한 북송 마원의 풍격이다. 16세기 김제와 김명국의 작품들은 전형적인 절파의 화풍을 갖추고 있다. 이상 화가들의 화풍은 바로 명나라 막시룡이 말한 북종의 표현이었다.

16~17세기 조선 화단은 북종의 숭상으로부터 남종의 숭상으로 전환되던 중요한 시기였다. 이때는 바로 중국의 명말 청초로, 중국에서 남종을 숭상하고 북종을 폄하하던 화단의 경향은 의심할 여지없이 조선에 중대한 영향을 미치게 되었다. 이정(李禎)은 바로 이 변혁기의 대표적 화가 가운데 하나였다. 그의 작품 〈한강독조도〉(寒江獨釣圖)는 중국 남종 화가 원사가의 하나이던 예찬(倪瓚)의 화풍과 의지를 드러내기 시작한 것이다. 이정은 화가 집안에서 출생했는데, 조부는 유명한 궁중 화가였던 이상좌(李上佐)이고, 부친은 이숭효(李崇孝)이며 숙부 이흥효(李興孝) 또한 모두 화단에 명성이 높았다. 1606년 이정이 중국에 사신 갔을 때, 그의 그림은 당시의 유명 화가들에게 입에서 입으로 칭찬을 받았다. 이정은 고목평원(枯木平原)과 죽석모사(竹石茅舍)를 잘 그렸고, 화법이 소간(疏簡)하면서도 격조가 천진유담(天眞幽淡)하여 담박한 경지를 이루어 냈다.

17세기 조선의 사신들이 빈번하게 중국을 방문함에 따라, 적지 않은 중국 남종의 작품들이 조선으로 유입되어 중국화 기법의 화보(畫譜) 등의 서적도 자연스럽게 조선으로 유입되어 소개되었다. 명대에 간행된 화보는 15종이 있는데,『당시화보』(唐詩畫譜)·『고씨화보』(顧氏畫譜)·『시여화보』(詩餘畫譜)가 가장 유명하여, "시(詩)·서(書)·화(畫)·각(刻)을 한 곳에 보았다"라고 높이 평가받았다.

『당시화보』는 명나라 만력 연간에 유명한 서적 출판인이었던 황봉지(黃鳳池)가 편찬하고 채충환(蔡沖環)이 그림을 그려, 110명의 당대 시인의 시 161수를 수록하고 이 시들을 쓴 명대 서예가 130명의 전서·해서·행서·초서 등 여러 서체의 작품들을 묘사했다. 이 책은 대략 인조 연간(1623~1649)에 조선에 유입되어, 현재 한국 서울대학교 도서관 규장각에 소장되어 있다. 『고씨화보』 또한 조선에 유입되었는데, 남종 문인화풍이 전파에 큰 역할을 했다. 조선 후기의 유명한 화가인 윤두서의 소장 작품 중 『고씨역대명인화보』(顧氏歷代名人畫譜)(『고씨화보』)가 있는데, 이것은 그가 남종 화풍을 얼마나 깊이 연구했고 깊은 영향을 받았는지를 보여 준다.

윤두서 이외에도 조선 후기의 유명한 화가인 정선·김홍도·신윤복·이인상·강세황·신위·김정희·허유·전기 가운데 회화 기법에 있어 중국 남종 화파를 종주로 삼지 않은 사람이 없었다. 바로 중국 남종 화풍의 영향 아래, 조선 화가들은 회화의 '사의'(寫意) 특징을 강조하기 시작했고, 이로부터 화가 정신의 경계가 충분히 표출될 수 있었다. 그리고 제재의 선택에 있어 조선의 화가들 또한 중국 명대 북종 산수화의 이상 산수에서 벗어나기 시작해 직접적으로 조선의 자연 풍경을 그림 안으로 끌고 들어와 조선 화단에서 조선의 사물을 위주로 한 회화가 성행하기 시작했으니, 정선의 〈금강전도〉(金剛全圖)와 〈인왕제색도〉(仁王霽色圖), 윤두서의 〈채애도〉(采艾圖), 김홍도의 〈솔교도〉(捽跤圖)와 〈무악〉(舞樂) 등이 그 예이다.

양국 사신의 빈번한 왕래는 중국화가 조선으로 유입되는 것을 촉진했고, 중국 화풍이 급속도로 조선 화단을 물들이는 중요한 원인 중

하나였다. 명대 문인은 그림 그리는 것을 취미로 삼았는데, 이는 그 당시 보편적인 유행이었다. 조선에 사신으로 온 문신 출신들은 대부분 시에 능하고 그림을 잘 그렸는데, 조선 초기의 축맹헌(祝孟獻: 1344~1412)은 온아한 풍류를 가지고 있었으며 시를 짓는 데 뛰어난 재주가 있었다. 김식(金湜)은 고대 서예에 익숙해 전서·예서·행서·초서 등에 한나라·진나라 사람들의 풍도가 있었다. 또한 대나무와 암석을 잘 그렸는데, 간결한 필치로 그린 대나무는 더욱 훌륭했다.

조선 중기 때 조선에 사신 왔던 주지번(朱之蕃: ?~1624)은 서예와 회화에 모두 능했고 시와 문에도 뛰어났다. 그가 조선에 사신으로 와있는 동안, 조선 선조에게 〈십이화첩도〉(十二畫帖圖)를 그려 주었을 뿐만 아니라, 명나라에서 높이 받들던 남종의 화풍이 조선에 유입될 수 있도록 많은 진귀한 서화를 남겨 주었다. 친필로 직접 쓴 명륜당(明倫堂) 편액은 아직도 서울 성균관대학교 명륜당 위에 걸려 있다.

여기서 특별히 지적해야 할 것은 명나라 문인들이 조선에 사신으로 가 있는 동안 항상 조선의 접대하는 인물들과 시문을 화답하며 서법과 화예를 갈고 닦았다. 그들은 항상 중원에서 가져왔거나 혹은 스스로 그린 그림과 서예 작품들을 조선인에게 선물로 주었다. 명나라 사신들은 사행로 곳곳에서 많은 한시를 지었는데, 이 한시는 조선 팔도에서 광범위하게 읽혔다. 이것은 조선의 왕실은 양국 시인들의 작품을 수집하여 편찬한 『황화집』에 무수히 많이 실려 있다.

북경에 갔던 사신 중 강희안(姜希顔: 1419~1464)·강희맹(姜希孟: 1424~1483)·이종준(李宗准: ?~1499)·소세양(蘇世讓: 1486~1562)과 같은 사람들 중에, 특히 강희안은 조선 시·서·화의 삼절(三絶)이라 불렸다. 그들이 명나라 화가들과 직접 교류하면서 대량의 중국 그림을 가지고 조선으로 돌아갔다. 소세양(蘇世讓)은 〈항주서호도〉(杭州西湖圖)·〈설옹람관도〉(雪擁藍關圖)·〈상산사호도〉(商山四皓圖)·〈옥당춘효도〉(玉堂春曉圖) 등을 가지고 조선으로 돌아갔다. 이외에도 1600년 조선 평안감사 서성(徐渻)이 원나라의 유명한 서예가이자 회화가인 조맹부(趙孟頫)의 회화 작품을 구매하기도 했다.[161]

최근 한국에서는 장폭의 〈임진정왜도〉(王辰征倭圖)가 발견되었는데, 이 그림은 실제로 조선 임진왜란의 역사를 묘사하여 그리고 있다. 양국의 군대가 연합해 일본군과 전투를 벌이는 장면, 조선의 성지(城池), 수군의 모습, 무기와 전함 등과 같은 것들이 포함되어 있어, 지금 사람들에게 당시 역사의 참 모습을 이해하는데 진귀한 자료를 제공해 준다.

명나라는 조선에 일련의 그림을 기증한 적도 있다. 1403년 조선 사신 하륜 등이 명으로부터 돌아올 때 장병부주사(將兵部主事) 육옹(陸顒)이 증여한 〈부자도〉(夫子圖)와 〈삼원연수도〉(三元延壽圖) 등을 가지고 돌아와 태종에게 바치었다.[162] 동시에 증자와 자사상을 가지고 돌아왔는데, 그 다음 해 조선은 이 두 상을 공자에게 배향했다.[163] 1419년에는 형조참판 홍여방(洪汝芳)이 귀국할 때 명나라 황제가 기린(麒麟)·사자(獅子)·복록(福祿)·수현사(隨現寺)·보탑사(寶塔寺)의 상서화 5축, 즉 〈오복화〉(五福畫)[164]를 내려 주었다.

161_(조선)『정조실록』5년(1781 신축 / 청 乾隆 46년) 7월 23일(계해).

162_(조선)『태종실록』3년(1403 계미 / 명 永樂 1년) 4월 8일(갑인).

163_(조선)『태종실록』3년(1403 계미 / 명 영락 1년) 4월 16일(임술), 4년(1404 갑신 / 명 영락 2년) 2월 6일(정축).

명나라 때 중원의 회화는 대량으로 조선에 유입되었다. 『조선중종실록』에도 명나라 선종과 헌종 대의 회화 작품이 조선 궁궐로 유입된 상황이 기록되어 있다.[165] 추측컨대 조선 화가들은 중국에 도착한 이후, 그 당시 성행하던 명나라 화단의 북종과 남종 화풍을 학습하였고 또 그 당시나 명 이전의 중국 그림을 가지고 조선에 돌아가 조선 본토 화가들의 창작 경향에 직접적인 영향을 미쳤을 것이다.

화론(畫論)에 있어서 중국 화단은 계속하여 '시화상통'(詩畫相通: 시와 그림은 서로 통함)을 강구했는데 이것은 후에 한반도에 전래되었다. 고려 중기 이후로 화론은 대부분의 문인과 화가의 관심을 받았다. 고려 후기에 이인로와 이규보의 여러 작품 중에서 이런 이론에서 영향을 받은 흔적이 나타난다. 조선 서거정의 『동인시화』와 성현의 『용재총화』, 이제신의 『청강시화』 등의 시화집에서는 시가와 회화에 관련된 논술들이 있다. 조선 중기 이후 문인들은 '시·서·화 일체론'을 더욱 강조했으며, 문인화의 최대 특징은 바로 '시화합일'(詩畫合一)에 있어야 한다고 했다. 동양 미술의 정신은 조형과 문학 사이에 분명한 경계선이 그어지지 않고, 때론 그림 옆에 찬이나 시를 붙여 서화와 시가가 서로 더욱 빛날 수 있도록 하여 더욱 숭고한 경지를 표현해 내도록 했다.

---

3. 인적 교류

1) 공녀

공녀 현상은 원대 때 고려에 대한 지배를 강화하기 위하여 시작되었다. 원나라는 매년 고려에서 대량의 공물을 바칠 것을 요구했는데, 그 안에는 고려 여자, 즉 공녀가 포함되어 있었다. 1231년 몽고는 고려에 대하여 첫 번째 대규모 군사 정복을 시작했고 동시에 고려에 어린 남자 아이와 여자 아이를 받칠 것을 요구했다.[166] 공녀 헌상은 원·명 두 시기를 거쳐 청나라 초기까지 이루어졌다. 1650년 청나라 섭정왕인 다이곤이 조선 공녀를 찾으라 했으나, 후에 다이곤이 갑자기 죽고 나자 수백 년 동안 이어오던 공녀 현상은 역사의 무대 위에서 사라지는 것처럼 보였다.

명대의 공녀 현상은 일종의 중국 역사상의 화친 외교의 변화된 형식이었다. 중국 역사상의 화친은 통상 중원의 왕조가 변경 지역의 안녕을 유지하기 위해 상공주(尚公主)·강종녀(降宗女) 등의 형식으로 유목 민족과 혼인을 진행했다. 한 고조 유방(劉邦)과 북부 소수민족 흉노족과의 화친이 이런 예의 첫 시작이었다. 후에 점점 다른 민족의 국가 간에 정치적 맹약의 한 방식이 되었다.

혼인은 민족 모순을 완화시키고 민족 문화 교류를 촉진하는 데 일정하고도 뛰어난 효과를 가지고 있었다. 원나라의 몽고족 통치자는 복

166_鄭麟趾,『高麗史節要』16권, 韓國東國文化社, 1961, 375쪽.

잡한 민족 관계를 처리할 때마다 화친이라는 수단을 자주 사용했다. 고려와의 관계를 공고하게 하고 현실적으로 고려에 대한 더욱 강한 통제를 실현하기 위해, 몽고는 고려와 혼인 관계를 추진하는 동시에 고려에 공녀를 요구했다. 공녀는 몽고 제국이 고려 국왕의 정치를 통제하는 수단 가운데 하나였다. 역사 기록에 따르면 고려는 원나라에 50여 차례 공녀를 보냈으니 그 수는 만 명을 넘었다.

공녀 현상은 몽고족이 원나라를 통치하던 내내 이어졌고, 몽고와 고려의 정치와 사회생활 모두에 큰 영향을 미쳤다. 고려 공녀는 원나라 궁중에서 있으면서 중요한 역할을 담당했고, 원나라 상류 사회에서는 이로부터 하나의 '고려 바람'이 일어나 일부 원나라 귀족들은 고려 여자와 혼인하는 것을 영광으로 생각했다. 원나라 후기에 고려의 여인들은 이미 권세와 사회적 지위의 상징이 되었다.

명나라 건국 초기에도 궁중에는 여전히 조선 왕비들의 그림자가 있었다. 『명사』(明史)에 따르며, 태조 주원장의 14번째 여인인 함산공주(含山公主)가 바로 고려비 한씨의 소생이다. 고려 여자의 영향력은 명나라 초기까지 이어졌으며, 이것이 명나라가 조선과의 화친을 요구하고 이후에 공녀를 요구하게 된 역사적 원인이다.

명나라 초기, 한반도의 정권은 복잡한 교체기가 진행되고 있었고 공녀는 원나라 때처럼 대규모로 진행되지는 않았다. 이 시기 명나라는 다급한 일들이 많았고 앞뒤에서 적의 공격을 받고 있어서 이런 일을 고려할 틈이 없었다. 당시 고비사막 이남과 이북 지역은 여전히 몽고의 통제를 받고 있었으며, 운남·사천·산서·요동 등 변경 지역의 세력들도 무시할 수 없었다. 한반도와 요동 지역은 맞닿아 있어 전략적으로 더 중요했기 때문에 변경 지역의 복잡하고 다변하는 군사 형세를 대응하기 위해서 명 태조 주원장은 연혼(聯婚)의 형식을 통해 조선과 우호 관계를 성립하고 동북 지역의 형세를 안정화하려 했다.

1389년 4월, 명 태조 주원장은 처음으로 고려에 화친을 요구했다. 태조는 평범한 아버지가 아들을 위해 간절히 구혼을 하듯 했지만, 고려가 옛 원과 새로운 명의 사이에서 입장을 분명하게 정하지 못해 결국 화친은 실패로 끝났다. 조선왕조가 건립된 이후인 1396년 명 태조는 다시 화친을 제안했다. 조선 태조는 표면적으로는 정중히 답했지만 실제로는 이 화친 계획에 찬성하지 않았다.[167] 조선의 소극적인 행동을 명 태조는 불만으로 여겼다. 거기에 공마(貢馬)가 죽고 명나라 사신이 해를 입는 사건이 일어나 양국의 외교 관계 속에서 작은 마찰이 발생하자 홍무제는 조선에 성의를 보인 것을 후회했고, "인친(姻親)의 의논을 파했다."[168] 바로 이 일 때문에 태조는 죽을 때까지 명나라의 책봉을 받지 못했다.

1401년 명나라 조정은 마침내 사신을 보내어 태종 이방원을 조선 국왕에 책봉하고, 고명(誥命)과 인장(印章)을 내려 주고 조선과 정식의 종번(宗藩) 관계를 이루었다.[169] 후에 명 성조 주체(朱棣: 재위 1403~1424)가 다시 조선과 혼인을 하려고 했지만 조선 태종이 강하게 반대했다. 그는 "중국과 결혼하는 것은 …… 염려되는 것은 부부가 서로 마음이 맞는 것은 인정(人情)의 어려운 일이고, 또 반드시 중국의 사자가 끊이

167_吳晗, 『朝鮮李朝實錄中的中國史料』, 中華書局, 1980, 193쪽.

168_(조선) 『태조실록』 6년(1397 정축 / 명 洪武 30년) 4월 17일(기해).

169_張廷玉, 『明史』 320권, 中華書局, 1974, 8284쪽.

지 않고 왕래하여 도리어 우리 백성들을 소요하게 할 것이다. 옛날 기씨(奇氏)가 황후가 되었다가 그 가문이 도륙되어 살아남은 자가 없었다. 그러니 어찌 보존할 수 있겠는가?"[170]라고 했다.

이를 통해 볼 때 태종이 화친을 반대한 원인에는 세 가지가 있다. 부부가 서로 마음이 맞지 않을 것과 중국의 사신이 이 기회를 틈타 백성들을 어지럽힐 것을 걱정하고, 또 비통한 역사의 교훈이 있어서였다. 기(奇)씨는 고려 궁녀의 신분으로 원나라 궁궐에 들어갔다가 훗날 순제(재위 1333~1368)의 황후가 되었다. 그러나 총애로 인해 교만해지고 주변 환관들이 밖으로 권력자들과 결탁하자 조정에서 화란이 일어 많은 대신들이 해를 입고 죽게 되었으며, 결국 기씨 일족 또한 처참히 멸문되었다. 조선 태종은 화친에 대해 심사숙고 했다. 후에 태종은 명나라가 다시 화친을 제시하자 이를 걱정하여 세자가 이미 혼인했다고 핑계를 대었다.

그는 화친에 대해 "만약에 혼인을 허락한다 해도 혹시 황제의 친딸이 아닐 수도 있고, 또 비록 친딸이라 해도 언어가 통하지 못하고 우리의 족류(族類)가 아니니 세력을 믿고 교만 방자하여 시부모를 멸시하거나, 혹은 질투로 인해 한 마디 말과 몇 글자로 사사로이 상국과 통한다면 사단을 일으킬 걱정이 없지 않다. 또 여러 민씨(閔氏)들이 반드시 장차 세자의 배우자의 세력을 믿고 행세한다면 더욱 제지하기 어려울 것이다"[171]라고 자신의 생각을 밝혔다.

170_(조선)『태종실록』7년(1407 정해 / 명 永樂 5년) 6월 8일(경인).

171_(조선)『태종실록』7년(1407 정해 / 명 영락 5년) 6월 22일(갑진).

조선 태종은 명나라 공주가 세력을 믿고 다른 사람을 농락하며 시부모를 안중에 두지 않고, 밖으로 명나라 조정과 결탁하며 옳지 않은 일을 일으키는 등 조선의 정치에 불리한 일들이 일어날 것을 걱정했다. 조선은 명나라 또한 원나라와 마찬가지로 화친의 방식을 통해 조선의 내정을 간섭할 것이라고 걱정한 것이다. 사료에 따르면 고려의 7대 국왕 중에 4명이 원나라의 부마였으며 나머지 3명의 국왕도 몽고 공주의 소생이었다. 이를 통해 볼 때, 원나라가 고려에 대한 통제가 얼마 많고 심했는가를 알 수 있다.

명나라 성조가 제안한 화친은 그와 조선 사이에 여러 연유가 있었기 때문이었다. 성조는 연왕(燕王)으로 봉해져 북경에 있을 때 조선 사신들과 많은 접촉이 있었다. 명나라 성조로 황위를 이어받은 이후, 정치·군사와 외교 방면에 있어 적극적인 수단을 채용했다. 그는 조선에 대해 걱정하는 마음이 있었는데, 화친이라는 방식이 수용되지 않자 황제 개인의 이름으로 조선에서 "미인을 뽑아" 후궁을 보충하려 했다. 이런 방식은 종번(宗藩) 관계의 역사적 관례에 부합하는 것이어서 조선 또한 거절할 방법이 없었다. 그리고 명나라 성조 주체의 출신 또한 조선 공녀를 요구하게 된 원인 중 하나였다. 중국 현대 학자인 오함(吳晗)과 부사년(傅斯年)은 그의 생모가 고려인 공비(碩妃)일 것이라고 했다.[172] 가장 믿을 만한 증거는 남경『태상사지』(太常寺志)의 기록이다.[173]

사실이 어떠하든 간에 명나라 성조 주체는 조선 여인에 대해 특별

172_傅斯年,『明成祖生母記疑』,中央研究院曆史所集刊, 1932, 406~414쪽.

173_吳晗,「明成祖生母考」,『淸華學報』1935년 7월, 10권 3기.

한 감정을 가지고 있었던 것은 사실이다. 1408년 그는 첫 번째로 조선에 공녀를 요구했고 같은 해 두 번째로 공녀를 요구했다. 그 후 1410년과 1417년에도 조선에 공녀를 요구했다. 성조가 평생 가장 총애하던 권현비(權賢妃)는 바로 조선의 공녀였다. 이때부터 조선의 공녀는 화친을 대신해 조선과 중국의 외교사에 나타났다. 공녀는 양국 조공 관계를 통해 드러났으며, 이는 명대 화친 외교의 일종의 변통 양식이었다.

1408년 4월, 명나라 내시 황엄(黃儼) 등이 조선에 미인을 뽑기 위해 왔다. 조선 국왕은 "자색이 있으면 모두 가려 뽑으라. 만일 숨기거나 혹 침구(針灸)를 하거나 머리를 자르고 약을 붙이거나 하는 등, 여러 방법으로 피하려 하는 자가 있거든 모두 처벌하라"[174]라고 명을 내렸다. 당시 여자들은 이 일을 피하기 위하여 어쩔 수 없이 여러 방법을 사용하고 있었으며, 심지어는 머리를 자르고 얼굴을 훼손하기까지 했다. 이 여인들과 그 가족들의 입장에서 본다면 뽑히어 가는 것은 결코 좋은 일이 아니었다. 선발된 5명의 여자들이 부모들의 배웅을 받으며 중국으로 떠날 때 "그 부모와 친척들이 통곡하는 소리가 길에 가득했다"[175]라고 할 정도였다.

(조선)『태종실록』의 기록에 의하면 5명의 여인이 북경에 도착한 이후, 먼저 권씨를 현인비(顯仁妃)에 봉하고 그 오빠 권영균(權永均)은 광록시 경(光祿寺卿)에 제수하였으며 함께 온 사람들에게도 관작을 내렸다.[176] 명나라 성조는 공녀를 매우 흡족하게 여겨서, 함께 온 사람들

174_(조선)『태종실록』8년(1408 무자 / 명 영락 6년) 7월 3일(기유).

175_(조선)『태종실록』8년(1408 무자 / 명 영락 6년) 11월12일(병진).

에게도 애옥급조(愛屋及烏: 사람에 대한 사랑이 그 사람과 연관된 사람이나 사물에게까지 미치는 것)의 정을 표현했다.

그러나 동년 5월, 태감 황엄이 다시 조선에 갔을 때, 명 성조는 중국에 온 여인들이 예쁘지 않다는 이유로 다시 한두 명을 더 뽑아 보낼 것을 요구하여,[177] 정윤후(鄭允厚)의 딸 등 2명을 다시 선발했다. 1410년 10월, 정씨는 명나라 내사(內史) 전가화(田嘉禾)와 해도(海濤) 등을 따라 북경으로 갔다.

그해 11월 권영균이 명나라로 사신을 갈 때, 왕이 "홍저포(紅苧布) 10필과 흑마포(黑麻布) 10필을 영균에게 주어 현인비(顯仁妃)에게 드리도록" 했다.[178] 명의 예부는 조선에게 봉해진 조선 공녀 부형의 봉록은 조선이 책임지고 지급하라고 했는데, 이것이 조선 정부의 재정에 부담을 주었음은 의심할 여지가 없다. 1413년 현인비 권씨가 병으로 죽었다. 그 오빠 권영균은 비록 광록직(光祿職)에 재수되었으나 고명(誥命)을 받지 못했는데 이때에 이르러서야 받을 수 있었다. 권영균이 말하기를, 현인비 권씨에 대한 "황제의 대우가 전에 비해 갑절이나 후해졌으며, 황제가 말을 할 때마다 눈물을 머금고 탄식하여서 말을 잇지 못했다"라고 했다.[179]

1417년 명 성조는 밀지를 내려 다시 한 번 조선에 여인을 찾을 것

176_(조선) 『태종실록』 9년(1409 己丑 / 명 영락 7년) 4월12일(갑신).

177_(조선) 『태종실록』 9년(1409 己丑 / 명 영락 7년) 8월15일(갑인).

178_(조선) 『태종실록』 10년(1410 경인 / 명 永樂 8년) 11월 6일(무진).

179_(조선) 『태종실록』 11년(1411 신묘 / 명 永樂 9년) 3월 29일(기축).

을 명했고, 조선은 봉선대부종부 부령 황하신(黃河信)의 딸을 선발하니 나이 17세였다. 후에 다시 중부사정 한확(韓確)의 누이를 선발했다. 그해 8월, 두 여인이 명나라 사신을 따라 북경에 갔는데, "길가에서 보는 자들마다 눈물을 흘리지 않는 이가 없었다"고 할 정도였다.[180] 명나라 성조는 한씨를 극진히 사랑하여 조선 사신 원민생(元閔生)에게 "국왕이 지성으로 보내어 왔으니, 참 어려운 일이다. 한씨 여아(女兒)는 대단히 총명하고 영리하다"라고 하고, 한확을 광록소경(光祿少卿)에 봉하고 많은 하사품을 내렸으며, 또 한가와 황가 두 여인의 집에 금은 비단 등을 하사했다.[181] 11월 초 2일, 영락 황제는 내궁 선재(善財) 등에게 상을 내려 조선에 가도록 했다.

조선의 공녀의 일에 대해서 중국 사서의 기록은 매우 간단하다. 이는 중국 사서가 "위존자휘"(爲尊者諱: 존자를 위하여 꺼림)의 전통을 유지했기 때문에 명 성조가 조선에 대해 궁녀를 요구하는 일은 자연히 상세히 기록하지 않았다. 성조 본인 또한 당연히 많이 알려지기를 원하지 않아서 조선 국왕에게 "만약 절세의 미녀를 얻거든, 곧 반드시 다른 일을 칭탁(稱托)하여 아뢰시오"[182]라고 했다.

정윤후(鄭允厚)의 여식을 얻은 후 성조는 황엄을 파견해 국왕에게 약물을 하사한다는 명분으로 조선에 가서 감사를 표시하게 했다.[183]

180_(조선) 『태종실록』 17년(1417 정유 / 명 永樂 15년) 8월 6일(기축).

181_(조선) 『태종실록』 17년(1417 정유 / 명 영락 15년) 12월 20일(신축).

182_(조선) 『태종실록』 9년(1409 기축 / 명 영락 7년) 8월 15일(갑인).

183_(조선) 『태종실록』 11년(1411 신묘 / 명 영락 9년) 8월15일(갑진).

이 일은 대아지당(大雅之堂: 고상한 자리)에 오를 수 없으니 몰래 진행해야만 했다. 조선의 국왕은 권씨 등 5명의 처녀를 보낼 때, 특별히 예문관 대제학 이문화(李文和)를 진헌사로 삼고 순백의 두꺼운 종이 6천장을 가지고 북경에 가게 하여 사람들의 이목을 집중시켰다. 조선 공녀의 일은 영락 시기에 가장 빈번했다.

2) 화자

조선이 명나라에 내시(환관)를 제공한 것은 원나라의 비루한 풍습의 연속이었다. 명나라가 고려에 내시를 구한 것은 1388년에 시작되었다. 그해 12월, 명나라 태조는 희산(喜山)·김려(金麗)·보화(普化) 등에게 고려에 가서 내시를 찾아오도록 했다.[184] 1392년 명나라에서 고려에게 내시 200명을 보내라고 명하자, 다음 해 2월에 고려는 내시 5인을 보냈다.[185] 1395년 5월 조선은 "엄인(閹人) 5명을 황제에게 바쳤다."[186] 역사 기록에 의하면 명나라 성조 영락(1403~1424) 연간에 바친 내시의 상황은 아래와 같다.

1403년, 영락 원년 윤11월 35인
1404년, 영락 2년 6월 20인

184_『고려사』 137권, 「辛禑列傳」, 14년(1388 무진 / 명 홍무(洪武) 21년) 12월.

185_『고려사』 46권, 「恭讓王世家」, 5년 (1392 신미 / 명 홍무(洪武) 25년)

186_(조선)『태조실록』3년(1394 갑술 / 명 洪武 27년) 5월 20일(무오).

1405년, 영락 3년 7월 윤가산(尹可山) 등 8인

1407년, 영락 5년 10월 김안(金安) 등 29인

1408년, 영락 6년 11월 12인

1419년, 영락 7년 17년 2월 20인

1420년, 영락 21년 9월 조지(趙枝) 등 24인

명나라 태조가 재위하던 기간 중 고려와 조선에 보낸 사신 가운데 대부분은 한반도에서 온 내시였다. 『고려사』와 『조선왕조실록』에는 김려연(金麗淵)·손내시(孫內侍)·희산(喜山)·김려(金麗)·선화(善化)·한룡황(韓龍黃)·황영기(黃永奇)·최연(崔淵)·김인보(金仁甫)·노타내(盧他乃)·박덕룡(朴德龍)·정철(鄭澈)·장부개(張夫介)·진한룡(陳漢龍)·김희유(金希裕)·김화(金禾) 등이 있었다. 영락 연간에는 주윤단(朱允端)·한첩목아(韓帖木兒)·전휴(田畦)·배정(裴整)·정승(鄭升)·윤봉(尹鳳)·이성(李成)·남강(南江)·김물지(金勿之)·윤강(尹康)·김득(金得)·김수(金壽)·이달(李達)   등이 있었다. 이들은 조선 출신 사신들로 조선의 언어와 풍속에 익숙해 소통에 편리했다. 윤봉(尹鳳)과 같은 인물은 깊은 황제의 총애를 받았다.

그러나 이런 인물들은 자질이 비교적 낮고 부정부패가 비할 데 없이 커서 조선에서는 많은 고통을 받아 많은 반감을 가지고 있었다. 그들은 사신으로 가는 기회를 틈타 조선에 여러 요구를 하여 사욕을 채웠다. 조선은 명나라의 권위를 의심했으나 감히 거절을 할 수 없었다.

고향의 지위를 승격해 달라는 요구도 있었다. 1393년 최연이 조선에 사신으로 와서는 자신의 고향인 직산현(稷山縣)을 군(郡)으로 해달라고 요구했고,[187] 1394년 김인보의 고향인 밀양(密陽)을 부(府)로 승격했다.[188] 진한룡의 고향 목주(木州)는 부(府)가 되었으며,[189] 1403년 승주

윤단의 고향 임주군(林州郡)이 부(府)가 되었으며, 한첩목아의 고향 김제현(金堤縣)이 부가 되었다.[190]

친척이나 고향 사람을 관직에 봉하거나 승진시켜 줄 것을 요구하기도 했다. 1403년에는 "주윤단(朱允端)의 친척 60여 인에게 관직을 제수했는데 윤단의 청을 따른 것이었다"[191]라고 했다. 전휴와 배정이 조선에 사신으로 있으면서 그 가족에게 관직을 달라고 요구하자, 조선 국왕은 어쩔 수 없이 "전휴와 배정의 친척 20여 명에게 관작을 주었다."[192] 1409년 윤봉이 고향에 돌아와 "윤봉이 자신의 형제들에게 벼슬을 주도록 청하니, 모두 서반의 사직(司直)과 사정(司正)에 제수하고 각각 이전 자급에서 한 급씩 더했는데 모두 10여 인이었다."[193]

이들은 또 재물을 요구하기도 했다. 1419년 황엄은 윤봉(尹鳳)의 본가에 쌀과 콩을 내려 줄 것을 요구했는데, 당시 윤봉이 황제의 총애를 받고 있었기 때문에 황엄이 청한 것이었다. 이들은 고향으로 돌아간 이후 특권을 누리었다. 1403년 11월, 주윤단이 고향에 돌아가니 조선은 그에게 "집 한 채[區]와 노비 8명과 월봉(月俸)을 주었다."[194]

187_(조선) 『태조실록』 2년(1393 계유 / 명 洪武 26년) 7월 13일(병진).

188_(조선) 『태조실록』 3년(1394 갑술 / 명 洪武 27년) 2월 15일(을유).

189_(조선) 『태종실록』 3년(1394 갑술 / 명 洪武 27년) 4월 9일(무인).

190_(조선) 『태종실록』 3년(1403 계미 / 명 永樂 1년) 5월 30일(병오).

191_(조선) 『태종실록』 3년(1403 계미 / 명 永樂 1년) 5월 26일(임인).

192_(조선) 『태종실록』 3년(1403 계미 / 명 永樂 1년) 9월 10일(을유).

193_(조선) 『세종실록』 13년(1431 신해 / 명 선덕 6년) 8월 28일(경신).

194_(조선) 『태종실록』 3년(1403 계미 / 명 영락 1년) 11월 1일(을해).

이처럼 조선 출신 명나라 내시들에게 조선은 예로써 대접하지 않을 수 없었지만 여전히 그 탐욕에 대해 불만스러워 했다. 1395년 5월, 진한룡은 송별회 중 술에 취하여 "이전 사신은 후하게 대우했는데 지금 나는 박하게 대후하니 어째서 입니까?"라며 황당한 말을 했다. 그리고 마침내 옷을 찢어 밟으며, "이처럼 나쁜 옷을 입고 황제를 뵙느니 차라리 여기서 죽겠습니다!"라고 하며 자기 자신을 찌르려 했다. 조선의 여러 신하들은 모두 피했으나, 접반사(接伴使) 김립(金立)만이 그의 팔을 붙잡고 간신히 말릴 수 있었다. 국왕은 어쩔 수 없이 사람을 보내어 새 옷을 지어 주었다.[195] 내시 사신들의 무리한 요구에 대해 조선 군신들은 대부분 인내로써 대처할 수밖에 없었다.

그러나 『조선왕조실록』 중 조선 사관은 "그 당시 황제가 보낸 사신은 모두 우리나라 출신의 엄인을 썼는데, 사신이 우리나라에 이르러 명을 전달하기를 마치면 즉시 자신의 고향으로 돌아가 미치광이처럼 행패를 부리는 것이 이와 같았으니 그 주군(州郡)에서 이를 괴롭게 여기었다"[196]와 같이 직필로서 그 분을 씻었다. 명나라 사신이 된 조선 출신의 내시들은 명나라의 체면을 손상시켜도 조선은 단지 참을 뿐 드러낼 수 없었다.

그러나 자신의 친척이 명나라 사신이라는 점을 악용해 중외에 폐단을 일으키는 사람들에 대해서는, 조선 조정은 더욱 엄하게 처벌하였으니, 그 행패가 심한 자는 극형에 처했고 관직을 얻으려고 한 자들은

195_(조선)『태조실록』3년(1394 갑술 / 명 洪武 27년) 5월 20일(무오).

196_(조선)『태조실록』3년(1394 갑술 / 명 홍무 27년) 5월 20일(무오).

모두 수군에 충당하도록 했다.[197] 처신을 잘하는 조선 출신의 내시들에게는 조선 또한 그 가족들에게 장려해 주었다. 황영기가 사신으로 돌아오자, "조금 공손하고 근신하여 다른 환관들처럼 횡포를 부리지 않았다"며, 특별히 그 아버지 황성(黃誠)을 상의 중추원사로 임명하기도 했다.[198]

본래는 같은 뿌리에서 태어난 조선 출신의 내시 입장에서 볼 때, 명 황제를 가까이서 모실 수 있는 기회를 활용해 조국인 조선의 복과 이익을 도모할 수도 있었지만, 호가호위로 가렴주구하고 온갖 추태를 부려 양국의 관계를 훼손시키기도 했다. 이러한 점을 고려해 명나라 천순 연간(1450)부터 명나라는 학행이 있고 시문에 뛰어난 문신을 조선에 사신으로 보내는 경우도 있었지만, 대부분 환관을 보냈다. 환관 사신은 물론이고 문관 사신들도 탐욕스러운 자들이 많았으니 이들의 탐욕은 명나라의 국운이 다할수록 도를 더했다. 명나라 사신들의 폐해는 양국 정부 모두에게 큰 부담이 되었지만 특별한 해결책이 없었다.

3) 이민

조선과 중국은 예로부터 산수가 서로 이어진 이웃 국가였으며, 양국의 국민들은 끊임없이 서로 이주하여 융화되었다. 명대에 조선으로 이주한 중국인의 수는 셀 수 없을 정도이며 조선에서 명나라로 이주한

197_(조선)『태조실록』3년(1394 갑술 / 명 홍무 27년) 7월 18일(을묘).

198_(조선)『태조실록』3년(1394 갑술 / 명 홍무 27년) 9월 8일(을사).

숫자도 매우 많다. 양국 사이에 백성들이 옮겨간 주요 원인은 바로 전란이었으며, 이외에도 사신·혼인·상업 등의 원인으로 상대방 국가에 체류하기도 했다. 오랜 세월이 흐른 후에 그들은 점점 그 땅의 사회에 융화되었고 그 땅의 사람이 되었다.

명나라는 건립된 이후 고려와 첫 번째로 외교 관계를 맺었다. 명나라 태조 주원장은 사신을 고려로 보내어, 도둑을 피해 동쪽으로 간 심양군민 4만여 호를 돌아오도록 했다.[199] 1369년 4월 명나라 태조 때 명나라로 들어온 인구 중 60여 명의 고려인을 본국으로 돌려보내었다. 『명사』(明史)의 기록에 의하면, 1372년 태조는 진우량(陳友諒)의 아들 진리(陳理)와 명옥진(明玉珍)의 아들 명승(明升)을 고려 땅으로 이주시켰는데, 진리는 외아들 진명선을 두었지만 진명선은 자식이 없이 죽었다.[200] 1382년에 태조 주원장이 운남 지역을 평정하자 원나라 종실 양왕가(梁王家)의 집안이 제주도로 이주했다. 명나라 사신 사요(史繇)는 오랫동안 고려에 거처하여 조선 사(史)씨의 시조가 되었다. 명나라 문연각 학사 선윤지(宣允祉)는 고려로 사신을 와서 오랫동안 보성에 머물러 보성 선씨의 시조가 되었다.

1592년 일본 풍신수길이 조선을 침략하자 조선 선조는 명나라에 원군을 요청했다. 명나라 신종은 출병해 조선을 도울 것을 결정했다. 7년 동안 계속된 전쟁에서 조선과 중국의 연합군은 최후의 승리를 거두

199_『고려사』 136권, 「辛禑列傳」(1386 병인 / 명 洪武 19년) 12월 계미일.

200_張帆 저, 김승일 역, 『한중관계사』, 북경대학 한국학 연구센터 학국학 총서, 범우, 2005, 461쪽.

었다. 이 기간 동안 흩어진 병사들은 조선에 남게 되었는데, 도사(都司) 벼슬을 했던 시문용(施文用)은 "전쟁 중에 피로하여져서 질병이 심해져 돌아갈 수 없었으니, 드디어 조선에 남게 되었다"라고 한다.[201]

임진왜란 중 명나라 조정이 파견한 원군은 20여 만 명에 달하며, 장수는 270명이었다. 조선 호적에 들어간 자로, 절강의 시(施)씨·서(徐)씨·편(片)씨·팽(彭)씨·유(劉)씨·장(張)씨, 상곡(上穀) 마(麻)씨, 해주(海州) 석(石)씨, 광주(廣州) 동(董)씨, 소주(蘇州) 가(賈)씨 등이 있었다.

씨족이 모여 사는 곳은 종종 그 선조의 본관과 관계가 있다. 『한국 귀화 성씨와 그 연원 일람표』를 보면, 연안(延安) 차(車)씨, 태원(太原) 선우(鮮于)씨, 진주(晉州) 강(姜)씨, 고성(固城) 남(南)씨, 함양(鹹陽) 여(呂)씨, 안강(安康) 노(盧)씨, 강릉(江陵) 유(劉)씨, 광주(廣州) 안(安)씨, 곡부(曲阜) 공(孔)씨, 청해(靑海) 이(李)씨, 소주(蘇州) 가(賈)씨, 섬주(陝川) 마(麻)씨, 청주(靑州) 사(史)씨, 휘주(徽州) 요(姚)씨, 회양(淮陽) 이(李)씨, 절강(浙江) 팽(彭)씨, 조주(潮州) 석(石)씨, 통주(通州) 양(楊)씨, 제남(濟南) 왕(王)씨, 신창(新昌) 맹(孟)씨, 항주(杭州) 왕(王)씨, 대동(大同) 배(裴)씨, 봉화(奉化) 금(琴)씨, 해동(海東) 임(林)씨 등의 본관은 그 선조들이 살았던 곳이다.

1616년 누루하치(1559~1626)가 여진 각 부족을 통일하고 후금을 세운 후, 7월 요동의 중국인들 중 조선 땅으로 도망 온 자가 수십만이었다.[202] 1621년 후금이 요양(遼陽)과 심양(沈陽)을 함락시키자 요 땅의 백성들이 진강(鎭江)을 건너 조선으로 넘어온 자가 2만의 무리에 달했

201_風泉集,「明村公實錄」,『朝宗岩文獻錄續集』370쪽.

202_李洵, 薛虹 主編,『淸代全史』1권, 沈陽: 遼寧人民出版社, 1991. 205쪽.

다.[203] 1626년 요동 땅이 함락되자 수십만이 조선으로 도망갔다.[204]

1627년 황태극(皇太極: 1592~1643)이 3만 명으로 출병해 조선을 침략했으며, 1636년에는 황태극이 황제를 칭하고 국호를 청으로 바꾸었다. 그리고 12만 대군을 집결해 조선을 침략했다. 1637년 조선 인조가 청에 항복했다. 전쟁 전후 계속된 10년 동안과 그 후 오랜 시간 동안 청나라는 조선에 군대를 주둔시켰는데, 청병 중에는 여러 이유로 체류하며 돌아가지 않는 자들도 있었다. 명나라 한림학사였던 호극기(胡克己)는 1643년에 답례사의 신분으로 조선에 사신으로 왔다가 다음에 중원이 함락되었다는 소식을 듣고 마침내 한남에서 은거했는데 그 후인들은 향관 파릉을 원적으로 삼았다.

명말청초 사이에 많은 명나라 유민들이 조선으로 도망했다. 그중에는 명나라 동정(東征) 장수와 그 후예들로 봉림대군(鳳林大君: 1619~1659, 후에 조선 효종)을 따라 조선에 들어간 이들도 있었고, 바다 위에 표류하다 조선에 들어온 이들도 있었다. 동정 장령(將領)들이 전쟁 기간 중 조선 여자와 결혼을 하여 낳은 많은 자식들이 조선에 거주했다.

명조가 멸망한 후 일부 동정 장수의 후예들은 조선에 올 수 있는 방법을 생각했다. 명나라의 유명한 장령인 이성량(李成梁: 1526~1615)의 아들인 이여송(李如松: 1549~1598)·이여백(李如柏: 1553~1620)·이여매(李如梅)는 모두 동정 때의 명장으로 그들의 많은 후예들이 조선에 거주했다. 명나라 병부상서 석성(石星: ?~1599)을 조선에서는 재조번방(再造藩邦)의

203_(명)『희종실록』 10권 台北中央研究院曆史語言研究所, 1984, 543쪽.
204_『明代滿蒙史料』「滿洲編」 6, 日本京都大學校明實錄輯, 541-542쪽.

제1공신으로 여기고 있었다. 그의 장자인 석담(石潭)이 아버지의 유언에 따라 어머니를 모시고 요동을 지나 조선으로 왔다. 석성의 아우인 석규(石奎)의 후손인 석계조(石繼祖)도 역시 바다를 떠돌아 조선에 왔다.[205] 그들은 비록 조선에 머물렀지만 그 신분은 여전히 명나라 사람을 유지했다.

이들 후예들은 각기 다른 영역에서 조선의 역사를 발전시키는 데 중요한 공헌을 했다. 이런 사실은 한국의 역사서와 지방지, 문집·족보·실록·문건 등에 많이 기록되어 있다. 조선 봉림대군은 인질로 심양에서 머물러 있다가 돌아갈 때, 구의사(九義士)라 불리는 9명의 중국 장사를 데리고 갔다. 그들은 청나라에 의해 포로가 된 명나라 내륙의 사람들로, 왕이문(王以文)·풍삼사(馮三仕)·황공(黃功)·왕미승(王美承)·배삼생(裴三生)·양복길(楊福吉)·왕문상(王文祥)·정선갑(鄭先甲)·유계산(柳溪山) 등이었다. 그중 황공과 정선갑은 진사 출신이었다. 그들은 차례로 심양과 북경으로 압송되었고, 인질이 되어 중국의 조선 인질 봉림대군과 함께 거주했다. 1645년 봄, 청나라가 봉림대군을 풀어 주고 귀국하게 하자 이 9인은 청나라 통치에 굴하지 않고 봉림대군과 함께 조선으로 들어와 후한 대접을 받았다.

그들은 조선에서 머물기로 청한 후 조선의 관직을 받지 않고 명나라 신민의 기절(氣節)을 유지했기 때문에 "구의사"라 불린다.[206] 구의사

205_孫衛國, 『大明旗號와 小中華意識 - 朝鮮王朝 尊周思明問題 硏究(1637-1800)』, 中華書局, 2007, 189-197쪽.

206_손위국, 『대명기호와 소중화의식 : 조선왕조 존주사명문제 연구(1637-1800)』, 중화서국, 2007, 197-201쪽.

의 후예들은 그 선조의 명나라에 대한 충성에 대한 전통을 계승하여 대대로 지조가 굳어 변함이 없었다. 조선에서 명나라에 대한 제사를 시행할 때 전담하는 사람들이 되었다. 1684년 그들은 경기도 가평군 조종암에 명나라 숭정제의 친필과 관련된 사상의 흔적을 모각했다. 1831년 구의사의 후예 왕덕일(王德一) 등이 이곳으로 옮겨 거주하며 대통묘(大統廟)를 세우고 명 태조에게 제사를 바쳤다.[207]

　　조선 학자 박지원은 『열하일기』 「도강록」(渡江錄)에 명말 유민이 조선에 유입된 상황에 대해 기록했다. 청조가 요동을 공격해 함락시킨 이후, 진강 사람들은 변발을 하려 하지 않고 모문룡(毛文龍: 1576~1629)에게 의탁하거나 조선으로 도망했다. 청군이 심양을 공략해 함락시킨 이후, 명나라 웅정필(熊廷弼: 1569~1625)의 부장 강세작(康世爵)은 밤낮으로 걸어 봉황산에 이르러 유광한(劉光漢)과 함께 지켰다. 훗날 유광한은 전사하고 강세작은 온 몸에 상처를 입었는데, 중원으로 돌아갈 길이 이미 모두 봉쇄되자 동쪽으로 달아나 조선으로 가는 것만 못하겠다고 생각하여 청나라 오랑캐들의 체발좌임(剃髮左衽)에서 벗어날 수 있었다. 이때 압록강을 건너 관서 여러 군을 지났으며, 후에 회저(會宁)에 들어와 조선 여자를 아내로 맞아 두 아들을 낳았다. 강세작은 나이 80에 죽었으나, 자손은 백여 명에 이를 정도로 번성했으며 여전히 한 집에 머물러 살았다.

　　명말청초에 조선으로 도망 온 명나라 군인과 유민들은 20여 만이나 된다. 이들은 명나라 장군 모문룡의 보호를 받았지만, 후금의 공격

207_손위국, 『대명기호와 소중화의식 : 조선왕조 존주사명문제 연구(1637-1800)』, 중화서국, 2007, 207-213쪽.

을 받고 죽거나 포로가 되었으며 일부만이 조선 땅으로 흘러들어 융화되었다.[208] 그 후로도 명나라 유민들이 조선에 유입되었지만 대부분 청으로 송환되었다. 중국으로부터 조선으로 옮겨온 유민들은 시간이 지날수록 그 사회에 융화되어 가는 것이 역사적 사실이며 진지하게 받아들여야 할 결론이다.

208_장범 저, 김승일 역, 『한중관계사』(북경대학 한국학 연구센터 한국학 총서), 범우, 2005, 461-464쪽.

| 제5장 |

결론

명은 조선에 사절단 이외의 교류는 허용하지 않았기 때문에, 조선과 명의 문명 교류는 이전 시대인 고려와 송의 교류에 비해 그 폭이 위축되었다. 그러나 그 성과만큼은 역대 어느 왕조보다도 풍성하다고 할 수 있다. 역사상 어느 왕조와 비교해 보아도 두 나라 사이의 교류 성과가 가장 걸출했으니, 유학·어학·문학·예술·과학 등등 당시에 창조되었던 모든 문명 대부분의 영역에서 교류가 이루어졌다.

본서는 조선과 명의 250여 년의 문명 교류를 살펴보았다. 먼저 정치적 맥락을 이해해야 교류의 실상을 좀 더 명확하게 이해할 수 있다고 보고 조선과 명의 정치적 관계를 살펴보았다. 조선과 명은 서로 제1우방국으로 매우 친밀하게 지냈지만 그 처음과 끝이 그리 순조롭지만은 않았다. 겉으로는 평온하게 보였지만 속으로는 거친 풍파를 헤쳐 나가야만 했다.

명은 중국의 전통적인 관례에 따라 책봉·조공 정책으로 외국과의 관계를 정립했다. 조선과 명도 책봉·조공 관계를 맺었다. 하지만 책봉·조공 정책이란 많은 나라들이 명과 교류하기 위해 어쩔 수 없이 형식상 맺은 조약이며, 조약을 맺은 외국이 명의 속국이 되는 것은 아니었다. 명과 책봉·조공 정책을 맺었다는 것은, 명이 주도하는 세계 질서 속에 편입되었다는 의미를 가질 뿐이었으며 이 또한 강제력이 있는 조약도 아니었다. 따라서 조선이 명과 이런 관계를 가졌다고 해서 명의 속국으로 볼 수는 없다.

조선은 명과 자유로운 무역을 할 수 없었다. 단지 사절단을 통한 공무역이 가능할 뿐, 사무역은 원칙적으로 불가능했다. 따라서 양국의 문명 교류는 사절단을 통해서 이루어졌고 조선은 필요한 지식을 배우기 위해 서적에 의존할 수밖에 없었다. 그리하여 조선은 체계적이고 대대적으로 서적을 수입하여 문명 발전의 자양분으로 삼았다.

조선과 명은 같은 유교 문화권에 있으므로 매우 비슷한 성질을 가진 것처럼 보이지만 막상 그 내용을 보면 그렇지도 않았다. 조선의 국가 제도는 이전 왕조인 고려의 제도를 토대로 이루어졌다. 명 또한 이전 왕조인 원의 제도를 많이 물려받았다. 법률에 있어서도 명은 명 태조가 1397년 반포한 법을 멸망할 때까지 거의 그대로 유지했지만, 조선은 계속해서 새로운 법전을 편찬해 변화하는 시대에 부응하고자 했다. 하지만 형법에 있어서만큼은 명의『대명률』을 수용하여 조선의 현실에 맞게 변용하여 사용했다.

정치제도는 양국이 아주 달랐다. 명은 조선의 의정부에 해당하는 제도가 없이 황제가 직접 육부를 관할하는 전제정치를 펼쳤다. 이에 비해 조선은 의정부가 육조를 장악했으며, 군왕이 여러 신하들과 함께 협의해 정치를 하도록 제도화했다. 또한 명은 환관 제도가 비정상적으로 발전해 있었고, 이에 따라 환관과 문관 관료 사이에 권력투쟁이 벌어졌다. 그러나 조선에서는 환관이 국정에 끼어든다는 것은 있을 수 없는 일이었고, 그 대신 관료들 사이의 권력투쟁이 벌어졌다.

과거제도는 두 나라 모두 원의 제도를 많이 받아들였기 때문에 절차상의 차이는 있었지만 큰 틀에서는 유사하다고 볼 수 있다. 다만 무과 제도는 조선이 명에 비해 발달해 있었다. 하지만 학교 제도만큼은 아주 달랐다. 명은 학교를 통하지 않으면 과거를 볼 수 없었지만 조선은 그렇지 않았다. 또 명의 학교는 자율성이 없어 학문 연구 기관이 아닌 시험 준비 기관에 불과했으며, 유가의 중요 경전인 『맹자』조차 체제 비판적 내용을 제거한 반쪽짜리 『맹자』를 학습하도록 했다. 그러나 조선 성균관의 학생들은 온전한 『맹자』를 학습했으며, 재회라는 학생회를 통해 자율적으로 학교생활을 했고, 심지어 국가정책에 대해 항의하는 뜻으로 동맹휴학까지 했으니, 이런 일들은 명에서는 상상도 할 수 없었다.

조선의 주자학은 이미 고려 시대에 들어와 발전했는데 16세기에 비약적으로 발전했다. 조선의 주자학자들은 농민 봉기에 대해서도 명의 학자들처럼 마냥 부정적으로 보지만은 않았다. 오히려 봉기를 일으킨 농민들을 이해하려고 했으니, 조선 학자들은 백성을 근본으로 여기는 민본주의 사상을 가지고 있었던 것이다. 그러나 주자학 이외의 양명학 등의 여타의 학문에 대해서는 명처럼 관대하게 대하지 않고 모두 배척했다.

조선은 어학은 세계 최고 수준에 이르렀다. 이것은 명의 발달한 어학을 받아들여 연구한 결과였으며, 그 결정물이 바로 훈민정음이다. 또한 중국어 학습을 위한 교재를 연구해 많은 서적을 간행했다. 그러나 상대적으로 명은 조선어 학습을 위해 많은 노력을 기울이지 않았다.

양국의 천문학은 세계적으로 유구한 역사와 높은 수준을 보유하고 있었다. 조선은 명을 통해 최신 아라비아 천문학을 입수했고, 이를 더욱 발전시켜 정교한 천문 기구와 뛰어난 천문·역법 관련 서적을 연이어 편찬했다.

농학에 있어서도 조선은 명과 적극적으로 교류하고자 했다. 여러 농서들을 수입했고 또 우수한 종자를 수입하기 위해 노력했다. 그리고 이 기술을 조선의 현실에 맞추어 개량했다.

의학에 있어서도 조선의 지적 탐구심은 계속되었다. 이런 욕구에 맞추어 명에서도 의학에 있어서만큼은 적극적으로 조선과 교류하고자 했다. 명 부무광의『의학의문』(醫學疑問)은 조선과 명의 의원들의 의약에 대한 일대 토론회를 거쳐 탄생한 의학서였다. 조선 허준의『동의보감』(東醫寶鑑)은 양국 의학 교류의 결정체라 할 것이다.

조선과 명은 문학 교류도 활발하게 진행했다. 양국은 사절단을 통해 각종 문학 작품집을 교류했다. 특히 명의 문관 사신들과 조선의 문관들은 서로 수많은 시를 주고받으며 문학적 재능을 겨루기도 했다. 이렇게 하여 만들어진『황화집』(皇華集)은 양국 우호의 상징이라 할 것이다. 조선의 한시는 비록 중국의 한시와 그 양식이 같았지만 그 내용만큼은 조선의 경치와 사회 풍속을 담고 있었으며, 또 조선만의 특징을 지닌 시를 창작하고자 노력했고, 동시에 한시에 있어서도 큰 자부심을 가지고 있었다. 시평체인 이식의「강서행」(江西行)은 동아시아 시평사에서 다시 얻기 어려운 걸작이었다. 조선의 사(詞)는 명처럼 발전하지는 않았지만, 일본과 베트남이 비하면 큰 성취를 이루었다고 할 만하다. 조선은 비록 명나라의 시풍을 적극적으로 받아들이지 않았지만, 소설에 있어서는 명의 소설을 애호했다. 명에서 유행한 소설들이 거의 같은 시기에 조선에서도 유행했으며, 특히 임진왜란을 기회로 명나라 소설에 대한 수요가 커졌고 그만큼 대량으로 수입되어 유통되었다. 그리고 조선의 소설 발달에도 큰 기여를 했다.

회화 부분에서도 큰 교류가 있었다. 조선은 주로 중국 남종화파를 추구했으며, 사절단을 통해 대량의 회화를 수입하여 자국 회화 발전의 자양분으로 삼았다. 특히 명 사신 주지번은 많은 서화를 가지고 와서 조선의 남종 화풍 발전에 많은 기여를 했다.

인적 교류에서는 공녀와 화자, 그리고 이민에 대해 살펴보았다. 공녀와 화자는 그 수가 많지 않았지만 조선에 미친 사회적 파장은 매우 컸다. 공녀는 원래 중국이 이민족을 무마하기 위해 사용했던 혼인 제도의 일환이었다. 명은 여러 차례 조선과 혼인 관계를 갖고자 했지만, 조선은 국가의 정체성을 유지하기 위해 이를 완곡히 거절했다. 명 성조는 조선이 혼인을 거절하자, 공녀 제도를 이용해 조선과 화친 외교를 하려고 했다. 조선 출신 화자가 명에서 환관이 되어 다시 조선으로 사신을 나오기도 했다. 양국은 국경을 맞대고 있었기 때문에 국경 지대의 많은 백성들이 서로 경계를 넘어가 뒤섞여 살기도 했다. 그러다 임진왜란을 기회로 양국 백성이 대대적으로 접촉하게 되었고 또 서로 상대국에 정착하여 살기도 했다. 명이 멸망할 무렵 수많은 명나라 사람들이 조선으로 유입되었다. 그러나 이들 이주민 중 상당수는 다시 중국으로 송환되었으며 그 일부만이 융화되어 살아갔다.

문화 교류는 반드시 일정한 경로에 의지하고 있다. 조선과 중국 양국의 2백년간의 문화 교류의 상황에서 보자면, 사신·상인·전쟁 등 세 개의 중요한 경로가 있었다.

사신은 단지 중국과 조선의 정치 관계 발전 과정 속에서만 중요한 역할을 담당한 것이 아니라, 문화 교류와 전파에 있어서도 중요한 매개체였다. 사신은 다양한 측면에서 문화 교류를 유해 노력하였지만, 체류 기간이 길지 않아서 상대 국가에 자국 문화를 '수출'하는 임무를 담당하기는 어려웠다. 그러나 상대 국가 문화의 신선함과 매력은 사신들에게 높은 관심을 일으켰고 이로 인해 새로운 문화의 '수입자'가 될 수 있었다. 귀국 후 그들은 이역에서 견문한 바를 보고서로 제출하거나 혹은 여러 시사가부(詩詞歌賦) 등의 문학작품으로 표현하여 간행함으로써 이역 문화에 대한 많은 정보를 전파했고, 이는 결국 본국 사람들이 다른 국가를 바라보는 관점에 영향을 미치게 되었다.

명나라에서는 예겸(倪謙)의 『조선기사』(朝鮮紀事), 장녕(張寧)의 『봉사록』(奉使錄), 동월(董越)의 『조선부』(朝鮮賦), 공용경(龔用卿)의 『사조선록』(使朝鮮錄) 등이 있었는데, 이런 서적들은 명나라 조정이 조선을 이해하는 데 도움을 주었다. 『조천록』(朝天錄) 혹은 『연행록』(燕行錄)이라 통칭하는 조선 사신들이 남긴 중국 기행에 관한 많은 글들은 연대가 매우 넓고 체제도 다양하며 작자의 신분도 다양할 뿐만 아니라 실상을 있는 그대로 서술했기 때문에, 조선인들이 중화의 지세(산천·강·들·명승고적·변경·요새·성곽·궁궐)와 중국인(평민·유생·관리·황제)의 생활을 이해하는 데 첫 번째 자료가 되었다.

이 자료에서 14~17세기 조선 사신의 눈을 통해 그 당시의 명을 모습을 볼 수 있고, 또 명이 점차 쇠락하는 과정을 지켜보는 조선 사신의 복잡한 심정의 변화 과정도 읽을 수 있다.

조선 사신들이 기록한 『조천록』의 방대한 양에 비해 명나라 사신들의 조선에 대한 기록은 겨우 맛만 볼 수 있는 정도로 적었다. 이렇게 된 가장 큰 원인은 명대의 전통적인 화이관(華夷觀)으로 인해 명나라 사신들이 조선 문화에 대한 인식과 그 수용을 제대로 할 수 없었기 때문이다. 그리고 명나라에서 파견한 사신들이 조선에서 파견한 사신들에 비해 상당히 적었으며, 더군다나 명나라는 주로 환관을 사신으로 보냈는데 그들의 문화 수준은 대체로 낮았기 때문에 그들이 문화 교류의 매개체 역할을 담당하기에는 무리였다.

상인들은 조선과 중국의 문화 교류에 있어서 가장 뛰어난 역할을 담당해 냈다. 그들은 무역을 통해 상품을 구매하고 운송하면서, 자신의 국가와 민족의 문화적 요소를 결집해 냈다. 조선과 중국의 무역은 크게 관무역과 사무역으로 구분된다. 관무역은 대개 사절단과 함께 온 상인들에 의해 이루어졌다. 북경에서 외국 사절단과의 교역은 3~5일의 제한된 기간 동안 이루어졌지만 조선 사절단은 그 기간에 제한 받지 않았다.

명국의 문금제도(門禁制度)가 해제되는 기간 동안 조선 사신들은 자유롭게 시장에 가 본국에서 필요한 각종 물품을 구입할 수 있었으며, 그중 가장 많은 것이 서적과 같은 정신문화 제품이었다. 명나라가 수출을 금지했던 지리나 역사 서적류 등도 이와 같은 경로를 통해서 조선에 유입될 수 있었다. 조선 정부도 일찍이 명나라 통속소설을 수입하지 못하도록 금했지만 이를 완전히 막을 수는 없었다.

명나라는 사무역을 막았지만 양국 백성들의 무역에 대한 열망을 식힐 수는 없었다. 조선과 명의 상인들은 역관이나 군관으로 가장하고 사절단을 따라가 무역을 했다. 이 외에도 밀무역이 암암리에 행해지기도 했다. 결국 명이 멸망하는 17세기 중엽에 이르면 사무역은 사실상 공공연하게 이루어졌다. 이 외에도 일시적으로 국경 지대에서 무역을 허용하는 경우도 있었으니, 임진왜란 중 의주에서 양국에서 인가를 받아 무역을 행하기도 했다. 당시 시장에 들어온 상인들도 변경의 상인뿐만 아니라 중국 요양의 상인들, 심지어는 내륙의 상인들도 중강 시장으로 모여 들었다. 조선 한양의 대상인들도 북쪽 의주로 앞 다투어 달려와 대량으로 사무역을 행했다. 관무역과 사무역에서 자국의 물질과 정신생활 관련 물품만이 교역된 것이 아니었다. 사람들 사이에 상호 모방 학습을 통해 양국의 과학 기술 문화 역시 상호 전파되었다.

전쟁은 조선과 중국 사이에서 이루어진 문화 교류의 또 하나의 중요한 경로였다. 전쟁은 사회 경제와 사람들의 생활에 매우 큰 파멸을 가져왔지만 종종 문화 전파를 촉진하기도 한다. 임진왜란 중의 '관제'(關帝) 신앙이 그 한 예일 것이다. 명나라 원군의 관군 신앙은 점차 조선에 전래되기 시작하면서 각지에서 관제묘(關帝廟)가 건설되었다.

임진왜란 전기, 명나라 군대는 조선 군대에 군사기술을 전수했다. 예를 들어 명나라 장수 낙상지(駱尙志)는 유성룡(柳成龍)에게 명나라 검술을 지원해 주겠다고 청하자, 유성룡은 급히 70여 명을 모아 낙상지에게 배우도록 했다. 낙상지는 휘하의 진법을 아는 장육삼(張六三) 등 10여 명을 뽑아 교관으로 삼아 밤낮으로 창·검·낭선(狼筅) 등의 기술을 익히게 했다. 명나라 참모관이었던 유황상(劉黃裳)은 조선군 수십 명에게 전거(戰車)의 방법을 가르쳐 주었다.

이외에도 임진왜란 중에 『삼국연의』(三國演義)에 대한 인기가 갑자기 올라가, 아녀자나 아이들도 모두 알게 되어 "인쇄가 광범위하게 이루어져 집집마다 낭독"하기까지 했다. 이것은 전쟁으로 인하여 촉발된 조선 민족의 위기감이 표출된 것으로, 그들은『삼국지』에서처럼 영웅이 나타나 국가와 민족을 위기에서 구해 줄 것을 기대했기 때문이다.

『삼국연의』의 전래는 곧바로 조선 군담 소설의 창작을 자극하여,『임진록』(壬辰錄)·『임경업전』(林慶業傳)·『이순신전』(李舜臣傳)·『김덕령전』(金德齡傳)과 같은 우수한 군담 소설들이 쏟아져 나왔고, 이로써 조선의 민족적 자존심을 불러일으키게 되었다.

조선에는 전쟁 기간과 전쟁이 끝난 이후에도 명나라 장졸들이 조선에 남기도 했다. 실제로 명나라 동정(東征) 명장이었던 이여송(李如松: 1549~1598)·이여백(李如柏: 1553~1620)·이여매(李如梅) 등의 후손들 중 많은 수가 조선에 거처했다. 조선으로부터 재조번방(再造藩邦)의 제1공신으로 불리는 명나라 병부상서 석성(石星: ?~1599)의 장자인 석담(石潭)은 아버지의 유언에 따라 어머니를 모시고 요동을 건너 조선으로 건너왔으며, 석성의 동생 석규(石奎)의 손자였던 석계조(石繼祖)도 바다를 건너 조선으로 넘어왔다.

명말청초에 조선으로 도망 온 명나라 군인과 유민들은 20여 만이나 된다. 이들은 명나라 장군 모문룡(毛文龍)의 보호를 받았지만, 후금의 공격을 받고 죽거나 포로가 되었으며 일부만이 조선 땅으로 흘러들어 융화되었다. 그 후로도 명나라 유민들이 계속해서 조선에 유입되었지만 대부분 청으로 송환되었다.

명대 조선과 중국의 문화 교류는 몇 가지 매우 명확한 특징을 가지고 있다. 첫째, 교류의 구체적 내용에서 보자면 단방향적으로 전파가 이루어졌다는 점이다. 곧 중국의 명대 문화가 조선에 전파되고 영향을 미친 것이 주된 것이었으며, 조선 문화가 명나라에 전파되고 영향을 미친 것은 그리 드러나지 않는다. 이것은 당시 조선의 문화 발전 수준이 때 명나라와 상당한 차이가 있었고, 이로 인해 조선이 보다 적극적으로 중국 문화를 수용하려고 노력했기 때문이다. 당시의 조선과 중국의 문화 교류는 일종의 구름이 흘러가는 것이나 물이 흘러가는 것과 같은 자연적인 문화 이동이라고 말하는 편이 낫다.

둘째, 조선이 명나라 문화의 영향을 받았다는 측면에서 볼 때, 명대의 물질·제도·정신 문화 등이 모두 조선에 큰 영향을 미쳤다. 양국의 문화 교류사를 종합해 볼 때, 한반도는 삼국·신라·고려 시대를 거쳐 조선왕조 시대에 이르러 이미 중국의 물질문화와 제도문화를 흡수해 수용했고, 그로 인해 중국을 모방해 하나의 계열성을 갖춘 전장제도(典章制度)를 세웠다.

조선은 "고려의 옛 제도를 모두 존숭"하는 동시에 중국의 정신문화를 적극 수용했다. 곧 건국 초기에 정주이학을 대내외적인 정책의 이론 근거로 확정했고, 이로부터 주자학은 조선의 통치 철학과 정통 학문의 지위로 확립되었다. 명나라는 주자학을 숭고한 지위에 올려놓았으며, 조선의 이런 치국 이념을 적극적으로 지지했다. 조선은 정주이학을 표준으로 명에서 편찬한 『오경대전』(五經大全)·『사서대전』(四書大全)·『성리대전』(性理大全) 등을 대대적으로 들여와 학교 교재와 과거 시험 교재로 사용했다. 하지만 양명학을 이단으로 인식하고 배척했으며 주자학만을 정통으로 여겨 발전시켰다는 점이 명과 다르다고 하겠다. 여하튼 이로부터 유가의 사상 관념과 가치관은 조선인들의 마음에 깊이 침투하기 시작했고, 조선 민족의 문화 전통 속에 융화되기 시작하여 마침내 조선 민족의 선명한 문화 특성이 되었다.

셋째, 조선과 중국의 문화 교류의 가치관이라는 측면에서 볼 때,

유가의 화이관이 지배적 위치에 있었다. 화인관은 곧 화하(華夏)와 이적(夷狄)의 관계에 관한 이론이다. 이 이론에서는 화하와 이적이 다른 가장 큰 이유는 문명 수준의 높고 낮음이 같지 않음에 있다고 인식하고 있다. 이 이론은 중국의 선진 시대에서 만들어져, 진한(秦漢) 이후로 줄곧 중원의 왕조에서 민족 관계나 외교 관계에 있어 사용되어 왔다.

송대 이후 이학가들은 화이관(華夷觀)과 이학의 천리관(天理觀)을 함께 엮었는데, 화이의 구별에 대한 관념과 우주 법칙과 세상의 윤리를 함께 묶은 것으로, 이로 인해 더욱 부각된 화이관이 중국과 외국의 문화 교류의 가치관으로 작용한 것이다.[209] 중화 문명의 자부심에 기초하여, 중국 고대의 사상가들은 이하변이(以夏變夷: 중화, 곧 한족의 문화로 오랑캐의 문화를 변화시킴)를 강조함으로써 일종의 대외 문명 전파의 사명감을 만들어냈다. 이와 동시에 그들은 이이변하(以夷變夏: 오랑캐의 문화로 한족의 문화를 변화시킴)를 두려워하여, 이하지방(夷夏之防: 오랑캐와 한족의 사이를 막아 놓음)을 강조함으로써 대외적으로 문화의 접근을 배척하는 경향을 만들어 내었다. 이로 인해 중국 사회가 외래문화의 성과를 수용하는 데 불리한 입장에 처하게 되었다.

조선과 중국의 문명 교류 중 이런 관념은 두 가지 측면에서 나타나고 있다. 하나는 조선에서 편찬된 『황화집』이며, 또 하나는 명나라 멸망 후 조선에서 대량으로 편찬된 명나라 관련 역사서들이다. 『황화집』을 보면, 명나라 사신들은 낙후된 국가로 여겼던 조선이 오히려 찬란

209_陳尙勝, 「胡安國的華夷觀與明朝對外政策」, 『宋明思想和中華文明』(祝瑞開 主編), 學林出版社, 1995, 406-414쪽.

한 문화를 가진 것을 보고, 단 한 명의 예외도 없이 모두 이를 '황조교화'(皇朝教化)의 결과이자 '구목황풍'(久沐皇風)의 결과로 인식하고 있다. 조선의 접대 관원들이 차운한 시문에는 "기자(箕子)의 교화"와 "황풍(皇風)의 은택"을 영광으로 여기는 경우도 있었다. 조선에서는 모화사상이 강하게 추진되어 "교화가 크게 행하여져 남자에게는 열사(烈士)의 풍습이 되었으며 여인에게는 정정(貞正)의 풍속이 되었으니, 사가들이 소중화(小中華)라 이른다"[210]라고 했다. 바로 이런 문화상의 동질감으로 인해 한발 더 양국의 관계가 가까워졌다. 이로 인해 "한 집안처럼 친하다[親如一家]"는 역사의 새로운 단계에 이르게 되었다.

조선의 입장에서 볼 때, 청나라가 중원 땅의 주인이 된 이후에 조선은 돌연 자신들이 중화의 정통성을 지니고 있다고 여기고 청나라를 문화 수준이 낮은 오랑캐로 바라보았다. 그래서 중원의 지역과 중화 정신은 이미 하나도 남기지 않고 모두 없어졌고 오직 조선만이 중화 문명의 정통을 계승하고 있다고 생각했다. "화와 이 모두가 스스로 경계에 한정됨이 있으니, 이가 변하여 화가 된 것은 삼대 이후로 오직 우리 조선뿐이다. 그러나 중화에서 아직 힘쓰지 못한 대의를 얻어 홀로 그 의관 문물을 보존한다면 하늘이 장차 우리나라에게 음덕을 쌓는 큰 결실이 되게 할 것이다"[211]라고 했다. 명나라 멸망 후 중화대의는 조선에 의해 보존되어 "이른바 『주례』가 노나라에 있다"[212]는 것과 같았다. 바로 이

210_(조선) 『성종실록』 3년(1472 임진 / 명 成化 8년) 7월 10일(을사).

211_朝鮮 『大義編』 凡例, 제3항.

212_『宋元華東史合編綱目』, 崔益鉉(跋), 1412쪽.

런 관념의 추진 속에서 조선의 관청과 개인들은 중화 정통의 신분을 가지고 명나라 관련 역사서들을 다시 엮어 내기 시작했고, 이로써 존주양이(尊周攘夷)의 춘추대의(春秋大義)를 보이고자 했다. 전대의 역사서를 편찬하는 것은 바로 중국 왕조의 역대 사학의 관례였던 것이다.

조선과 중국의 문화 교류를 볼 때, 비록 명나라의 문화가 조선으로 흘러 들어가 주류가 된 특징이 현저히 보일지라도, 조선의 민족문화가 이로 인해 완전히 소멸하지는 않았으며 도리어 조선의 민족 특색으로 더욱 선명하게 드러났다. 이렇게 외래문화와 만났을 때 소멸되거나 변형되지 않고 원형을 보존하고 있는 부분이 일반적으로 해당 민족의 문화적 특성을 가장 잘 드러내는 부분이라 할 것이다.

두 종류의 문화가 상호 작용할 때, 아래와 같은 두 가지 결과로 나타나게 된다. 하나는 강제적 힘이 존재하지 않는다면 문화는 원래의 모습을 가능한 한 보존하려고 한다. 다른 하나는 강제적 힘이 존재하면 문화는 일반적으로 적당한 곳을 찾아 변혁을 진행한다. 하지만 이런 변혁은 자신을 상실하는 것이 아니라, 강제적 성질을 가진 문화의 변혁 지향에 따르면서도 자신의 필요에 따라 옛것을 받아들여 새로운 것을 내놓게 된다. 이는 곧 외래문화의 유용한 요소를 수용하여 그것을 자기 구성의 한 부분으로 개조하는 것이다. 이것은 일종의 문화 순응으로, 문화의 실체가 문화 충돌을 만났을 때의 일종의 주동적인 문화 선택이며, 강권 속에서 어떤 문화 주권이 완전히 상실되는 것과는 다른 것으로, 문화적 활력성의 표현이다.

조선 민족 문화는 강한 명나라 문화와 충돌할 때 그 문화 변혁의 형식은 위의 두 번째 상황에 속한다. 조선 성리학과 같은 경우 주희의 이론을 완전히 반영하여 이식한 것이 아니라 그 학설 중 논리적 모순을 과감히 교정하여서 주희의 이론을 충분히 연구하여 개진한 것이다. 이황이 지행(知行)의 문제에 있어 주희의 지선행후(知先行後)와 지경행중(知輕行重)을 수정하여 창조적으로 "지와 행은 서로 선후가 되며 서로 경중이 된다"는 관점을 제시했던 것이 그 예이다. 이이는 이학의 각 범주 사이의 관계를 확장시켰다. 또한 조선의 시가·회화·소설 등은 조선의 자연 풍경과 역사 인물이 표현의 내용이 되어 모두 독특한 민족 특색을 갖추고 있다.

조선이 중국 문화의 성과를 흡수하여 얻은 가장 자랑스러운 것들 중 가장 첫 번째로 들 수 있는 것은 바로 『훈민정음』이다. 조선의 언어는 중국과 다르다. 언어는 한 민족의 가장 오래되고 가장 찬란한 성과물이며, 언어는 그들에게 대대손손 창조 능력을 표현하는 수단이다. 민족 언어는 하나의 내부적인 교류의 매개체일 뿐만 아니라, 동일 민족 사람들 간의 상호 교류의 중요한 표지이기도 하다. 언어는 사유 도구로서 그 속에는 한 민족의 오랜 기간 동안의 사유 방식과 행동 규범이 누적되어 있다. 언어와 문화는 실제로 나뉘지 않는다. 조선 민족은 자신들의 언어를 보존하여 자신들의 언어가 이미 대표적 문화가 되었을 뿐 아니라, 자신들의 민족 문자를 창제하여 천년을 흘러오는 동안 없어지지 않고 현재 세계 민족에서 우뚝 솟아나 있다.

명나라의 문화와 충돌하면서 조선은 문화 심리적 측면에서 일종의 개방과 수용의 태도를 취했고, 이는 명나라(중국) 문화가 대량으로 조선으로 유입될 수 있는 중요한 원인이 되었다. 역사가 말해 주듯, 문화의 개방과 수용은 세계의 모든 국가와 민족들의 문화를 풍부하게 하고 그 수준을 높여 주었으니, 문화 창신을 실현하는 필연적인 길이며 문화 발전의 보편적인 형식이자 규칙이다. 문화의 개방과 수용은 민족 자신감의 표현이며 그 반대는 쇠약의 표현이기도 하다.

중국의 한·당(漢·唐) 성세의 시기는 바로 외래문화를 가장 적극적으로 수용하고 가장 힘이 있던 시기였으며, 민족 주체 의식이 고양되고 민족 문화가 크게 발전하던 시대였다. 역사에서 선택된 문화는 바로 다른 문화를 잘 수용하는 우수한 문화였다. 외래문화를 수용한다는 것은 반드시 본 민족 문화 중에서 생장점(生長點)과 결합점(結合點)을 찾아서 외래문화를 민족화시키는 것이며, 그렇지 않다면 외래문화는 본 민족 대중의 영혼 속에 깊이 들어올 수 없는 것이다.

조신이 중국의 문화를 수용하는 방면에서 바로 이런 문화 발전의 규칙을 잘 따르고 있으며, 중국 문화가 민족 문화 속에 융합하게 됨으로써 종합하고, 창신(創新)으로 나아가 그 변화가 민족 문화의 한 부분이 되었다. 이런 이유로 비효통(費孝通, 1910~2005) 선생이 말한 "미미여공"(美美與共: 아름다움과 아름다움이 함께 함)의 경지에 이를 수 있었다. 사실, 이것은 중국 유가 문화의 "화이부동"(和而不同: 사이좋게 지내지만 똑같아지지는 않음) 지혜가 실현된 것이다.

조선왕조가 개방과 수용의 문화 정책을 취한 것은 민족 문화의 활력에 큰 이익이 되었고, 이로 인해 민족문화라는 강물이 썩지 않고 부단히 거세게 흐를 수 있었다. 개방과 수용은 또한 문화 발전의 중복된 창조를 감소시키는 데도 유리하여, 해당 민족의 문화에 존재하던 공백을 메워 준다. 조선과 중국의 문화 교류 역정을 종합적으로 보면, 명나라의 천문·역법·농학·의학 등의 기술이 조선에 직접적인 참고가 된 곳이 많으며, 조선은 이에 따라 비교적 짧은 시간 내에 본 민족의 인식 능력과 문화 수준을 높일 수 있었다. 이런 "다른 사람이 밭을 갈고, 나는 수확한다(人耕我獲)"는 문화 발전의 전략은 조선 문화의 발전이 적시에 이루어질 수 있는 신선한 재료를 제공하였다.

문화 개방과 수용은 조선 문화만이 급속도로 발전할 수 있는 원동력은 아니었다. 이는 세계의 모든 국가와 민족들이 끊임없이 자신의 문화적 내포를 풍부하게 하고 문화 수준을 높이는 필연적인 방법인 것이다. "바다는 모든 강물을 받아들이며 그 포용력으로 크게 될 수 있다." 이는 문화 교류에 있어 역사적인 규칙이다.

동아시아 각국은 근현대로 접어들수록 활발한 문명 교류를 했다. 그러나 명의 소극적인 정책으로 인해 조선은 교류의 길이 크게 막혔다. 따라서 주요 교역국이 명나라뿐이었던 조선은, 명과의 교역에 사활을 걸지 않을 수 없었다. 이에 비해 명은 이하변이(以夏變夷)가 아닌 이이변하(以夷變夏)를 걱정한 나머지 이하지방(夷夏之防)의 처지에까지 이르렀다. 즉 대외적인 교류에 있어서 그만큼 소극적이었던 것이다. 그러므로 비록 외견상 명나라의 발달된 문명이 일방적으로 조선으로 유입된 것처럼 보이지만, 다시 말해 명이 일방적으로 조선에 우수한 문명의 혜택을 베푼 것처럼 보이지만, 사실은 조선의 주도적 노력으로 명의 문명을 선별적으로 뽑아내어 흡수했다고 보는 것이 더 타당할 것이다.

양국은 대체로 필요한 물품을 서로 대가를 지불하고 무역을 했지 어느 한쪽에게 일방적으로 베풀지는 않았다. 다만 공물에 있어서는 명의 회사품이 적었으므로 상대적으로 조선이 큰 손해를 보기는 했다. 하지만 그 대신 조선은 명의 시장에서 필요한 물품을 사 갈 수 있었으므로 그런대로 감내할 만한 거래였던 것이다. 명은 일방적으로 공짜로 조선에 물품이나 필요한 기술을 주지 않았으며, 오히려 수출 금지 품

목을 만들어 특정 물품의 유출을 차단하고자 했다.

천문·역법·지리·병법 등의 서적은 명나라 내부에서는 자유롭게 유통되었지만 외국에 이를 유출시키지 않으려고 했다. 이런 사실을 알게 된 조선은 명의 예부에 필요한 물품을 요청할 때면 그 목록을 제외시키고 시장에서 따로 구입했다. 서적은 그래도 구입 가능했지만 군수품은 이마저도 어려웠으니 명의 특별한 승인이 있어야 했다. 조선의 뛰어난 과학자인 장영실은 명에 가서 직접 물시계를 보고 왔지만, 그 물시계를 만들기 위해서는 15년 이상의 세월이 필요했다. 명에서 핵심 기술을 알려주지 않았기 때문이다. 심지어 임진왜란 때 조선은 화약의 대량 제조 방법을 몰라 애를 태웠지만, 명은 그 기술만큼은 끝까지 알려주지 않았다.

조선 사신은 명의 시장에서 서적 목록을 대대적으로 조사하여 데이터베이스를 구축했지만, 명 사신이 조선 시장에서 서적 목록을 대대적으로 조사했다는 기록은 보이지 않는다. 조선은 필요한 학문과 기술에 따라 필요한 서적을 체계적으로 수입했고, 그 서적을 통해 연구하여 조선에 필요한 학문과 기술을 진일보시켰다. 그러므로 조선의 사정에 맞지 않는다고 여긴 양명학 등은 배척했고 중국의 종교인 도교를 배척했으며, 농사 기술도 직접 시현해 조선의 상황에 맞지 않는 것은 버렸고 조선의 약재를 중국으로 가져가 적극적으로 약의 품질을 점검하기도 했다. 역법에 있어서도 명의 대통력에 만족하지 않고 회회력을 연구하여 『칠정산』이라는 조선만의 역법을 개발했다. 당·송의 시를 최고로 여기는 조선은 명의 시를 그리 높이 평가하지 않았고 명의 시문집도 그리 많이 간행하지 않았다. 다만 명의 대중 소설만큼은 조선 정부의 의지와 상관없이 대량으로 수입되어 유통되었다.

이처럼 명의 문명이 조선으로 일방적으로 유입된 것은 아니었다. 명은 자신의 문명에 안주하여 조선 문명에 큰 관심을 보이지 않았지만, 조선은 명의 문명에 큰 관심을 보였다. 그래서 조선의 주도아래 선별적으로 명의 문명이 조선에 흡수되었던 것이고, 이에 따라 명보다 조선이 '문명 발전'이라는 더 큰 문명 교류의 혜택을 누릴 수 있었다.

조선이 큰 혜택을 누린 비법은, 바로 중국처럼 이이제이(以夷制夷: 오랑캐로써 오랑캐를 제어함)나 이하지방(夷夏之防)이 아니라 이화제화(以華制華: 文華로 文華를 제어함)적 마인드를 가졌기 때문이라고 본다. 조선은 발달된 중국 문명을 배척하지 않고 과감하게 수용해 한 차원 높은 주체적 문화로 발전시켜 조선의 한문화(韓文化)를 형성했다. 지금도 한문화는 한류(韓流)라는 이름으로 전 세계에 전파되고 있다.[213] 현대 한국인들은 세계 곳곳에 퍼져 나가 활약하고 있는데, 이런 예는 인류 역사에서 일찍이 없었던 일이다. 이런 측면에서 현대 문명 교류에 있어서도 한국은 조선처럼 적극적이고 주도적으로 참여하고 있는 것이다.

현재의 중국은 명처럼 이하지방이 아닌 일종의 이화제화를 하고 있다. 그래서 조선이 그랬던 것처럼 짧은 시간에 세계의 첨단 기술을 흡수했고, 이를 통해 최강국으로 부상하고 있다.

만일 조선이 적극적으로 교류에 나서지 않았다면 동아시아는 쇄국의 틀 속에 갇혀 큰 진전을 보지 못했을 것이다. 그리고 만일 명이 적극적으로 조선에 문호를 개방했다면, 조선뿐만 아니라 명, 아니 아시아

213_이화제화(以華制華)와 한문화(韓文化)에 대해서는 이민홍, 『韓文化의 源流』, 제이앤씨, 2006, 18쪽 참조.

전체가 더 큰 문명의 발전을 이룰 수 있었을 것이다. 이런 측면에서도 조선의 교류는 더 큰 의미가 있다고 할 것이다.

　교류의 방향에 있어서 조선의 교류는 대체로 내부를 향하고 있었다. 수출보다는 수입에 중점을 두었고 수입으로 더 큰 효과를 보았다. 비록 『황화집』처럼 조선의 문화 수준을 대내외로 널리 알릴 목적으로 만들어져 일정한 성과를 낸 경우도 있었다. 이런 점에서 『황화집』은 현대의 한류와 맥이 닿아 있다고 할 것이다. 하지만 전반적으로 조선의 교류의 방향은 명이 아닌 조선 내부를 향한 것이었다. 이에 비해 현재 전 세계에 전파되고 있는 한류는 한국에서 외부로 향해 나가는 것이다. 비록 그 방향은 다르지만 지적 탐험심과 도전 의식, 그리고 문명에 대한 자부심과 자신감이 그 근저를 이루는 것은 같다고 할 것이다.

　한편 조선은 이화제화의 방식으로 명과 유사한 문명을 지녀 친숙해짐으로써 명의 의심을 상당 부분 해소시켜 평화를 정착시킬 수 있었다. 이처럼 한류 역시 한국의 문화를 전 세계에 친숙하게 만들어 한국에 대한 편견과 의구심을 버리게 하고 장기적으로 평화 정착과 경제 발전에 큰 기여를 할 것으로 본다. 이런 점에서 명의 소극적인 교류와 조선의 적극적·주도적인 교류는, 현대에 있어서도 교류의 중요성과 교류의 방향성에 재고하는 데 시사점이 크다고 할 것이다.